앤드류 머레이의

영적인 삶 바로세우기

앤드류 머레이의

영적인 삶
바로세우기

앤드류 머레이 지음 · 장광수 옮김

앤드류 머레이 목사의 저서는 지금까지 수많은 그리스도인들에게 놀라운 축복이 되어 왔다.

이 책은 그동안 한 번도 소개되지 못했던 현대 그리스도인의 삶과 증거가 유약하다고 느끼는 사람들에게 새 힘과 용기를 주기 위해 50년에 가까운 저자의 목회경험과 영적 삶에 대한 깨달음을 녹여낸 16편의 설교로 이뤄진 작품으로, 시카고의 무디신학교에 모인 목사, 선교사, 신학생들을 대상으로 한 일련의 강의내용으로 이뤄져있다.

주요 메시지는 하나님이 우리에게 예비하신 강력한 삶의 모습을 살피고, 그런 삶의 장애물인 자기에게서 벗어나는 데 성령의 도움이 가장 중요한 이유를 소개하며, 성도 안에 거하시는 성령의 활동을 통해 우리의 연약한 삶이 역동적인 삶으로 바로 세워지는 과정을 자세히 보여준다.

1895년 여름 사경회를 인도하기 위해 그가 미국에 도착했을 때는 이미 많은 그리스도인들이 그의 설교를 통해 풍성한 축복이 임하도록 하나님께 간절히 구하고 있었다. 이 기도의 결과로 그의 입술을 통해 선포된 말씀은 무디신학교에 모인 수많은 젊은 예비사역자들의 가슴에 거룩한 불을 지펴놓았다.

하나님이 귀히 쓰시는 종을 시카고로 초청해서 수많은 그리스도인들이 그의 입을 통해 흘러나오는 주옥같은 하나님의 말씀을 직접 들을 수 있었을 뿐 아니라, 그 기회를 놓친 분들도 은혜를 받을 수 있도록 속기한 설교내용을 풀어 지금이나마 출간하게 된 것은 실로 놀라운 하나님의 축복이 아닐 수 없다.

이 책을 통해 깊은 영적 유익을 얻을 수 있기를 바란다.

역자 서문

우리는 그리스도인으로 살아가면서 좌절을 경험할 때마다 이런 생각을 한 번 쯤 떠올리게 된다. 주님을 영접한 우리의 삶이 왜 이렇게 연약한 것일까? 성경에 나오는 인물들의 놀라운 삶을 읽을 때도 우리는 이런 생각에 잠기게 된다. 우리는 왜 그들처럼 강력한 신자의 삶을 살 수는 없는 걸까? 교회의 성경공부 과정도 다양하고 성경 말씀과 신앙생활을 주제로 한 경건도서들의 출간이 어느 때보다 활발한데 왜 이런 현상이 나타나는 걸까?

앤드류 머레이는 나약한 삶이 하나님이 자녀들에게 예비하신 삶은 아니라고 밝히며, 그 대안으로 하나님이 우리를 위해 준비하신 영적 삶, 우리가 원하는 강력한 그리스도인의 삶의 모습을 상세히 소개한다. 아울러 우리를 고민에 빠지게 만든 요소들, 영적 삶을 살지 못하도록 방해해온 요소들이 무엇이었는지를 규명하는 가운데 그 중심에 자기가 있다는 사실과 자기의 방해를 극복하는 법을 밝힌다. 또한, 성경에서 우리에게 약속한 영적 삶으로 나아가는 법을 소개한다. 그는 우리의 삶이 나약한 상태에서 벗어나 하나님께 온전히 순종하는 강력한 영적 삶으로 변화시키는 비밀은 성령의 역사에 달려있다고 강조한다.

이 책은 주님을 영접한 그리스도인이 성장하기 위해 지나야 할 영적 여정을 일목요연하게 소개하고 에베소서와 갈라디아서를 중심으로

한 성경적 성령론을 소개하는 한편, 성령 충만을 구하는 이유를 사역을 위해 필요한 능력을 받음에 국한시키는 기존의 해석을 넘어, 사랑과 "전인적全人的인 변화"와 연관시켜 설명함으로써 보다 건전한 성령론에 바탕을 두어 충만함을 추구할 수 있게 했다는 점에서 저자가 얼마나 시대를 앞서 살았던 영적 거장巨匠인지를 보여준다.

그의 저서 "New Life"가 새신자의 신앙생활 전반에 관한 교훈을 다루었다면 이 책은 성숙한 신자나 사역자들이 알아야 할 영적 삶 전반에 관한 교훈을 체계적으로 다루고 있다. 교육용이나 제자훈련 혹은 교사 수련회, 성가대 수련회, 성경공부의 교재로 사용하면 좋을 것이다.

투병기간 동안 이 책을 번역하면서 느낀 점은 오랜 신앙생활에도 영적 여정 전체를 알지 못하고 지내온 분들이나 그리스도인으로서 활력이 넘치는 삶을 누리지 못했다고 느끼는 분들에게 좋은 지침이 되리라는 점이다. 팬데믹으로 인해 힘든 이때에 신앙의 회복을 위해 힘쓰는 성도들에게 이 책은 큰 도움이 될 것이라고 확신한다.

역자 장 광 수

CONTENTS

CONTENTS

CONTENTS

1장

우리의
내적 상태

1장
우리의 내적 상태

"형제들아 내가 신령한 자들을 대함과 같이 너희에게 말할 수 없어서 육신에 속한 자 곧 그리스도 안에서 어린 아이들을 대함과 같이 하노라 내가 너희를 젖으로 먹이고 밥으로 아니하였노니 이는 너희가 감당하지 못하였음이거니와 지금도 못하리라 너희는 아직도 육신에 속한 자로다 너희 가운데 시기와 분쟁이 있으니 어찌 육신에 속하여 사람을 따라 행함이 아니리요 어떤 이는 말하되 나는 바울에게라 하고 다른 이는 나는 아볼로에게라 하니 너희가 육의 사람이 아니리요"(고전3:1-4)

오늘날의 그리스도인은 왜 성경에 나오는 하나님의 일꾼들처럼 능력 있는 삶을 살지 못하는 걸까요? 많은 그리스도인들이 그 원인을 하나님의 손을 의지하는 법을 모르거나, 그분의 장막 은밀한 곳에 감추어져 있는 완전한 평강을 누리는 법을 모르거나, 세상을 이기는 믿음을 소유하는 법을 모르거나, 말로 표현할 수 없는 기쁨을 누리는 법을 모르거나, 주님과 지속적으로 교제하는 법을 모르기 때문이라고 생각합니다.

그리고 그 원인들을 해소할 성경의 약속을 찾아내어 자신의 삶에 적용하는데 온 힘을 기울이지만, 여전히 성경이 가르치는 역동적인 신자의 삶에는 이를 수가 없다고 탄식하곤 합니다. 바른 원인을 찾아내어 효과적인 해결법을 적용했음에도 이런 현상이 발생하는 이유는 무엇일까요? 사도 바울은 이런 현상에 대해 보다 근원적인 문제를 지적합니다. 육적상태를 벗어나지 못한 그리스도인이 영적 상태에서나 적용할 수 있는 방법을 서둘러 사용했기 때문에 그런 좌절감을 반복적으로 느끼게 된다는 것입니다. 그의 말을 이해하려면 다음과 같은 사실을 먼저 알아야 합니다. 그리스도인의 삶에는 두 종류가 있는데, 하나는 육의 힘으로 사는 낮은 단계의 삶이고, 다른 하나는 성령의 능력으로 사는 높은 단계의 삶이라는 겁니다.

과연 그런 삶들이 실제로 존재하는지 확인하기 위해 고린도전서 3장1절에서 4절까지의 말씀을 읽어 봅시다.

> "형제들아 내가 신령한 자들을 대함과 같이 너희에게 말할 수 없어서 육신에 속한 자 곧 그리스도 안에서 어린 아이들을 대함과 같이 하노라 내가 너희를 젖으로 먹이고 밥으로 아니하였노니 이는 너희가 감당하지 못하였음이거니와 지금도 못하리라 너희는 아직도 육신에 속한 자로다 너희 가운데 시기와 분쟁이 있으니 어찌 육신에 속하여 사람을 따라 행함이 아니리요 어떤 이는 말하되 나는 바울에게라 하고 다른 이는 나는 아볼로에게라 하니 너희가 육의 사람이 아니리요"

바울은 내적상태에 따라 그리스도인을 두 종류로 구분합니다. 하나는 영적 상태에 들어가 열매를 누리는 영적 신자이고 다른 하나는 아직도 육적 상태에서 벗어나지 못하고 있는 육적 신자를 가리킵니다. 이들을 가르칠 때 가장 먼저 해야 할 일은 내적 상태를 분별하는 것입니다. 영적 신자에게 가르쳐야 할 교훈을 육적 신자에게 주면 아무 도움도 되지 않기 때문입니다.

> "내가 신령한 자들을 대함과 같이 너희에게 말할 수 없어서 육신에 속한 자 곧

그리스도 안에서 어린 아이들을 대함과 같이 하노라" 그리스도 안에 거하는 참된 신자들이라고 해서 성숙한 사람들만 있는 것이 아니라 어린 아이처럼 나약한 사람들도 있습니다. "젖으로 먹이고 밥으로 아니하였노라" 성경의 교훈에는 육적 신자에게 가르쳐야 할 '젖과 같은 초보적인 교훈'과, 영적 신자에게 주어야 할 '깊은 영적 교훈'이 있습니다.

"이는 너희가 감당하지 못하였음이거니와 지금도 못하리라 너희는 아직도 육신에 속한 자로다" 여기서 고린도교회 교인들을 가리켜 '육신에 속한 (carnal) 자'라고 말한 이유는 그들이 육적 상태에서 벗어나지 못하고 있음을 자각하라고 강조하기 위해섭니다. 바울이 그들을 육신에 속한 자로 보는 이유는 다음 말씀에 나타납니다. "너희 가운데 시기와 분쟁이 있으니 어찌 육신에 속하여 (carnal) 사람을 따라 행함이 아니리요" 여기서 '육신에 속한 자'(carnal)라는 말은 '육신'을 의미하는 라틴어 '코르푸스'(corpus)에서 유래한 표현으로, 육의 일을 행하는 신자를 가리킵니다. 이들은 육을 따라 살아감으로써 그들이 하늘나라의 삶으로 나아가는 하나님의 자녀가 아니라, '육신에 속한 자'임을 스스로 나타냅니다. 바울은 고린도교회 성도들이 이런 상태에 머물고 있음을 스스로 인정하도록 "아니리요"라는 반문 형식의 표현으로 마무리합니다.

"어떤 이는 말하되 나는 바울에게라 하고 다른 이는 나는 아볼로에게라 하니 … 너희가 육의 사람(carnal)이 아니리요" 그리스도인이 주님의 이름을 앞세우지 않고 교회지도자들의 이름을 앞세워 그들에게 속해있음을 자랑하는 행위는 자신이 육적 신자임을 나타내는 표징이라는 말입니다. 여기서 다시 '육의 사람'(carnal)이라는 말을 사용하면서, 그것을 "아니리요"라는 반문형식의 표현으로 마무리하는 이유도 그들이 육적 신자임을 자인하도록 거듭 요구하기 위해섭니다.

지금까지 살핀 내용에 의해, 그리스도인의 삶에는 육적 신자의 삶과 영적 신자의 삶이 존재한다는 사실을 분명히 확인할 수 있었습니다.

그러면 우리가 육적신자인지 확인하는 방법은 무엇이며, 그 상태에서 벗어나 영적신자로 성장하려면 어떻게 해야 할까요? 이제부터 '육적 신자'를 분별하는 기준과, 그들을 영적 신자로 변화시키는 방법을 살펴봅시다.

| 토의문제 | 1. 바울은 그리스도인을 몇 종류로 구분했나요? |
| | 2. 육신에 속한 자라는 말은 무슨 뜻인가요? |

1

육적 신자를 분별하는 법

사도 바울은 고린도교회 성도들을 가리켜 '육적 신자'라고 했습니다. 우리도 자신에게 이런 질문을 던지고 스스로 답해 봅시다. "나는 어떤 종류의 신자인가? 아직도 육에 속한 신자인가, 아니면 하나님의 은혜를 입은 영적 신자인가?"

가장 실력이 뛰어난 의사라도 병을 진단하는 과정이 없이는 환자를 치료할 수 없습니다. 환자에게 증상을 자세히 묻고 환부 검사를 통해서 병의 원인을 정확히 밝힌 다음에야 그들에게 필요한 치료를 시작할 수 있기 때문입니다. 마찬가지로 우리가 지닌 문제의 원인을 발견하지 못하면 아무리 놀라운 하늘나라의 진리를 담고 있는 설교를 들어도 아무 것도 치료할 수 없습니다. 영적 삶에 관한 지식을 통해 유익을 얻으려면, 먼저 육적 상태가 어떤 것인지 알아야 합니다. 그러므로 우리의 육적 상태를 파악하기 위해서 하나님께 이렇게 구합시다.

> "오 하나님! 지금 제 마음이 어떤 상태에 놓여 있는지 알게 하여 주옵소서. 그리고 육적 상태란 어떤 것이고, 성령님은 어떤 분이시며, 영적 삶을 사는 법이 어떤 것인지 알게 하여 주옵소서. 지금 제게 임하셔서 가르쳐 주소서. 제 마음을 먼저 감찰하신 후, 제가 육에 속한 신자라면 지금 그 사실을 깨우쳐 주셔서, 하나님께 인정받은 영적 신자로 살아갈 수 있도록 인도해 주옵소서."

본문 말씀을 주의 깊이 살펴보면 그 안에서 육적 상태의 본질을 나타내는 네 가지 특징들을 발견할 수 있습니다. 이 특징들을 통해서 우리가 지금 육적상태에 머물고 있는지 확인할 수 있습니다.

첫째, 육적 상태는 "지체된 유아기"의 특성을 나타냅니다.

통통한 손과 발을 지닌 생후 6개월짜리 귀여운 아기를 보면 누구나 "참 튼튼하고 예쁜 아기네!"라고 탄성을 발할 것입니다. 하지만 그 아이의 키가 3년 동안 3센티미터밖에 자라지 않았다면 '혹시 아이의 건강에 문제가 있는 것은 아닐까?'하는 의심을 품게 될 것이고, 그 후 3년이 더 지나도 키가 자라지 않는다면 그 아이가 성장하지 못하는 심각한 병에 걸렸다는 것을 깨닫게 될 것입니다. 건강한 아이라면 성장하기 마련이니까요. 바울이 고린도교인들에게 가르친 교훈이 바로 그것입니다.

'여러분은 주님을 믿기 시작한 지 얼마 안 된 새신자이므로, 주 안에서 어린 아이와 같습니다.' 그의 말대로 새신자는 육적 신자일 가능성이 아주 큽니다. 신앙생활을 한 기간이 짧아서 죄가 어떤 것인지 모를 수 있기 때문입니다. 그러나 주님을 영접한 지 6개월, 3년, 10년이 지나도 믿음이 전혀 성장하지 않고 처음과 같은 상태에 머물러 있다면, 그는 심각한 병에 걸린 것이 분명합니다. 이런 병을 '육적인 마음' 증후군(the carnal mind syndrome)이라고 합니다.

육의 지배를 받는 신자는 "지체된 유아기"의 특징을 보이기 마련입니다. 히브리서에 보면 주님을 믿은 후에 오랜 시간이 지나 연약한 성도쯤은 가르치고도 남아야 할 사람들이 아직도 단단한 음식을 먹고 소화시킬 능력이 없어 젖을 먹어야 하는 이야기가 나옵니다(히5:12 참조). 이런 상태를 '지체된 유아기'라고 하는데, 놀랍게도 오늘날 교회에 다니는 사람들 가운데 다수가 이 단계에서 벗어나지 못하고 있는 실정입니다. 여러분 주위에서도 회심한 이후로 석 달 동안은 놀라운 속도로 믿음이 성장하다가, 그 후부터는 뒷걸음질을 치는 사람들을 쉽게 볼 수 있지 않습니까! 이런 현상은 주님을 처음 영접했을 때 누리던 기쁨을 상실한 후에 회복하지 못한 채, 주님에 대한 첫 사랑을 잃어버린 상태에 머무는 데서 비롯됩니다. 그 결과로 회심 초기만 해도 당당히 죄에 맞서 승리하던 신자들이 어느 순간부터 죄에 지배당한 삶을 살게 되고 맙니다.

어린 아이들은 누구나 다음과 같은 두 가지 특징을 지니기 마련입니다.

하나는 자신을 스스로 돌볼 능력이 없으므로 다른 사람의 도움을 받을 수밖에 없다는 것입니다. 어린아이가 자라는 과정에서 어머니, 누나, 혹은 보모의 손길이 꼭 필요한 이유도 이 때문입니다. 교회 안에도 어린아이 같은 삶을 사는 사람들이 있습니다. 그들은 유명한 설교자가 강론한다는 예배, 기도의 능력을 지닌 사람들이 모인다는 소문난 기도회, 말씀을 잘 푸는 능력으로 널리 알려진 강사가 인도한다는 사경회가 열리는 곳이면 어디든지 찾아다니며 열심히 참석합니다. 그럼에도 불구하고, 늘 다른 사람에게 도움을 구하는 모습을 보이곤 하기 때문입니다.

어린 아이가 지닌 또 하나의 특징은 그들에게 다른 사람을 도울 만한 능력이 없다는 것입니다. 생후 6개월 된 아기가 다른 사람을 도울 수 없는 것은 지극히 당연한 일이지만, 거듭난 지 오래된 신자들이 영적 체험을 하지 못해 다른 성도를 도울 수 없다면 심각한 문제가 아닐 수 없습니다.

지금까지 살펴 온 육적 상태의 첫째 특징에 비추어 우리 자신을 점검해 봅시다. 자신이 건전한 영적 성장을 이루지 못하고 있다고 생각되면 부끄러운 마음을 가지고 하나님 앞에 나아가 겸손히 그 사실을 인정합시다.

둘째, 육적 상태란 죄에 패배한 상태, 곧 죄와의 싸움에서 지고 있는 상태를 말합니다.

바울은 고린도교회 성도들에게 이렇게 말합니다. "너희 가운데 시기와 분쟁이 있으니"(고전3:3) 여기서 말하는 '시기와 분쟁'이란 바울로 하여금 고린도전서 13장의 교훈을 쓰게 만든 이유로서 '육의 일'을 가리킵니다. 그것은 고린도교인들 사이에서 벌어진 사소한 논쟁에서 비롯되었습니다. 어떤 이는 바울이 최고의 사역자라고 생각하고, 어떤 이는 탁월한 언변을 구사하는 아볼로가 으뜸이라고 여기고, 어떤 이는 최고 연장자인 사도 베드로가 가장 훌륭한 주님의 일꾼이라고 보았습니다. 이처럼 한 교회 성도들이 각자의 생각에 따라 세 파로 나뉜 데서 논쟁이 비롯되었던 것입니다.

작은 말다툼에서 시작된 논쟁은 서로 흥분한 나머지 상대방에 대한 시기와 분쟁으로 확대되었습니다. 바울은 갈라디아서 5장 20절에서 "분쟁과 시기와 … 당 짓는 것"을 육체의 일이라고 분명히 밝히고 있습니다. 우리 주변에서 하나님의 은혜를 많이 받았음에도 불구하고 자신의 성품을 극복하지 못한 탓에, 다른 사람에게 조금이라도 비난을 받으면 참지 못하고 신랄한 말로 응수하고야 마는 사람을 본 적이 없습니까? 하나님은 사랑할 만한 점이라고는 한 군데도 없는 죄인까지 사랑하시는데, 자신은 하나님의 자녀라고 확신하면서도 사랑하는 법을 배우지 못한 사람들이 얼마나 많습니까? **다른 사람을 사랑하지 못하는 것은 우리가 육적 상태에 머물러 있음을 보여주는 확실한 증거입니다.**

이런 사람 안에서는 '육'이 '영'보다 더 큰 힘을 발휘합니다. 하지만 자신이 육적 상태에 거하고 있다는 사실이 부끄러워 하나님께 그 사실을 고백하지 못한다면 결코 영적 신자의 삶에 들어갈 수 없습니다. 그러므로 하나님께 이렇게 기도합시다.

"하나님! 제 영혼을 살피셔서 제가 지금 어떤 상태에 머물고 있는지 분명히 알게 해 주세요."

우리가 강력한 신자의 삶을 갈망하면서도 지금까지 그것을 누리지 못해 온 이유는 영적 신자가 되지 못했기 때문입니다. 지금까지 우리가 영적 삶을 누리지 못하도록 막아 온 요소는 무엇이었을까요? 거듭난 순간부터 우리 안에서 영과 육이 우리의 삶을 다스리는 권리를 놓고 겨루기 시작합니다. 이것은 바울이 **"육체의 소욕은 성령을 거스르고 성령은 육체를 거스르나니 이 둘이 서로 대적함으로 너희가 원하는 것을 하지 못하게 하려 함이니라"**^(갈5:17)고 말한 싸움을 가리킵니다. 그 결과로 성령의 다스림을 받지 못하는 신자는 육의 다스림을 받아 교만함, 자만심, 세상적인 모습, 육신의 정욕, 안목의 정욕, 이생의 자랑에 굴복할 수밖에 없게 됩니다.

이처럼 육이 우리로 하여금 강력한 신자의 삶을 누리지 못하게 만들어 온 것입니다. 그 이유는 우리가 육적인 상태에 머물러 있기 때문입니다. 반면에 '영적 신자'란 영이 승리한 상태에 거하는 사람을 의미하는 표현으로, 육적인 부분이 남아있더라도 성령이 주도하는 삶을 사는 사람을 가리킵니다. 영적인 사람과 교제해 보면, 그들이 영의 인도를 받으며 살고 있다는 사실을 금방 알 수 있습니다. 그들을 '영적인 사람'이라고 부르는 이유도 '영성靈性'이 그들의 삶을 대표하는 특성이기 때문입니다. 그래서 바울은 고린도교회 성도들에게 "너희 몸은 … 너희 가운데 계신 성령의 전인 줄을 알지 못하느냐"(고전6:19)라고 말했던 것입니다.

그러나 고린도 교회 성도들은 영적 삶을 유지하지 못했습니다. 그들의 교훈은 주님을 영접한 후에도 영적 삶을 누리지 못하고 있는 우리에게 큰 깨달음을 줍니다. 그들의 잘못은 어디에서 비롯된 걸까요? 영적인 삶을 사는 동안에도 육이 그들의 삶을 지배하도록 허용함으로써, 하나님 말씀을 소홀히 여기고, 그 말씀에 불충실하며, 세상과 닮은 삶을 산 데에 있습니다. **영적 삶을 사는데 온전히 헌신하지 않는 모습은, 그가 육적 삶을 살고 있음을 보여주는 확실한 증거입니다.**

셋째, 육적 상태는 영적 은사를 활발히 사용하는 가운데서도 나타날 수 있습니다.

고린도교회 성도들의 삶이 그 사실을 분명히 보여줍니다. 바울은 고린도전서 1장에서 이렇게 말합니다. "내가 … 항상 하나님께 감사하노니 이는 너희가 그 안에서 모든 일 곧 모든 언변과 모든 지식에 풍족하므로"(고전 1:4, 5) 이 말은 고린도교회에 다양한 은사를 받은 성도들이 있었음을 의미합니다. 그 가운데에는 예언하는 능력을 받은 사람, 각종 방언하는 능력을 받은 사람, 그 외의 각종 은사를 받은 사람들도 있었습니다. 그러나 바울이 고린도전서 전체를 통해 일관되게 지적하고 있는 점은 은사를 받은 신자들이 싸움, 자기 자랑, 자기를 위하는 일에 몰두하고 있다는 것이었습니다.

언변의 은사를 받아 하나님의 말씀을 유창하게 전하는 일꾼도 교만이 넘치는 사생활 탓에 '도무지 신뢰할 수 없는 사람이야. 강단에서 보여주던 그의 겸손함은 다 어디로 간 거지'라는 세상 사람들의 혹평을 받을 수 있습니다. 수많은 영혼을 주님께로 인도한 유능한 전도자도 '자기 사랑으로 넘치는 사람'이라는 비판을 받을 수 있고, 어떤 사람들은 그를 향해 '너무나 자기중심적이어서 도무지 믿을 수가 없어'라고 비판하며 노골적으로 불신할 수도 있습니다. 여기서 이런 의문이 생길 수 있습니다. '과연 하나님을 잘 섬기는 사람도 육적인 상태에 머물 수 있는가?'하는 것입니다. 그렇습니다. 그것은 얼마든지 가능한 일입니다.

성령으로 충만하여 영적 능력과 영적 열정으로 넘치는 인물들도 하나님과 사람들 앞에서 겸손하고 친절하고 거룩하게 사는 모습을 보여주지 못하는 경우가 많습니다. 그 이유는 그리스도인의 삶 속에 반드시 나타나야 할 특징이 없거나 기대에 미치지 못하는 삶을 살기 때문입니다.

그 예로 고린도교회 성도들을 봅시다. 그들은 예언, 방언과 같은 영적 은사를 받은 후에 서로 섬기기는커녕, 먼저 방언할 수 있는 권리를 얻기 위해 서로 다투고 있었습니다. 그래서 바울은 다음과 같이 해결책을 제시합니다. "만일 누가 방언으로 말하거든 두 사람이나 많아야 세 사람이 차례를 따라 하고"^(고전14:27). 그들은 영적은사를 누리는 가운데서도 육적인 모습을 계속해서 보여주고 있었던 것입니다.

육적 상태는 단순히 '선^(善)이 결여된 상태'일 뿐이라고 가벼이 여기지 마십시오.[1] 하나님은 유능한 설교자, 지도자, 교회학교 교사, 성가대원, 직분자에게도 '너는 육적인 신자가 아니냐?'라고 물으십니다. 그들은 다른 그리스도인들로 하여금 성도다운 삶을 살 수 있도록 도와주는 유능한 하나님의 일꾼임에도 불구하고, 정작 그들 자신의 신앙생활이 연약하여 지탱할 수 없는 경우가 많습니다. 성령의 인도를 받으며 사는 사람은 영적 자녀를 낳고 하나님의 생명을 전할 수도 있지만, 영적 은사를 사용할 수 있다는 사실 하나만으로 그가 육적 신자의 상태에서 벗어났다는 것을 증명해 주진 않습니다.

넷째, 육적 상태란 영적 진리를 받아들일 수 없게 만드는 상태입니다.

바울은 고린도전서에서 이 점을 분명히 밝히고 있습니다. 자신의 사도직을 변호하는 1장과 2장에서, 주님이 그에게 사명을 주신 목적은 인간의 지혜 대신 성령의 권능에 의지하여 십자가를 전하도록 하기 위해서라고 말합니다. 교회에 관해 언급하는 3장에서는 그가 하나님의 비밀을 받았음에도 불구하고 성도들에게 그대로 전할 수

---

1   어거스틴은 악이 존재하는 이유를 하나님의 선한 창조와 구분하기 위해서 악은 실체가 아니라 하나님이 창조한 본성이 파괴된 상태로 "선이 결여된 상태"일 뿐이라고 보았다. - 엔키리디온의 "악의 문제"에서

는 없었다고 토로합니다.

> "형제들아 내가 신령한 자들을 대함과 같이 너희에게 말할 수 없어서 육신에 속한 자 곧 그리스도 안에서 어린 아이들을 대함과 같이 하노라"(고전3:1)

바울이 그럴 수밖에 없었던 이유는 무엇입니까? 혹시 고린도교회 성도들의 무지 때문이었을까요? 그렇지 않습니다. 그들은 지혜를 추구하는 사람들로서('철학'을 의미하는 헬라어 '필로소피아'는 '지혜를 사랑하는 자'라는 뜻) 자신이 소유한 지식에 대해 강한 자부심을 가진 사람들이었습니다. "모든 지식에 풍족하므로"(고전1:5)라는 말씀이 의미하듯이 그들은 교양인이자 사려가 깊은 사람들이었습니다. 그들이 볼 때 온 세상은 지혜로 가득 차 있었습니다. 그러나 바울은 그들이 소유한 지혜가 영적 진리를 이해하는 데 전혀 도움이 안 되는 지혜라고 말합니다. "이 세상 지혜는 하나님께 어리석은 것이니 기록된 바 하나님은 지혜 있는 자들로 하여금 자기 꾀에 빠지게 하시는 이라 하였고"(고전3:19)

아무리 영적인 진리라도 육적인 마음과 지혜로 받아들이면 해害가 됩니다. 많은 사람들이 오해하는 것이 바로 이 점입니다. 바울은 고린도전서를 쓰기 전에 그 교회 성도들이 육신에 속한 자인 줄 알고 있었습니다(고전3:1 참조). 그래서 어떻게 하든지 그들이 육신에 속한 자라는 것을 스스로 깨닫게 하려고 결심했습니다.

설교자들이 아름다운 표현과 예화를 통해 육신에 속한 신자를 구분하는 기준으로 삼아 깊은 영적 진리를 가르치는 경우가 얼마

앤드류 머레이의 **영적인 삶 바로세우기**

나 많습니까? 하지만 정작 그들의 설교를 경청한 청중들은 뜻밖의 평가를 내리곤 합니다. '기가 막히게 좋은 설교이긴 한데, 신앙생활에는 아무 도움이 안 되는군!' 왜 그들이 이런 예기치도 못한 반응을 나타내는 걸까요? 설교자가 성경의 진리에서 벗어난 교훈을 전했기 때문일까요? 아니, 결코 그렇지 않습니다. 육에 속한 신자들에게 섣불리 영적 진리를 가르쳤기 때문에 그런 반응을 보이는 것입니다.

그러므로 육에 속한 신자들에게 영적 진리를 가르치려 할 때는 먼저 그들이 육적 신자라는 사실을 스스로 깨닫게 해야 합니다. 왜냐하면 육에 속한 신자들은 영적 진리를 소중히 여기며 그대로 받아들일 수 없기 때문입니다.

💬 **토의문제**	1. 바울은 육적 상태를 몇 가지로 정의했나요?
	2. 육적 상태에 머무는 삶을 분별할 수 있는 특징들은 어떤 것일까요?

2

영적 신자로 성장하는 법

바울은 고린도교회 성도들이 육에 속한 상태에 머물러 있기를 원하지 않았습니다. 그들이 영적 상태로 나아가기를 바랐기 때문입니다. 우리에게도 그런 변화가 필요합니다. 어떻게 하면 영적 신자가 될 수 있습니까? 영적 신자가 되려면 다음과 같은 4단계를 거쳐야 합니다.

첫째, 자신이 육적상태에 머물러 온 죄를 철저히 깨닫고 고백해야 합니다.

죄인이 회심하려면 잃어버린 상태에 머물러 온 자신의 죄를 깨닫고 고백해야 하듯이 영적 삶에 들어가기 원하는 사람은 자신이 지금까지 잘못된 상태에 머물러 왔다는 사실부터 깨달아야 합니다. 자신이 육적 상태에 머물러 온 죄와 수치를 분명히 인정해야 한다는 말입니다. 이것은 회심하기 위해 죄를 깨닫는 것과는 전혀 다릅니다. 회심 전에는 '나는 잃어버린 영혼이어서 하나님의 정죄 아래 놓여 있어'라는 생각에 사로 잡혀, 큰 죄를 용서받는 일에만 온 마음을 빼앗긴 나머지 자신의 본성이 죄에 깊이 물들어 있다는 것과 자신도 모르는 은밀한 죄들이 아직도 마음에 남아 있다는 사실을 미처 깨닫지 못합니다.

그래서 하나님은 그를 두 번째 깨달음으로 인도하십니다. 여기서 철저히 깨달아야 할 사실은 두 가지입니다. 첫째, 육으로는 어떤 선한 일도 할 수 없다는 것과 둘째, 육은 악한 일을 하는 데 강한 힘을 발휘한다는 것입니다. 그는 하나님의 자녀가 되었음에도 불구하고 여전히 육의 지배에서 벗어나지 못하고 있습니다. 성령을 받은 신자가 여전히 악을 행하는 이유는 무엇일까요?" 로마서 7장에 나타난 바울의 탄식이 그런 상태를 잘 보여줍니다.

"내가 원하는 바 선은 행하지 아니하고 … 악을 행하도다"(롬7:19)

그가 육으로는 결코 선을 행할 수 없다는 사실을 철저히 깨달을 때, 비로소 그동안 하나님의 자녀가 된 자신으로 하여금 평정을 잃고, 교만하고, 악한 말들을 거침없이 쏟아내게 만들어 온 근본적 원인이 무엇이었는지 알게 됩니다. 육이 자신을 포로로 삼아, 그의 안에 있던 죄의 법으로 손과 발을 꽁꽁 묶은 다음, 육의 작용에 의해 세상에서 용인되는 큰 죄들을 은밀히 행하도록 만들어 왔기 때문입니다. 성령이 그의 교만함, 가족이나 이웃에게 무정하게 행함, 하나님과 사람 앞에서 자기를 기쁘게 하는 행위가 모두 육에 속한 일이었음을 철저히 깨달을 때, 그는 비로소 영적 신자가 되어 온전한 구원을 받아야 할 필요성을 발견하게 됩니다. 이것이 회심을 위해 죄를 깨닫는 것과 영적 신자가 되기 위해 죄를 깨닫는 것의 차이점입니다.

회심이 죄의 저주로부터의 구원을 의미한다면, 영적 신자가 됨은 죄의 능력으로부터의 구원을 가리킵니다. 오늘날의 교회 안에는 **"내 육신에 선한 것이 거하지 아니하는 줄을 아노니"**(롬7:18)라고 탄식해야 할 신자들이 너무나 많습니다. 이들로 하여금 죄를 짓게 만드는 이유는 육이 능력을 발휘하기 때문입니다. 우리는 육에서 벗어나야 합니다. 완전한 영적 신자가 되는 것 외에는 육에서 구원받을 다른 길이 없습니다.

둘째, 영적 삶을 실제로 누릴 수 있다는 것을 알고 믿어야 합니다.

많은 성도들이 사도신경을 통해 성령을 믿는다고 고백합니다. 그들은 성령이 계시다는 사실을 추호도 의심하지 않으며, 그분이 삼위일체 가운데 세 번째 위격位格을 소유한 하나님이심도 믿습니다. 그것은 바른 신앙이지만, 머리로만 아는 지적인 믿음에 지나지 않습니다. 성령이 그들의 일상생활 속에서도 실제로 행하는 분임을 믿지 못하기 때문입니다.

영적 삶은 우리가 실제로 누릴 수 있는 삶이자, 반드시 누려야 할 삶이므로 얼마든지 하나님께 그것을 누리게 해 주시기를 구할 수 있습니다. 성령 안에는 생명이 있습니다. 그래서 사도 바울은 **"성령을 따라 행하라"**(갈 5:16), **"성령으로 살면"**(갈5:25), **"영으로써 몸의 행실을 죽이면 살리니"**(롬8:13)라는 말씀들을 통해 우리에게 영적 삶을 누리라고 권합니다.

우리가 영적 신자로 변화하기를 하나님이 얼마나 원하시는지 알기 위해서 로마서 8장 16절 말씀을 보십시오. **"성령이 친히 우리의 영과 더불어 우리가 하나님의 자녀인 것을 증언하시나니"** 하나님은 우리가 육적 상태에 머무는 것을 기뻐하지 않으시므로, 우리에게 영적 신자가 되라고 명하십니다. 그리고 확실한 하나님의 은혜와 성령을 통해 우리를 완전히 무력한 상태에 이르게 한 후, 우리 안에 사시면서 그분의 신령한 능력으로 우리의 본성 전체를 영적 본성으로 변화시키십니다.

이제 둘째 단계에서 배운 교훈을 적용해봅시다. 먼저 다음과 같이 기도를 드림으로써 하나님의 초청에 순종하십시오. "오 하나님! 영적 삶이 실제로 가능함을 알게 하시고, 영적 신자가 되게 하소서." 그리고 나서 우리가 영적 삶을 살 때 하나님이 가장 기뻐하신다는 사실을 인정하고, 이제부터 영적 삶을 사는데 힘쓰십시오. 자신이 육신에 속한 삶을 살고 있었음을 발견하고, 영적 삶이 실제로 가능하다고 믿는 사람은 다음 단계로 나가야 합니다.

셋째, 영적 삶을 얻기 위해 모든 것을 포기해야 합니다.

이 과정에서는 분투하는 시간이 필요합니다. 그리스도인 가운데에는 "영적 삶을 누리는 법"을 다룬 신앙서적을 읽기 좋아하는 사람들이 많지만, 실제로 영적 삶에 이르기 위해서는 독서만으로는 부족합니다. 영적인 삶을 소유하기 위해서는 상응하는 대가를 치러야 합니다. 어떤 대가를 치러야 합니까? 우리가 지닌 모든 것을 포기해야 합니다. 가장 비싼 진주를 사기 위해서는 자신이 소유한 것을 모두 팔아야 하듯이 주님을 모시려면 자신의 모든 죄, 온갖 어리석음은 물론이고, 타고난 성품, 좋아하는 것들을 포함한 삶 전체를 버려야 합니다. 모든 것에 대해 죽고, 자신을 온전히 하나님께 맡겨야 합니다. 성령은 깨끗한 그릇 안에서만 일을 하실 수 있습니다. 영성집회에 참석하면 '주님을 위해 한 가지를 지불할 준비가 되었습니까?'라는 질문을 자주 받습니다. 영적 삶을 살기 원하는 신자들이 지불해야 할 대가는 육신에 속한 것을 다 하나님을 위해 포기하는 것입니다.

넷째, 불굴의 믿음을 가지고 영적 신자가 되기를 추구해야 합니다.

'영적 삶을 살기 원해요'라고 고백한 사람은 하나님께 나아와 끊임없이 구하되, 오직 믿음으로 구하는 자세가 필요합니다. 모든 것을 버리고 주님을 바라보며, 그분의 약속이 성취될 것을 믿고 그 약속을 굳게 붙잡아야 합니다. 깊은 겸손과 순복하는 마음으로 거룩하신 하나님을 경배하며, 그분의 약속, 권능, 사랑, 섭리를 믿을 때, 하나님은 성령을 보내셔서 우리를 영적 신자로 변화시키십니다.

> "은혜로우신 하나님, 모든 자녀들에게 육적 상태와 영적 상태를 구별할 수 있는 눈을 열어 주시어, 아직도 육신에 속한 상태에서 벗어나지 못한 신자들로 하여금 완전한 확신과 고백으로 인도해 주소서. 변화된 영적 신자들을 통해 많은 육적 신자들이 예수님 안에서 베푸신 온전한 영적 삶을 받아들이도록 인도해 주소서"

앤드류 머레이의 **영적인 삶 바로세우기**

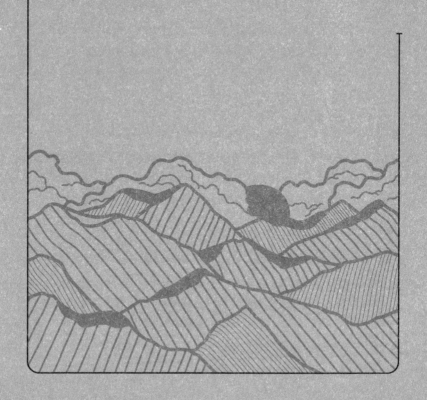

2장

성령으로
충만한
신자의 삶

2장
성령으로 충만한 신자의 삶

"그러므로 이제 그리스도 예수 안에 있는 자에게는 결코 정죄함이 없
나니 이는 그리스도 예수 안에 있는 생명의 성령의 법이 죄와 사망의 법
에서 너를 해방하였음이라 율법이 육신으로 말미암아 연약하여 할 수 없
는 그것을 하나님은 하시나니 곧 죄로 말미암아 자기 아들을 죄 있는 육
신의 모양으로 보내어 육신에 죄를 정하사 육신을 따르지 않고 그 영을
따라 행하는 우리에게 율법의 요구가 이루어지게 하려 하심이니라 육신
을 따르는 자는 육신의 일을, 영을 따르는 자는 영의 일을 생각하나니 육
신의 생각은 사망이요 영의 생각은 생명과 평안이니라 육신의 생각은 하
나님과 원수가 되나니 이는 하나님의 법에 굴복하지 아니할 뿐 아니라 할
수도 없음이라 육신에 있는 자들은 하나님을 기쁘시게 할 수 없느니라 만
일 너희 속에 하나님의 영이 거하시면 너희가 육신에 있지 아니하고 영에
있나니 누구든지 그리스도의 영이 없으면 그리스도의 사람이 아니라 또
그리스도께서 너희 안에 계시면 몸은 죄로 말미암아 죽은 것이나 영은 의
로 말미암아 살아 있는 것이니라 예수를 죽은 자 가운데서 살리신 이의
영이 너희 안에 거하시면 그리스도 예수를 죽은 자 가운데서 살리신 이가
너희 안에 거하시는 그의 영으로 말미암아 너희 죽을 몸도 살리시리라 그
러므로 형제들아 우리가 빚진 자로되 육신에게 져서 육신대로 살 것이 아
니니라 너희가 육신대로 살면 반드시 죽을 것이로되 영으로써 몸의 행실
을 죽이면 살리니 무릇 하나님의 영으로 인도함을 받는 사람은 곧 하나님
의 아들이라 너희는 다시 무서워하는 종의 영을 받지 아니하고 양자의 영
을 받았으므로 우리가 아빠 아버지라고 부르짖느니라 성령이 친히 우리의
영과 더불어 우리가 하나님의 자녀인 것을 증언하시나니"(롬 8:1-16)

이스라엘 백성이 가데스바네아 광야에 도착한 후에, 모세는 가나안 땅의 지형과 형편을 탐지하는 임무를 수행하도록 12명의 정탐꾼을 파견했습니다. 하나님은 이스라엘 백성이 에스골 골짜기에서 따온 거대한 포도송이를 보고, 그들이 들어갈 땅이 얼마나 비옥한 곳인지 알게 되기를 기대하셨습니다. 그러므로 하나님은 우리가 영적 삶을 실제로 누릴 수 있는 삶으로 받아들이기를 원하십니다.

그러면 하나님이 자녀들로 하여금 매일 누리기를 원하시는 성령 충만한 삶이란 어떤 것입니까? 성령으로 충만한 삶을 가장 상세히 소개한 로마서8장 1절에서 16절까지의 말씀을 살펴봅시다. 거기서 우리는 성령으로 충만한 삶이 주는 7가지 축복을 발견할 수 있습니다.

첫째, "육신을 따르지 않고 그 영을 따라 행하는"(롬8:4) 우리의 모든 행위는 성령의 다스림 아래 놓이는 삶을 누리게 됩니다.

둘째, "그리스도 예수 안에 있는 생명의 성령의 법이 죄와 사망의 법에서 너를 해방하였음이라"(롬8:2) 우리는 성령으로 충만한 삶에 의해 자유를 누리게 됩니다.

셋째, "영을 따르는 자는 … 너희 속에 하나님의 영이 거하시면 너희가 … 영에 있나니"(롬 8:5, 9) 우리는 새로운 본성을 받고 성령이 우리 안에 거하시는 삶을 누리게 됩니다.

넷째, "영의 일을 생각하나니"(롬8:5) 우리에게 영적인 마음이 부어져 생명과 평강을 누리는 삶을 살게 됩니다.

다섯째, "너희가 … 영으로써 몸의 행실을 죽이면 살리니"(롬8:13) 우리의 몸은 성령으로 충만한 삶에 의해 죄에 대해 죽는 삶을 누리게 됩니다.

여섯째, "하나님의 영으로 인도함을 받는 사람은 곧 하나님의 아들이라"(롬8:14) 우리는 성령으로 충만한 삶에 의해 하나님의 뜻으로 인도되는 삶을 살게 됩니다.

일곱째, "너희는 다시 무서워하는 종의 영을 받지 아니하고 양자의 영을 받았으므로"(롬8:15) 성령으로 충만한 삶으로 인해 우리 영은 증언하는 삶을 누리게 됩니다.

이 7가지 내용은 모든 성도가 누려야 할 축복을 의미합니다. 성령 세례나, 사역을 위해 성령을 충만히 받는 것이 성령에 관한 교훈의 전부인 양 말하곤 하지만, 실제로는 특별한 사역을 위해 성령을 충만히 받고도, 육적인 상태에 거하는 신자들이 너무나 많습니다. 이런 현상은 성령 충만의 목적을 오해한 데서 비롯됩니다. 성령 충만은 우리 삶 전체를 변화시키기 위해 받는 것이지 하나님을 위해 일할 능력을 얻기 위해서만 받는 것이 아닙니다. 우리의 삶이 변화된 결과가 특별한 사역의 능력으로 나타나는 것입니다.

그 좋은 예로, 남아프리카공화국에는 주님의 일꾼으로 헌신하다가 지금은 금광에서 일하는 사람들이 100명이 넘습니다. 그들은 금을 위해 소중한 믿음을 포기한 사람들입니다. 왜 이런 일이 발생

앤드류 머레이의 **영적인 삶 바로세우기**

했을까요? 주님을 위해 놀라운 일을 행할 수 있게 했던 성령의 충만함이 정작 그들의 생각과 삶에는 아무런 영향도 주지 못했던 겁니다. 이런 일은 우리가 생각보다 흔히 일어납니다.

왜 그렇습니까? 하나님의 생명이 그들의 본성 전체에 거하도록, 그들의 내면 깊은 곳에 성령이 임하게 한 적이 한 번도 없었던 겁니다. 만일 성령이 그들의 존재 깊은 곳에 임했더라면, 그들이 주님을 떠나는 일은 결코 일어날 수 없었을 것입니다. 성령이 우리의 내적 삶을 온전히 소유한 후에는, 어떤 것도 우리를 과거의 삶으로 돌아가게 할 수 없습니다.

이제 하나님이 우리에게 어떤 축복을 베푸셨는지 살피려고 합니다. 영국의 귀족들에게는 자기의 이름을 자녀에게 물려줄 때 재산도 함께 물려주는 관습이 있어, 장남이 아버지의 이름과 재산을 물려받는 경우엔 다른 아들들이 한 푼도 상속받지 못하는 일이 자주 발생하곤 했습니다. 그러나 하나님은 자녀들에게 이런 방식으로 은혜를 베푸시지 않습니다. 하나님은 어떤 자녀의 상속권도 박탈하시는 법이 없이 모든 자녀들을 초청하여 각자에게 성령의 복된 은사를 나누어 주십니다. 그들은 섬기는 일에 따라 다양한 은사를 받을 수는 있지만, 어떤 은사든 하나님으로 충만한 삶을 살기에 결코 부족한 법이 없습니다. 우리 모두에게 이런 은사를 주시도록 하나님께 구합시다.

이제부터 본문에 나타난 성령충만한 삶의 7가지 축복에 비추어 성령으로 충만한 그리스도인은 어떤 삶을 사는지 살펴봅시다.

1

성령을 따라 행함

바울은 갈라디아서에서 그리스도인에 대해 이렇게 말합니다. "만일 우리가 성령으로 살면 또한 성령으로 행할지니"^(갈5:25) "성령을 따라 행하라 그리하면 육체의 욕심을 이루지 아니하리라"^(갈5:16) 이 말씀 속에서 '행함'이란 행동을 의미합니다. 성경에서는 우리의 대화, 행실, 외적 생활양식을 가리켜 '행함'이라고 표현합니다. 하나님은 신자로 하여금 영감을 주시는 성령과 함께 살고, 성령을 따라 행하게 하실 수 있지만, 거듭나지 못한 사람들은 육을 따라 행할 수밖에 없습니다. 육이 그들의 삶을 지배하며 그들이 행할 일을 일러주기 때문입니다.

그리스도인은 영적 삶으로 들어가 그 안에서 활동하며, 은밀한 성령의 인도를 받아 자신의 뜻과 행위를 이룰 수 있습니다. 설교자가 성령을 따라 행함은 설교시간에만 성령의 도우심을 구하고 일상생활에서는 육을 따라 사는 것을 의미하지 않습니다. 하나님은 우리에게 늘 성령 안에서 행하도록 초청하십니다. 그것은 바로 우리가 원하는 일입니다. 우리는 식탁에 앉아 있을 때나, 화가 나려고 할 때나, 사업상의 위기를 만났을 때나, 시험을 당할 때나 언제든지

앤드류 머레이의 **영적인 삶 바로세우기**

우리 안에서 일하시고 활동하시는 성령의 권능을 느낄 수 있습니다. 우리의 모든 행동은 성령의 인도에 따라 이루어져야 합니다.

2

영적자유를 누림

바울은 로마서8장 2절에서 그리스도인을 향해 "그리스도 예수 안에 있는 생명의 성령의 법이 죄와 사망의 법에서 너를 해방하였음이라"고 말합니다. 하지만 7장에서는 속사람으론 하나님의 법을 따라 행하기를 즐거워하면서도, 자신을 죄와 죽음의 법에 사로잡히게 만드는 또 다른 법이 지체(肢體) 안에 존재함을 깨닫고 '나는 죄수이자 포로이므로, 아무리 선을 행하려 해도 행할 수가 없어.'라고 탄식하는 신자에 대해서 말합니다.

그 예로 어떤 남편이 감옥에 갇혀 있어 그의 아내와 어린 자녀들이 굶주림으로 고통을 받고 있다고 가정해 봅시다. 견디다 못한 그의 아내가 편지를 보내어 '당신에게 우릴 도울 방법은 없나요?'라고 묻자, 그가 안타까운 마음으로 '어떻게 해서든 당신을 돕고 싶지만, 갇힌 몸이 된 내가 무엇을 할 수 있겠소?'라고 쓴 답장을 보낸다면, 그는 로마서7장에 나오는 신자의 모습과 동일합니다. 하나님께 순종하고 싶은 마음을 지니고 있음에도, 실제로는 하나님을 섬길 수 없기 때문입니다. 그 이유가 무엇입니까? 그가 육의 사슬에 매여 자기 지체 안에 있는 죄의 법에 포로가 되었기 때문입니다. 그러나 성령은 그를 죄의 법에서 능히 해방시키십니다. 그래서 바울은 이렇게 말합니다. "생명의 성령의 법이 죄와 사망의 법에서 너를 해방하였음이라"

신자에게 큰 영향을 주는 두 가지 힘이 존재합니다. 하나는 성령의 능력이고, 다른 하나는 죄의 힘입니다. 어느 힘이 더 셀까요? 많은 사람들이 육의 힘이 더 강하다고 말합니다. 교회 안에 이런 생각을 하는 사람들이 더 많다는 것은 참으로 슬픈 일입니다. 하나님은 바울을 통해 분명히 말씀하셨습니다. 성령의 권능은 죄의 힘보다 강하므로, 우리가 하나님을 믿으면 성령의 권능으로 우리를 죄와 사망의 법에서 해방시키신다는 것입니다. 그렇다고 성령이 죄의 뿌리까지 제거하는 것은 아닙니다. 악의 성향은 우리의 생명이 다하는 날까지 남아 있지만, 죄가 다시 우리를 지배하지 못하도록 그리스도 안에 있는 성령이 우리를 죄에서 해방시킨다는 것입니다. 우리의 대적은 아직도 살아있지만, 결코 우리를 건드리지 못합니다.

남북전쟁이 끝난 후에 노예였던 사람들이 옛 주인과 한 동네에 사는 경우가 많았지만, 옛 주인은 그들을 과거처럼 종으로 부리거나, 터럭 하나도 맘대로 건드릴 수 없었습니다. 그것은 우리의 상태와 같습니다. 성령이 우리를 소유하시면 죄의 힘이 우리 안에 남아 있을지라도 성령충만으로 그 힘을 무력하게 만든 후, 우리를 하나님의 뜻대로 사용하십니다.

하나님을 위해 일해야 한다는 강박감에 사로잡힌 나머지 주의 일

앤드류 머레이의 **영적인 삶 바로세우기**

을 하면서도 자유를 맘껏 누리며 즐거워하지 못하는 사람들이 많습니다. 주님은 이런 사람들에게도 '내가 너희를 죄에서 해방시켰으므로, 너희는 이제 자유로운 존재다.'라고 선언하십니다. 그럼에도 그들은 주님이 주신 소중한 자유를 누리려 하지 않습니다. 이제라도 자신이 죄에서 해방된 사실을 믿기만 하면, 구원에 대한 하나님의 약속을 믿기만 하면, 누구나 성령충만을 기대할 수 있을 뿐 아니라, 우리 안에 충만한 상태로 거하시는 성령이 우리를 죄에서 해방시키는 것보다 더 내적으로 거룩한 삶을 살 수 있게 하는 일이 없다는 말이 무엇인지 이해하게 됩니다.

3

새로운 본성을 소유함

"만일 너희 속에 하나님의 영이 거하시면 너희가 육신에 있지 아니하고 영에 있나니"(롬 8:9) '영의', '영을 따르는', '영에', '하나님의 영이 거하시면'과 같은 표현은 다 성령과 신자의 친밀함과 실제적 연합을 나타내는 말씀들입니다. 우리가 성령 안에 있고 성령이 우리 안에 거함은 마치 공기 안에 존재하는 인간이 그의 폐 안에 공기를 지니고 있는 것과 같습니다. 인간과 공기는 분리될 수 없으므로, 우리가 신선한 공기 안에 거하기만 하면, 공기가 절로 우리 안에 들어오기 마련입니다.

하나님의 자녀가 영적인 삶에 들어갈 때도 같은 일이 일어납니다. 그가 받아들인 성령이 거룩한 권능으로 그를 둘러싸고 그의 삶을 주관하기 때문입니다. 그가 성령 안에 거하고, 성령이 그의 안에 거하시므로, 성령을 따르는 가운데, 성령의 거룩한 본성이 그의 안에 자리를 잡게 됩니다. 하나님의 영이 우리의 생명이 되면 얼마나 좋을 것인지 생각해 본 적이 있습니까?

성령이 신자 안에 거하심을 인간이 집에 사는 것처럼 이해하는 사람들이 있습니다. 그러나 집과 인간은 유기적으로 연합하거나, 생명을 나눔이 없이 각각 존재하는 것이므로, 성령과 신자가 공유하는 삶의 방식과는 전혀 다릅니다. 사고, 의지, 감정이 우리의 본성을 이루듯이, 성령이 임할 때 우리는 **"신성한 성품에 참여하는 자"**^{(벧후} ^{1:4)}가 됩니다. 성령은 우리의 가장 깊은 곳까지 들어와 내적 삶 전체를 주관하십니다.

하나님의 영이 우리 안에, 우리가 하나님의 영 안에 거할 때, 우리는 거룩한 기쁨과 두려움으로 충만하게 됩니다. 기쁨은 우리가 지금부터 누리게 될 축복을 기대하는 마음에서 비롯된 것이고, 두려움은 진리를 모르면 안 된다는 자각에서 기인한 것입니다. 그 기쁨과 두려움은 아버지와 아들이 보내신 성령에 의해 우리 안에 자리를 잡습니다. 또한 성령은 삼위일체 하나님의 성품을 우리에게 주셔서 성령 안에서 살고자 하는 마음이 우러나게 만듭니다.

이런 삶이 불가능하다고 여기는 신자들이 있다면, 이렇게 믿는 이유를 간단히 설명할 수 있습니다. 그런 생각은 전능하신 하나님이 인간 안에 거하신다는 사실을 믿지 못하는 마음에서 비롯된 것이기 때문입니다. 우리가 공기 안에 존재하듯이 성령 안에도 거할 수 있음을 믿는다면, 우리가 실제로 영적 삶을 누릴 수 있다는 것을 충분히 이해할 수 있습니다.

4

생명과 평강을 누림

"영의 일을 따르는 자는 영의 일을 생각하나니"(롬 8:5)라는 말씀에 나오는 '생각'은 무엇을 의미합니까? 일반적으로 그것은 지적 활동을 가리키는 단어지만, 여기서는 개인이 소유한 '성향'(disposition)을 뜻합니다. '고결한 마음을 지닌 사람'이란 고결한 '성향(性向)을 지닌 사람'을 의미하고, '마음이 넓은 사람'은 '관대한 성향을 지닌 사람'을 말하고, '영적인 마음을 소유한 사람'은 '성령을 닮은 성향을 소유한 사람'을 나타내고, '하늘나라의 마음'을 지닌 사람은 '하늘나라의 정신과 성향을 소유한 사람'을 가리킵니다. '영적인 마음을 지닌 신자'가 된다는 것은 '생명과 평강의 성향을 지닌 사람'이 됨을 의미합니다. 그러면 어떻게 해서 우리 안에서 그런 변화가 일어나는 것입니까?

성령은 늘 주님의 마음과 성향으로 우리 안에서 행할 준비를 갖추고 계십니다. 그래서 바울은 빌립보서 2장 5절에서 "너희 안에 이 마음을 품으라 곧 그리스도 예수의 마음이니"라고 말합니다. 성령께서 우리 마음에 임하셔서 우리의 성품을 소유할 때, 우리는 그리스도의 마음을 지니게 됩니다. 주님은 "네 이웃을 네 자신같이 사랑하라"(마22:39)고 말씀하십니다. 우리 힘으로 이 명령을 따를 수 없는 이유는, '이웃 사랑'이 육의 능력에 속한 일이 아니기 때문입니다. 하지만 자녀를 둔 어머니가 사랑과 부드러움을 소유할 수 있는 이유는 그것이 본성이기 때문이듯이, 성령은 우리 마음을 영적인 마음으로 변화시켜 본성이 되게 하실 수 있습니다.

성령은 우리 안에 거하시며, 온유하고 겸손하신 주님을 닮은 마음과 성향이라면 무엇이든지 우리에게 부어주시는데, 성령이 우리에게 주신 것은 다 우리의 본성이 됩니다. 그 결과로 우리가 미워하던 사람도 얼마든지 사랑할 수 있게 됩니다. 하나님의 사랑은 정말 놀라운 신비입니다. 그 사랑을 소유하게 되면, 도저히 사랑할 수 없는 사람까지 사랑할 수 있게 될 뿐 아니라, 사랑할 만한 구석이라곤 전혀 찾아볼 수 없는 사람들까지도 깊이 사랑할 수 있게 변하기 때문입니다. 우리는 자신의 성품을 다스리기가 어렵다는 사실을 너무나 잘 알고 있습니다. 그 이유는 자신의 힘으로 영적인 마음을 소유한 신자가 되지 못하기 때문입니다. 성령이 충만하게 임하실 때, 비로소 우리는 영적인 마음을 소유할 수 있게 됩니다.

이미 성령을 받은 사람은 거기에 만족해선 안 됩니다. 우리의 존재 더 깊은 곳까지 성령이 충만하게 해야 합니다. 우리가 영적 신자로 완전히 변화할 때까지 주님의 성품으로 충만하게 해야 합니다.

하나님의 자녀 여러분! 여러분에 관한 모든 것이 영적으로 변화할 수 있도록 주님의 성품을 소유하고 싶지 않습니까? 우리 자신을 성령께 온전히 드릴 때 주님의 성품이 주어진다는 사실을 잊지 마십시오.

5

죄에 대해 죽은 몸으로 삶

그래서 바울은 이렇게 말합니다. "너희가 … 영으로써 몸의 행실을 죽이면 살리니"(롬 8:13)

여기서 '죽인다'는 말은 '죽게 만든다'는 뜻입니다. "너희가 … 몸의 행실을 죽이면 살리니"이 말은 성령이 우리 안에서 본연의 일을 하도록 자기 몸을 드리지 않은 사람에게는 그 몸이 큰 고통이 됨을 의미합니다. 얼마나 많은 죄가 우리 몸에서 비롯됩니까! 그럼에도 우리가 죽여야 할 대상이 몸의 행실이라는 것을 모르는 신자들이 너무나 많습니다. 그것은 성령의 도움이 없이는 스스로 깨달을 수 없는 일이기 때문입니다. 먹는 일을 예로 들어 봅시다.

먹고 마시는 일은 세상에서 흔히 볼 수 있는 일로서 그 자체로는 큰 죄가 될 수 없습니다. 하지만 성경은 "먹든지 마시든지 무엇을 하든지 다 하나님의 영광을 위하여 하라"(고전 10:31)고 가르칩니다. 왜냐하면 즐거움을 얻을 목적으로 음식을 먹거나 과식하는 행위가 몸을 비만케 함으로써 기도하기 어렵게 만든다면 사탄이 공격하기에 좋은 기회를 제공하기 때문입니다. 우리는 죄와 싸워 이기는 삶을 살 수도 있지만, 먹는 즐거움으로 인해 자신의 육신에 대한 지배권을 사탄에게 빼앗길 수도 있습니다. 우리는 몸에 음식을 제공할 뿐이라고 생각하지만, 그것은 식욕을 강화시킴으로써 육을 키우고 육의 힘을 강화시키는 결과를 가져오는데, 그로 인해서는 하나님을 기쁘시게 할 수가 없습니다. 우리의 성질도 육의 죄를 나타내는 경우가 너무나 많습니다. 그것은 우리 안에 있는 '자기(自己)'에서 비롯됩니다.

성령은 우리 몸의 행실을 죽일 뿐 아니라, 모든 육의 행실을 그분의 거룩한 능력과 평강으로 다스릴 수 있습니다. 몸의 행실을 죽이기 원하는 사람은 육신의 자랑과 안목의 정욕에 주의해야 합니다. 우리 몸을 성령의 전(殿)으로 변화시켜 거룩한 삶을 살기 원한다면, 성령으로 충만하고, 우리 몸을 성령의 능력으로 다스려야 합니다. 우리도 바울처럼 하늘나라의 비밀에 대해서 알 수 있지만, 그런 지식은 거룩한 삶을 사는 데 아무 소용이 없습니다. 성령으로 충만하지 못하면 어떤 하나님의 말씀도 거룩한 삶을 사는 데 전혀 도움이 되지 못합니다.

성령은 주님의 죽음 안에서 세례 받는 법을 우리에게 가르쳐 줍니다. 그리스도인은 자신을 죄에 대해서는 죽고 하나님에 대해서는 산 자로 여겨야 합니다. 성경에서는 우리를 보고 주님과 함께 십자가에 못 박혀 죽은 자라고 말합니다. 그리고 끊임없이 우리 지체를

앤드류 머레이의 **영적인 삶** 바로세우기

죽이라고 가르칩니다. 우리의 거룩한 생명은 부활하신 주 안에서 죄에 대해 죽은 생명입니다. 성령은 십자가의 죽음의 능력으로 하여금 우리 몸에 머물게 합니다. 이것을 이해하기 어려운 가르침이라고 여기는 사람들이 많습니다. 교회사 속에 등장하는 인물들을 그 예로 들어 봅시다.

교회사 초기에 등장하는 그리스도인들 가운데에는, 육신을 낮추고 욕구를 억제하는 훈련에 일생을 바친 사람들이[2] 있었습니다.

어떤 사람은 동굴 속에 홀로 살면서 훈련에 정진했지만, 훈련을 거듭할수록 전보다 더욱 악한 영의 유혹에 시달리는 자신의 나약한 모습을 발견할 뿐이었습니다. 그들은 '자기'를 죽임으로써 거룩함에 이르려고 힘썼지만, 결국 자신의 힘으로 몸의 행실을 죽이는 데 실패하고 말았습니다. 그것은 성령에 의해서만 가능한 일이기 때문입니다.

주님을 십자가로 인도하고, 주님 자신을 희생 제물로 드리게 한 분은 성령이십니다. 우리도 성령을 통해서만 십자가의 죽음이 이루어진 갈보리에 이를 수 있습니다. 우리가 주님의 죽음에 일치되고 그 능력을 체험하는 것도 성령의 도우심이 없으면 불가능합니다. 여러분은 자신의 능력에 절망한 나머지, '과연 내가 세상에 대하여 십자가에 못 박힐 수 있을까?'라고 외쳐본 적이 있습니까? 우리 힘으로는 불가능하지만 성령은 능히 그 일을 이루십니다. 그러므로

---

2   [역자 주] '사막교부' 혹은 '사막의 은자(隱者)'라고도 함

성령으로 충만한 삶이 참으로 복된 삶인 것을 알아야 합니다.

6

성령의 인도를 받음

"무릇 하나님의 영으로 인도함을 받는 사람은 곧 하나님의 아들이라"(롬 8:14)
이 말씀대로 신자는 성령의 인도를 받는 하나님의 자녀입니다. 그럼
에도 '어떻게 하면 성령의 인도를 받을 수 있을까요? 하나님의 뜻을
알려고 수없이 기도해왔지만 지금까지 한 번도 성령의 인도를 받은
적이 없어요.'라고 말하는 그리스도인이 얼마나 많은지 모릅니다.
나는 그런 사람들에게 늘 이렇게 말하곤 합니다. '여러분이 성령의
인도를 받지 못한 까닭은 그릇된 목적으로 구했기 때문입니다.'

어린아이는 하고픈 일이 생기면 즉시 아버지께 달려가 이렇게 말
합니다. '아버지, 전 과학자가 되고 싶어요.' 그러면 아버지는 아들
에게 이렇게 말합니다. '그거 참 좋은 생각이로구나. 하지만 과학자
가 되려면 많은 지식을 쌓아야 한단다.' 그 말을 들은 아이는 이렇
게 말합니다. '과학자가 되고 싶기는 하지만, 많은 지식을 배우고 싶
진 않아요.' 아들의 말을 듣고 난 아버지는 많은 지식을 배우지 않
으면 안 되는 이유를 차근차근 설명해 줍니다. 그 과정에는 오랜 시
간이 필요하다는 것과, 높은 단계의 지식에 이르기 위해서는 쉬운

것부터 배워나가야 한다는 사실도 일러줄 것입니다. 성령의 인도에 대해 알고픈 사람들도 그와 같은 사실들을 알아야 합니다.

성령께서는 일상생활에서부터 우리를 인도하기 원하십니다. 사소한 일상사에서부터 영적인 사고를 하도록 우리를 인도하십니다. 그런 다음에야 특별한 환경 속에서도 성령이 원하시는 바를 일러 주십니다. 우리가 일상생활 속에서 '주님, 오늘 제가 해야 할 일이 무엇인지 알려주세요.'라고 기도할 수 있다면, 언제라도 성령의 인도를 받을 준비를 갖춘 것입니다. 그때부터 성령께서는 보다 깊은 하나님의 말씀으로 우리를 인도하십니다. 우리 주님도 그렇게 사셨습니다.

그래서 주님은 "내가 스스로 아무 것도 하지 아니하고 오직 아버지께서 가르치신 대로 이런 것을 말하는 줄도 알리라"(요8:28)고 말씀하셨던 것입니다. 예수님은 늘 하나님의 음성에 귀를 기울이며, 하나님의 인도에 따라 사셨습니다. 하나님의 인도에 따를 수 있다는 것은 얼마나 놀라운 특권입니까? 그래서 주님이 "하나님의 영으로 인도함을 받는 사람은 하나님의 아들"(롬 8:14)이라고 말씀하신 것입니다.

사랑하는 성도 여러분, 성령의 인도를 받기 위해 기꺼이 모든 것을 희생하지 않겠습니까? 하나님은 그분의 요구를 줄이시는 법이 없으므로, 우리의 뜻을 버리고 겸손히 하나님을 바라며, 예수님처럼 거룩한 삶으로 인도되기를 사모해야 합니다. 그것이 너무나 힘든 삶이라고 말하는 사람도 있지만, 실상은 그렇지 않습니다. 그것은 예수님이 실제로 사신 삶이었을 뿐 아니라, 가장 복된 삶이었기 때문입니다. 하나님이 우리 삶 전체와 우리의 모든 일을 인도해 주신다는 것은 얼마나 큰 특권입니까? 그래서 하나님은 "무릇 하나님의 영으로 인도함을 받은 사람은 하나님의 아들"(롬8:14)이라고 말씀하신 것입니다.

그러면 하나님의 인도를 받는 삶이란 어떤 것입니까? 우리는 주를 위해 일할 능력을 얻기 위해 성령으로 충만하기를 바라지만, 그보다 더 중요한 일이 있음을 알아야 합니다. 그것은 우리가 매순간 성령의 인도를 받아 살고 있을 뿐 아니라, 영적인 마음을 소유하고 있음을 나타내는 표시로서 주님을 닮아가는 일입니다. 우리는 성령의 도우심으로 주님과 닮은 삶을 살 수 있습니다.

7

하나님의 자녀임을 성령이 증언함

바울은 이렇게 말합니다. "너희는 다시 무서워하는 종의 영을 받지 아니하고 양자의 영을 받았으므로 우리가 아빠 아버지라고 부르짖느니라"(롬8:15) 또한 성령이 "우리의 영과 더불어 우리가 하나님의 자녀인 것을 증언"(16절)하신다고 말합니다. 여기서 말하는 '증언하는 영'이란 우리를 인도하시고, 영적인 마음을 소유하게 할 뿐 아니라, 몸의 행실을 죽이게 하며, 양자로 삼는 영을 의미합니다. 그 영은 우리가 하나님의 자녀인 것을 증언하시는 성령을 가리킵니다. 예수님을 믿고 성령 받은 증거에 대해 말하면서도, 정작 하나님의 자녀다운 삶을 누리지 못하고 있는 사람들이 너무나 많습니다. 날마다 구원의 확신과 증거를 가지고 하나님을 '아빠 아버지'라고 부를 수 있게 하는 양자(養子)의 영을 받기 원하는 사람은, 성령 안에 거하며, 성령을 따라 행해야 합니다.

우리가 성령 안에 거하고, 성령이 우리 안에 거하며 다스리심으로써 우리의 생명의 근원이 되시면 우리의 삶은 날마다 기쁨이 넘치며, 하나님과 교제하는 삶으로 변합니다. 성령은 우리를 사랑으로 인도하며, 친밀하게 대해 주십니다. 또한 하나님이 탕자의 형에게 하신 "얘 너는 항상 나와 함께 있으니 내 것이 다 네 것이로다"(눅15:31)라는 약속을 성령을 통해 누리게 하심으로써, 우리는 영적인 마음과 하늘나라의 마음을 소유하게 됩니다.

우리는 하나님을 '아빠 아버지'라고 부를 수 있는 관계를 맺기 위해서, 무던히 애쓰거나 힘쓸 필요가 전혀 없습니다. 영원하신 하나님이 스스로를 아버지로 나타내시기 때문입니다. 그러므로 살아계신 아버지께서 우리로 하여금 사랑 안에 거함, 하나님 안에 거함, 성령에 관한 모든 약속의 의미를 깨닫게 하십니다.

> "그가 또 다른 보혜사를 너희에게 주사 영원토록 너희와 함께 있게 하시니"(요14:16)

사랑하는 성도 여러분, 성령이 이루시는 놀라운 삶이 실제로 존재합니다. 그것은 가나안에서 누리는 진정한 삶입니다. 그것은 정말 소중한 깨달음입니다. 성령은 주님 안에서 누리는 모든 축복과 하나님의 모든 약속을 우리로 하여금 체험할 수 있게 하는 분입니다. 여러분도 이 복된 삶으로 들어가 하나님의 자녀에게 주어진 유산을 요구할 준비를 갖추십시오. 그리고 '로마서8장 1절에서 16절까지의 말씀이 제 삶에서 그대로 이루어지기를 구합니다.'라고 외치십시오.

이제 성령으로 충만한 삶에 들어가기 원하는 사람이 따라야 할 4단계 지침을 살펴봅시다.

1단계, 지금 이렇게 고백하십시오.
'저는 성령으로 충만하기 원합니다! 하나님이 약속하신 일이므로, 제 영혼에 성령 충만이 필요합니다. 성령도 원하시는 일이므로 주님이 그 일을 행하실 줄 믿습니다. 지금 성령 충만이 필요합니다. 성령으로 충만하지 않으면 그리스도인으로서 바르게 살 수 없으므로, 저에게 성령으로 충만함이 꼭 필요합니다.'

2단계, 성령으로 충만할 수 있음을 확신하십시오.
하나님은 가능성이 없는 일을 '반드시 하라'고 명하시는 법이 없기 때문입니다. 하나님은 '너희는 거룩한 삶을 살 수 있다'는 약속을 빠뜨린 채 '너희는 반드시 거룩한 삶을 살라'고 명하지 않으셨습니다. 그러므로 '나는 거룩한 삶을 살 수 있습니다.'고 우리 입으로 시인하십시오. 하나님이 친히 그것을 약속하셨고, 예수님이 피로 값 주고 사심으로써 그 삶을 살 수 있게 하셨을 뿐 아니라, 성경에서도 그 삶에 대해 가르치고 있습니다. 게다가 지금까지 수많은 신자들이 그 삶을 누려왔습니다. 그러므로 우리는 성령으로 충만할 수 있음을 알아야 합니다.

3단계, 성령으로 충만할 것을 믿으십시오.

'주님, 제 마음이 그것을 온전히 원해요.'라고 말씀드리십시오. 그리고 이렇게 고백하기 시작합시다. '오, 하나님 제가 소유한 모든 것을 포기합니다. 제 자신, 저의 모든 죄, 제 뜻, 자기 확신, 육, 이 모든 것을 포기합니다. 저에게 성령이 충만히 임하실 줄 믿습니다. 주 하나님, 저에게 그 증거를 주소서. 저는 성령으로 채워지기를 기다리는 당신의 빈 그릇입니다. 반드시 성령으로 충만하게 될 줄 믿습니다. 저는 성령으로 충만해질 준비를 끝냈습니다.'

4단계, 이렇게 기도하십시오.

'주님, 저를 반드시 성령으로 충만하게 해 주실 줄 믿습니다. 신실하신 하나님이 약속하신 일이기 때문입니다. 떨리는 심정과 겸손한 마음으로 아뢰오니 저는 육에 속한 신자로서 제 죄를 뉘우치며 고백합니다. 제 마음이 성령으로 충만하기를 바라며, 하나님이 그 일을 이루실 줄 믿습니다. 오, 하나님! 구하고 생각하는 것보다 더 크고 놀랍게 역사하시는 하나님, 제 자신을 영원히 드리오며 하나님을 영원히 의지합니다. 제 뜻을 다 버리고 성령으로 충만케 해 주시기를 구합니다. 아버지께서 그 약속을 이루실 줄 믿습니다.'

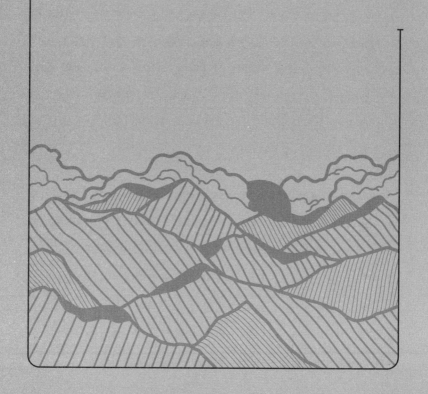

3장

성령의
열매는
사랑

3장
성령의 열매는 사랑

"성령의 열매는 사랑"(갈5:22)

"사랑은 율법의 완성이니라"(롬13:10)

로마서8장에 보면 "영을 따라 행하는"(4절), "성령의 법이 죄와 사망의 법에서 너를 해방하였음이라"(2절), "영으로써 몸의 행실을 죽이면"(13절), "영으로 인도함을 받는 사람"(14절), "양자의 영을 받았으므로"(15절)와 같은 말씀들이 나타납니다. 이 말씀들은 우리가 실생활에 적용해서 누려야 할 삶에 관한 진리들을 가리킵니다. 그러므로 이제부터 성령충만한 삶의 실제적 측면을 살핌으로써, 일상생활 속에서 성령충만의 축복을 누리는 법을 알아보려고 합니다.

구약시대의 성령은 계시의 영으로 임하여 하나님의 뜻을 드러내거나 하나님의 일을 감당할 능력을 베푸는 경우가 많았지만 사람 안에 거하는 법은 한 번도 없었던 반면, 신약시대의 성령은 신자 안에 거하는 모습으로 나타납니다. 지금도 구약시대처럼 하나님의 일을 감당할 능력을 얻기 위해 성령충만을 구하는 사람은 많지만, 우리 안에 거하시며 우리의 삶 전체를 새롭게 하고, 생명을 주시는 신약의 성령충만에 대해서 아는 사람은 너무나 적습니다.

앤드류 머레이의 **영적인 삶 바로세우기**

하나님이 성령을 보내시는 주목적은 우리에게 거룩한 성품을 주시기 위함입니다. 성령충만이 거룩한 마음과 영적 성향에 관한 은사라는 것을 알았으므로, 우리는 가장 먼저 '하나님의 영광을 위해 살려면 우선 우리의 내적 삶 전체를 거룩하게 만드시는 성령을 받아야 해.'라고 고백해야 합니다. 주님이 제자들에게 성령충만을 약속하신 목적은 그들에게 증인이 될 능력을 주시기 위해서라고 할 수 있습니다. 하지만, 그들은 존재 전체를 단번에 사로잡아, 할 일을 유능하게 감당하는 거룩한 일꾼으로 변화시키는 하늘의 권능 안에서 성령충만을 받은 것입니다. 이런 권능을 행한 분은 그들의 전존재를 충만케 하신 성령입니다.

이제부터 **"성령의 열매는 사랑"**(갈 5:22)이라는 말씀과 **"사랑은 율법의 완성이니라"**(롬 13:10)라는 말씀을 함께 살펴보려고 합니다. 그것은 두 가지 목적 때문입니다.

1

첫째 목적

우리 마음에 그 말씀들을 비추어 성령과 거룩한 삶에 대한 우리의 모든 체험과 사고를 점검하기 위함입니다.

이제 그 말씀을 우리 자신에게 적용해 봅시다. 매일 사랑의 영이신 성령의 충만을 구한 적이 있습니까? 성령을 받을수록 더 많이 사랑하게 된다는 사실을 체험해 보았습니까? 우리는 성령을 구할 때, 사랑의 영으로 임하시도록 구하는 것을 첫째 목표로 삼아야 합니다. 만일 교회가 성령이 사랑의 영으로 임하시도록 열심히 구해 왔다면, 오늘날의 교회와는 얼마나 다른 모습을 지니게 되었을까요? 그러므로 이렇게 기도드리십시오.

> "하나님, 성령의 열매는 우리 삶 속에 나타나는 사랑이며, 성령이 우리의 삶을 소유하시는 만큼 우리 마음에 실제적, 보편적인 하나님의 사랑으로 채워진다는 하늘나라의 진리를 지금 붙잡게 하소서."

그 사실을 온전히 이해하려면 우리에게 성령을 주시는 하나님의 본성이 사랑이라는 사실을 기억해야 합니다. 사랑이란 하나님의 마음이 아니라, 바로 하나님 자신이십니다(요일 4:8 참조). 성령은 하나님의 영이시므로, 사랑의 영으로 우리에게 임하십니다. 하나님이 사랑이라는 말은 무슨 뜻입니까? 고린도전서13장에 보면 가장 완벽한 사랑에 대한 정의가 나타납니다. "사랑은 자기의 유익을 구하지 아니하며"(고전13:5) 사랑은 자기를 제외하고, 상대방 안에서 살며, 그들의 마음을 끌고 싶어 하며, 축복하기 원합니다.

그러므로 완전하신 하나님을 이해하는 데는, 하나님에게는 마음을 주고받을 수 있는 아들이 있어야 한다는 생각이 꼭 필요합니다. 사랑이신 하나님이 홀로 계신다는 것은 상상할 수 도 없거니와, 하나님뿐 아니라 우리와도 교제할 수 있는 '아들'이 반드시 계셔야 한다는 것입니다. 그러므로 하나님은 사랑이십니다. 삼위일체 하나님

앤드류 머레이의 **영적인 삶 바로세우기**

의 영원한 교제에서, 성령은 성부와 성자 사이의 관계를 결속시키는 분이자, 성부와 성자 사이에 존재하는 사랑의 충만함이자 교환입니다. 성령은 바로 하나님의 생명입니다.

성령이 우리에게 임해야 한다면 사랑의 영 이외의 어떤 방식으로도 임하지 않으십니다. 하나님은 그리스도에게만 아니라, 그분의 사랑을 나누어 주시려고 그리스도 안에서 지으신 세상에 대해서도 사랑이십니다. 하나님은 사랑이십니다. 하나님이 천사와 인간을 지으신 이유도 함께 교제하시고, 그분의 사랑으로 존재 전체를 채워주시기 위해서였습니다.

타락을 통해 죄가 인간에게 들어와 하나님의 사랑을 어둡게 했을 때, 하나님은 어떻게 하셨습니까? 그분의 사랑을 회복시키기 위해 하나밖에 없는 아들을 보내어 우리 대신 죽음을 당하게 하셨습니다. 하나님의 아들을 타락한 세상에 인간으로 보내신 이유는 그분의 사랑의 힘을 인간에게 알리시기 위함이었습니다. 하나님은 아들과 함께 그분의 생명, 기쁨, 영광, 거룩함, 권능, 복을 주시되, 그리스도 안에서 그 모든 것을 주셨습니다. 하나님은 사랑이시므로, 자신을 주실 뿐 아니라, 언제나 그분의 뜻을 우리에게 알려주기를 기뻐하십니다. 사랑이 하나님의 필연적 본성인데도 하나님이 보내신 성령이 우리에게 사랑으로 채우실 것이라고 기대하면 안 되는 걸까요?

죄는 우리에게서 사랑을 앗아갔습니다. 하나님이 인간을 남자와 여자로 지으신 목적은 하나님이 사랑 안에 사시듯이 그들도 서로 사랑하는 삶을 살며, 사랑 안에서 행복을 누리게 하기 위함이었습니다. 죄는 인간에게 들어와 사랑을 파괴했습니다. 우리는 아담이 얼마나 쉽게 그의 아내를 비난했으며(창3:12), 가인이 얼마나 신속하게 동생 아벨을 살해했으며(창4:8), 세상이 얼마나 짧은 시간 안에 죄악으로 가득 찼으며(창6:5), 그 이후로 세상이 분열, 싸움, 죄와 불의로 가득 찼는지 성경을 통해 알 수 있습니다. 세상에서 사랑을 찾아볼 수 없게 된 것입니다. 전에는 하나님을 믿지 않는 사람들 사이에서도 아름다운 사랑을 찾아볼 수 있었지만, 이제는 희미한 사랑의 자취만 겨우 남은 것입니다.

죄의 결과로 나타난 가장 악한 일은 인간이 이기적인 삶을 살게 되었다는 점입니다. 이기심을 지닌 사람은 사랑할 수 없습니다. '사랑'이라고 표현할 만한 일을 전혀 할 수 없다는 것이 아니라, 자신이나 자신을 기쁘게 해 줄 사람만을 사랑하는 것이므로 참된 사랑이라고는 할 수 없습니다. 비열하고 호감이 가지 않는 사람까지 사랑하는 진정한 사랑은 죄에 의해 파괴되었습니다.

이 사랑을 회복시키기 위해 예수님이 우리에게 오신 것입니다. 주님의 오심은 하나님의 사랑의 표현입니다. 주님은 십자가에 달리시기 전에 세상에 있는 그분의 백성들을 사랑하시되 끝까지 사랑하셨습니다(요13:1). 제자들과 함께 하셨던 주님의 삶은 진정한 사랑의 삶이었습니다. 주님의 사랑은 제자들 각자뿐 아니라, 그들 모두에게 이루어졌습니다. 요한복음 13장에서 우리는 제자들에게 하신 주님의 말씀을 발견합니다.

"새 계명을 너희에게 주노니 서로 사랑하라"(요13:34) 이 말씀은 다른 계명들을 모두 포함하는 최고의 계명입니다. 그것은 주님만이 주실 수 있는 새 계명입니다. 그 이유는 주님이 새로운 사랑을 나타내셨을 뿐 아니라, 성령을 통해 그 사랑을 우리 마음에 부어주시기 때문입니다. 주님은 우리에게 서로 사랑하라고 명하시며, 그로 인해 나타날 결과를 이렇게 소개하셨습니다.

"너희가 서로 사랑하면 이로써 모든 사람이 너희가 내 제자인 줄 알리라"(요13:35) 요한복음15장에서 주님은 이렇게 말씀하십니다. "내 계명은 곧 내가 너희를 사랑한 것같이 너희도 사랑하라"(요15:12) 17장에서는 이렇게 기도하십니다. "그들로 온전함을 이루어 하나가 되게 하려 함은 아버지께서 나를 보내신 것과 또 나를 사랑하심같이 그들도 사랑하신 것을 세상으로 알게 하려 함이로소이다"(요17:23)

우리는 서로 사랑함으로써 세상으로 하여금 하나님의 사랑을 알게 해야 합니다. 우리가 그리스도인임을 가장 잘 나타내는 표시는 '사랑의 사람'이 되는 것이라고 주님이 가르치셨음에도, 신자가 명심해야 할 가장 중요한 일이 사랑이라는 사실을 교회가 얼마나 모르고 있습니까! 교회에서 사랑의 중요성을 가르치는 시간이 너무 적을 뿐 아니라, 신자들의 삶을 통해 사랑이 나타나는 경우도 거의 없기 때문입니다. 그리스도인 가운데 '제가 오로지 사랑으로 충만하기를 구하며, 제 영혼을 사랑으로 넘칠 수 있게 하는 방법만을 깊이 연구하고 있음을 하나님은 아십니다.'라고 자신 있게 고백할 수 있는 사람들이 얼마나 드뭅니까?

예수님은 사랑을 회복시키려고 이 세상에 오셨습니다. 주님은 십자가의 죽음을 통해 그 사명을 이루셨습니다. 십자가는 사랑의 승리이자, 사랑을 계시한 사건입니다. 그래서 주님은 사랑 안에 거하시고, 그 안에서 행하시며, 우리를 사랑으로 초청하십니다. 우리를 미워하는 사람조차 사랑할 수 있을 때까지 사랑하라고 명하십니다(마 5:44). 참사랑은 이 세상의 어떤 것으로도 이길 수가 없습니다. 미움이 많을수록 사랑은 더욱 완전한 승리를 거두고 그 참모습을 드러냅니다. 이것이 주님이 제자들에게 실천하라고 명하신 사랑입니다.

사도 요한은 서신서에서 주님이 우리에게 생명을 주셨으므로 우리도 형제를 위해 생명을 내놓아야 한다고 말합니다(요일4:11 참조). 하지만 그 사실을 이해하는 사람이 얼마나 적습니까! 주님의 제자들을 보자. 그들 사이에 분쟁이 일어난 경우가 얼마나 많았습니까! 심지어 주의 나라에서 으뜸이 되고자 분쟁을 벌인 경우도 있지 않았습니까(마20:21)? 그 원인은 그들에게 사랑이 없어 교만했기 때문입니다. 사랑은 겸손입니다.

사랑은 이렇게 말합니다. '나는 다른 사람에게 축복이 되기 위해서만 존재해.' 사랑은 이기적일 수가 없습니다. 참사랑이란 예수님처럼 사랑하는 것입니다. 주님이 택한 제자들은 많은 것을 배워야 했는데, 그 이유는 인간의 본성을 앎으로써 성령이 임하시지 않으면 더 높은 삶을 살거나 주님처럼 사랑할 수 없음을 깨닫게 하기 위해서였습니다.

2 ‖‖

둘째 목적

예수 그리스도께서 이 세상을 사랑하셔서 죄를 구속(救贖)하시는 사랑의 역사(役事)를 이루었을 때, 그 사랑을 우리 마음에 부어주시기 위해 성령이 하늘에서 임한 것을 확인하기 위해서입니다.

우리는 오순절을 제자들의 마음에 주님의 생명과 사랑을 가져온 날로 여겨야 합니다. 베드로가 성령의 도우심으로 복음을 담대히 전파할 수 있었던 이유도 거기에 있습니다. 제자들은 서로 사랑하는 법만 아니라, 원수까지 사랑하는 법을 배웠습니다. 우리가 그들의 담대함에 대해 이야기하는 까닭은 주님이 돌아가셨을 때 그들이 보여준 겁먹은 모습과 뚜렷이 대조되기 때문입니다. 그들을 사로잡은 것은 구속하시는 주님의 사랑이었습니다. 그것은 성령이 하늘에서 가져온 것입니다.

사도행전 2장과 4장을 보면 한 마음과 한 뜻을 이룬 제자들의 모습이 나타납니다. 주님과 동행하던 3년 동안 그들은 한 마음과 한 뜻을 이루지 못했습니다. 주님의 온갖 교훈으로도 그들을 한 마음, 한 뜻이 되게 할 수 없었던 것입니다. 그러나 성령이 임하여 하나님 사랑하는 마음을 그들에게 부어주시자, 그들은 한 마음과 한 뜻이 되었습니다. 그들의 마음에 하늘나라의 사랑을 부어주신 성령이 우리에게도 충만해야 합니다. 삼년 동안이나 천사의 말로 사람들을 가르치신 주님도 성령의 권능이 그의 마음에 하늘나라의 사랑을 부어주지 않았더라면 결코 어떤 사람에게도 사랑을 가르치실 수 없었을 것입니다. 우리가 성령의 임재를 기다리며 자신을 드리면 성령이 하나님의 사랑으로 우리 마음을 채우실 것입니다.

갈라디아서 5장 22절 말씀을 읽을 때 우리가 유의해야 할 사실이 한 가지 있습니다. 성령의 열매는 우리의 일상생활과 행위 속에서 사랑으로 나타난다는 것입니다. 사랑이 나타나는 곳에는 희락, 화평, 오래 참음, 자비, 양선, 충성, 하나님과 사람 앞에서의 온유함과 같은 온갖 은혜와 덕이 함께 나타나는 반면, 날카로운 태도나 고집스런 자세, 불친절하고 이기적인 마음은 자취를 감춥니다. 그런 덕목들은 다 더 온유한 덕목들이라는 것을 우리는 압니다.

나는 "너희는 하나님이 택하사 거룩하고 사랑받는 자처럼 긍휼과 자비와 겸손과 온유와 오래 참음을 옷입고"(골3:12)라는 골로새서의 말씀을 읽을 때, 내가 사도 바울이라면, 그 말씀 앞에 열정, 용기, 근면과 같은 남성적인 덕목들을 첨가했을 것이라고 생각한 적이 한 두 번이 아니었습니다. 그러나 온유함이나 가장 여성적인 덕목들일수록 성령께 의지함과 깊이 연관돼있음을 알아야 합니다. 그것들은 이 세상에서 발견할 수 없는 하늘의 은혜이므로, 그 덕목들을 우리에게 가르치시기 위해서 주님이 하늘에서 오실 수밖에 없었습니다. 오래 참음, 온유함, 자비함은 우리의 축복이고, 우리의 영광은 하나님 앞에서 겸손히 행하는 삶입니다. 사랑이란 성령이, 십자가에 달렸다가 지금은 하늘에 계신 예수님의 마음에서 가져와 우리 마음에 최초로 부어 주신 가장 중요한 열매입니다.

그렇다면 성령으로 충만하기 위해서는 '우리 자신을 버리고, 사랑의 삶을 살기 위해 자기를 버려야' 합니다. 지금까지 이런 생각을 못해 왔다는 것은 얼마나 슬픈 일입니까? 오늘날 주님의 교회 전체가 분열된 모습에 대해 우리가 뭐라고 말할 수 있습니까? 주님이 연합하라고 주신 가장 소중한 교훈들을 가지고 우리는 얼마나 분열의 장벽으로 삼아 왔습니까? 성만찬을 예로 들어봅시다.

"이것은 내 몸이니라"^(마26:26)는 말씀의 의미를 놓고 "개혁 루터교회들(Reformed Lutherans)" 사이에서 얼마나 심한 논쟁을 벌려왔습니까! 연합을 의미하는 말이 오히려 분열의 상징이 된 것입니다. 오늘날 주님의 교회 안에 당연히 있어야 할 하나님의 지고한 사랑의 아름다움을 거의 찾아 볼 수가 없다는 것은 너무나 안타까운 일입니다. 우리는 지금까지 교리나 신조를 사랑보다 더 중요한 것으로 여겨왔습니다. 요즘에는 성령세례까지도 분열의 원인이 되곤 합니다. 이런 과오를 막으려면 어떻게 해야 합니까?

누구나 같은 생각을 하고 그것을 동일한 방식으로 표현해야 한다고 기대하지 않는 법을 배우면서 사랑, 온유, 양선의 실천을 최고의 관심사로 삼으십시오. 자신이 진리의 용사라는 생각만하다 보면, "사랑 안에서 참된 것을 하여"^(엡4:15)라는 하나님의 말씀을 잊어버리는 경우가 많습니다. 먼 나라의 이교도들 사이에서나 선교본부에서 하나님을 위해 일하는 사람들 사이에서도 분열과 갈등이 일어나는 경우가 많다는 소식을 얼마나 자주 듣고 있습니까?

성격이나 견해 차이에서 비롯된 반목과 질시 탓에 서로를 향한 사랑이 식은 것입니다. 주님을 위해 모든 것을 버린 믿음이 좋은 그리스도인들조차 교회에서 사랑의 신비에 대해 한 번도 배운 적이 없다는 것은 얼마나 슬픈 일입니까! 신자들의 가정은 어떻습니까? 자주 열리는 신자 모임이나 교회의 각 부서 선교 위원회에서도 성령이 임하신 증거인 서로에 대한 사랑이 부족해 상대방에게 성급한 판단이나 격한 말들을 쏟아놓는 경우가 없습니까? 이 모든 일들은 주님의 사랑에 의해 온전히 다스림을 받지 않는 데에서 비롯됩니다. 가족들 사이에서도 불같은 성격이나 성급함으로 어려움을 겪은 경우는 없습니까? 슬프게도 우리는 지금까지 사랑하는 법을 배우거나, 사랑을 성령의 첫 번째 열매로 여기도록 배운 적이 없습니다.

'사랑'을 성령 안에서 사는 삶을 분별하는 기준의 하나로 여겨야 합니다. 성령충만하고자 하는 소원의 중심을 기꺼이 자신을 낮추는 것과, 하나님과 예수님에 대한 사랑을 삶의 중심으로 삼는데 두어야 합니다. 나는 여러분으로 하여금 사랑을 가장 중시하고, 사랑으로 인해 원하는 곳에 가서 원하는 일을 하면서도, '난 하나님의 도우심으로 사랑할 수밖에 없어.'라고 고백하며 깊은 겸손함을 누리는 삶으로 인도하기 원합니다.

이제 우리 삶 전체를 하나님 말씀에 비추어 봅시다. 교회와 우리 주변에 있는 그리스도인들을 충분히 생각한 다음 자신을 보며 이렇게 기도하십시오.

'오, 하나님! 저는 주님의 교회가 성령으로 충만하도록 자주 기도

해 왔습니다. 하지만 제 자신은 사랑의 영으로 충만한 삶을 살아왔는지요?'

요한일서는 "어느 때나 하나님을 본 사람이 없으되 만일 우리가 서로 사랑하면 하나님이 우리 안에 거하시고"(요일4:12)라고 말한다. 하나님은 우리가 볼 수 없는 분이지만, 형제는 볼 수 있는 존재이므로, 형제를 사랑하면 하나님이 우리 안에 거하신다는 말이 사실입니까? 그렇습니다. 형제를 사랑하는 일은 하나님과 참된 교제를 나누는 길입니다.

요한은 계속해서 가장 엄숙한 시험에 대해 말합니다. "누구든지 하나님을 사랑하노라 하고 그 형제를 미워하면 이는 거짓말하는 자니 보는 바 그 형제를 사랑하지 아니하는 자는 보지 못하는 바 하나님을 사랑할 수 없느니라"(요일4:20)

사랑할만한 점이 한 가지도 없고, 만날 때마다 여러분을 괴롭히는 형제가 있다고 가정해 봅시다. 그는 여러분의 성품과 모든 면에서 반대되는 성품을 지니고 있습니다. 여러분은 신중한 사업가인데 반해, 그는 게으를 뿐 아니라 사업가답지 못한 면모까지 지니고 있음에도 업무상 그와 만나지 않을 수 없는 형편입니다. 그럴 때 여러분이 그에게 '자네는 도저히 좋아할 수 없는 친구야.'라고 말한다면 우리는 주님이 가장 힘써 가르치시고자 했던 사랑에 관한 교훈을 배우지 못한 셈입니다.

그를 우리가 원하는 사람으로 변화시키기 원한다면, 어떤 일이 있어도 그를 사랑해야 한다는 사실을 잊지 마십시오. 사랑은 날마다 성령을 통해 맺는 열매여야 합니다. 비록 사랑할만한 구석이 한 군데조차 없다고 해도 눈에 보이는 형제를 사랑하지 못하면서 눈에 보이지 않는 하나님을 어떻게 사랑할 수 있겠습니까? 우리는 사랑의 하나님에 대해 아름다운 생각을 함으로써 자신을 속일 수도 있지만, 형제사랑을 통해 하나님을 사랑한다는 것을 증명하지 않으면 안 됩니다. 그것은 우리의 사랑이 참된 것인지 판단하시는 하나님의 유일한 기준이기 때문입니다. 하나님을 사랑하는 마음을 가지고 있다면 반드시 형제를 사랑해야 합니다. 성령의 열매는 사랑입니다. 성령이 충만하기를 원할 때 첫 번째로 해야 할 일은 하나님이 우리의 의지를 소유하시게 할 뿐 아니라, 우리의 마음과 삶이 사랑의 영으로 넘치게 하는 것입니다.

사랑의 삶을 살 수 있는 유일한 비결은 성령으로 충만함을 받는 것입니다. 에베소서에 나타나는 **"성령으로 충만함을 받으라"**(엡5:18)는 말씀과, 갈라디아서에 나오는 **"성령의 열매는 사랑"**(갈 5:22)이라는 말씀은 서로 밀접하게 연관되어 있습니다. 사과 열매가 열리기를 원한다면 사과나무를 심어야 합니다. 얻고 싶은 과일이 있으면 그 과일이 열리는 나무를 심어야 하듯이, 하나님의 사랑으로 넘치기 원하면 성령으로 충만해야 합니다.

사랑의 영으로 충만하려면 이제부터라도 사랑의 영으로 충만하기 원함을 겸손히 하나님께 고백해야 합니다. 우리는 지금까지 교만, 자신의 힘, 이기심을 그대로 지닌 채 성령의 능력을 구해왔습니다. 우리 자신을 하나님께 드리지 않은 채, 사랑, 겸손, 온유, 양선의 충만함을 구해온 셈입니다. 이제 주님 앞에 나아와 그 사실을 고백

앤드류 머레이의 **영적인 삶 바로세우기**

한 후, 이기심, 교만, 무정함에서 우리를 정결하게 하시는 주님의 은혜를 받으십시오. 겸손하고 사랑이 넘치는 일상생활을 하기 원하면 성령으로 충만함을 구하십시오. 그러면 하나님과 다른 사람을 섬길 수 있게 하는 성령의 능력이 우리에게 나타날 것입니다.

참으로 성령으로 충만하기를 원하십니까? 가장 겸손하고 온유한 사람이 되어 누구나 우리가 주님의 제자인 것을 알도록 사랑으로 충만하기 원하십니까? 만일 우리가 서로 사랑하면 하나님이 우리 안에 거하시고, 우리가 하나님 안에 거하여 사랑으로 온전한 신자가 될 수 있습니다. 그것은 우리 힘으로 이룰 수 있는 일이 아니라, 성령이 우리에게 주시는 선물입니다.

다음 장에서는 우리로 하여금 사랑이 넘치는 삶을 살 수 없게 만드는 장애물들을 비롯하여 성령 안에 사는 삶, 성령에 의해 죄에서 해방됨, 성령 안에 거함, 성령에 대해 증거하지 못하도록 가로막는 요소들과, 성령이 교회 안에 거하심에도 신자의 삶이 너무나 나약한 이유가 무엇인지 살필 것입니다.

그러나 먼저 우리 죄를 고백하고 죄를 용서해 주시도록 하나님께 구하며, 기도와 믿음으로 자신을 버리고 사랑의 영으로 넘치게 하시는 하나님의 은혜를 배우십시오. 지금 우리 자신을 하나님께 완전히 드려 하나님의 사랑으로 넘치는 그릇이 됩시다. 성령이 오신 목적은 우리에게 하늘나라의 사랑이 넘치게 하고, 이웃사랑을 우리 삶의 유일한 기쁨으로 여기는 사랑으로 충만케 하기 위해서라고 믿음으로 고백합시다. 아울러 그 사랑을 실천하는데 우리 자신을 바치며, 하나님의 은혜로 그런 삶을 우리의 유일한 목표와 소원으로 삼겠다고 고백하며 이렇게 기도하십시오. '하나님, 그 결심을 우리 마음에 새겨 주옵소서.'

성령의 열매와 성령의 첫째 사역은 우리의 일상생활을 위해 우리 안에 하나님의 사랑과 그리스도를 주시는 것입니다. 우리는 하나님의 은혜로 끊임없는 사랑의 삶을 살 수 있습니다.

앤드류 머레이의 **영적인 삶 바로세우기**

4장

영적 삶의 장애물

4장
영적 삶의 장애물

"이에 예수께서 제자들에게 이르시되 누구든지 나를 따라오려거든 자기를 부인하고 자기 십자가를 지고 나를 따를 것이니라" (마태복음16:24)

자신의 삶이 그리스도인다운 삶이 아니라고 생각하는 사람이 많습니다. 그들은 자신의 삶을 신자의 삶으로 회복시키기 위해 '과연 하나님이 우리에게 원하시는 삶을 누리는 것이 가능한가?'부터 묻습니다. 이제부터 그들의 삶에서 잘못된 점, 하나님의 뜻, 하나님이 그들을 위해 하실 수 있는 일과 그 상태에서 벗어나 하나님이 기뻐하시는 삶으로 나아가기 위해 취해야 할 단계들을 살피려고 합니다. 우리 모두 자기 생각을 버리고 진리의 가르침에 겸허하게 귀를 기울이기를 간절한 마음으로 기도합니다.

우리에게 반드시 고쳐야 할 나쁜 습관이 한 가지 있습니다. 진리를 배우려고 교회에 다니지만 마음에 어떤 감화도 받지 못하는 삶을 반복하다 보니, 가장 엄숙한 진리를 듣고도 실생활에서 아무 열매를 맺지 못하는 습관이 생긴 것입니다. 이 문제를 해결하기 위해서 하나님의 임재 가운데에서 이렇게 기도합시다.

"하나님, 제 삶에 잘못된 부분이 있으면 바로 잡아주소서." 그리고 우리 마음에 의에 대한 목마름을 늘 간직하십시오.

우리는 1장에서 신자의 삶의 두 가지 측면을 살펴보았는데, 그것은 신자임에도 끊임없이 죄를 지으며 사는 육에 속한 상태와 성령의 도움으로 죄와 싸워 이기며 영적인 사람으로 변해가는 상태를 말합니다. 2장에서는 로마서 8장 말씀에 근거하여 주님께 나오는 신자를 위해 성령이 하시는 일들을 살펴보았습니다. 성령은 죄와 사망의 법에서 신자를 해방시키고, 그의 안에 거하시며, 주님을 따라 행하도록 인도하며 가르치십니다. 또한 육을 억제하고 몸의 행실을 죽이기 위해 거룩한 생명력으로 임하실 뿐 아니라, 성령이 신자 안에 거하신다는 구체적이고 생생한 하늘나라의 증언을 하기 위해 임하십니다.

그리스도인이 일상생활 속에서 성령충만한 삶을 살면 어떤 모습이 됩니까? 하나님이 주신 분별기준은 "성령의 열매는 사랑"(갈5:22)이라는 말씀입니다. 성령이 충만한 신자는 어떠한 고난, 시험, 유혹 가운데서도 사랑이 넘치는 삶을 살 수 있습니다.

이 장에서 살피고자 하는 문제는, 성령이 죄와 사망의 법에서 우리를 해방시키시고, 몸의 행실을 죽이신다면 왜 우리가 그런 삶을 누리지 못하는 겁니까? 사랑은 성령의 열매이고, 우리는 회심을 통해 성령을 받은 신자임에도 우리들 가운데 온전한 사랑의 삶을 사는 사람들이 극소수에 지나지 않는 이유는 무엇입니까? 그것은 사랑의 삶을 방해하는 장애물이 우리 안에 도사리고 있기 때문입니다.

그 장애물은 바로 '자기'^(自己)입니다. 하나님의 생명, 그리스도의 생명, 성령의 생명이 다 우리 안에 들어오기 위해 기다리고 계십니다. 한 가지 조건만 충족되면 그 준비된 생명들이 다 우리 안에 자리를 잡게 됩니다. 그것은 '우리의 생명을 버려야 한다'는 것입니다. 우리의 생명을 버리면 하나님이 새생명을 우리에게 주실 것입니다. 우리 안에 '자기'가 살아서 활동하게 한다면, 그것이 비록 부분적인 허용일지라도 성령의 활동을 방해하게 되어 있으므로, 하나님의 자녀로서 성령을 받는다 해도 우리 안에서 성령이 권능이 넘치는 모습으로 일할 수 없게 됩니다.

어떻게 하면 그 장애물을 제거할 수 있습니까? 마태복음 16장 24절 말씀을 보십시오. "이에 예수께서 제자들에게 이르시되 누구든지 나를 따라오려거든 자기를 부인하고 자기 십자가를 지고 나를 따를 것이니라"

주님의 제자가 되려면 두 가지 일을 해야 합니다. 첫째로 '자기'를 부인해야 합니다. 우리 자신을 부인해야 한다는 말입니다. 둘째로 '자기' 십자가를 지고 주님을 따라야 합니다. 사람은 본성적으로 '자기'를 따르게 되어 있습니다. 그것은 지극히 자연스런 현상입니다. 그래서 주님은 '자기'를 버리라고 우리에게 말씀하십니다. '자기'의 소리가 아니라 주님의 목소리에 귀를 기울여야 한다는 것입니다. '자기' 대신 하나님을 의지하고, '자기'의 생명을 버리고 주님을 우리의 생명으로 삼으라는 것입니다.

이 놀라운 말씀이 성취되는 과정을 살펴보십시오. 가이사랴 빌립보 지방에서 주님은 제자들에게 이렇게 물으셨습니다. "사람들이 인

자를 누구라 하느냐?"^(마16:13) 제자들은 사람들의 다양한 견해를 4가지로 요약하여 말씀드렸습니다.

"더러는 세례 요한, 더러는 엘리야, 어떤 이는 예레미야나 선지자 중의 하나라 하나이다"^(마16:14) 그 말을 들은 후에 주님은 이렇게 물으셨습니다.

"너희는 나를 누구라 하느냐"^(마16:15)

그때 베드로가 제자들을 대신하여 이렇게 고백했습니다.

"주는 그리스도시요 살아계신 하나님의 아들이시니다"^(마16:16)

그 말을 들으신 주님은 베드로를 향해 이렇게 칭찬하셨습니다.

"바요나 시몬아 네가 복이 있도다 이를 네게 알게 한 이는 혈육이 아니요 하늘에 계신 내 아버지시니라"^(마16:17)라고 말씀하셨습니다. '내 아버지이신 하나님이 성령을 통해 가르쳐주셨으므로, 내가 하나님의 아들인 것을 네가 알게 된 것이다.'라고 말씀하신 것입니다. 제자들은 당시의 요리문답^(要理問答, 주요한 신앙의 내용을 문답 형태로 만들어 가르치는 방법, cathechism)을 통해서 그 사실을 배운 것이 아니고, 어머니를 통해 배운 것도 아닙니다. 그렇다고 예수님이 '이제 내가 하나님의 아들인 것을 기억하라'고 가르치신 것도 아니었습니다. 예수님은 하나님의 아들로서 사셨을 뿐이지만, 하나님이 제자들에게 예수가 그리스도이심을 가르쳐주셨던 것입니다. 그리고 나서 주님은 두 가지 놀라운 일을 그들에게 약속하셨습니다.

하나는, "이 반석 위에 내 교회를 세우리라"^(마16:19)는 것이고, 다른 하나는, "내가 천국 열쇠를 네게 주리라"^(마16:19)는 것입니다. 이제 주님이 베드로에게 주신 4 가지 말씀을 생각해 보십시오.

"바요나 시몬아 네가 복이 있도다",

"이를 네게 알게 한 이는 혈육이 아니요 하늘에 계신 내 아버지시
니라",

"이 반석 위에 내 교회를 세우리니",

"내가 천국의 열쇠를 네게 주리니"

그 말씀들로 인해 어떤 결과가 나타났습니까? 베드로의 위치가
더욱 높아지고, 중요한 천국 교훈을 얻게 되었습니다. 그 때부터 주
님이 자기에게 일어날 일에 대해 그들에게 가르치기 시작하셨습니
다. "예루살렘에 올라가 장로들과 대제사장들과 서기관들에게 많은 고난을 받
고 죽임을 당하고 제 삼일에 살아나야 할 것을 제자들에게 비로소 나타내시니"^{(마}
^{16:21)} 그때 베드로가 주님께 이렇게 말씀하셨습니다. "주여, 그리 마옵
소서 이 일이 결코 주께 미치지 아니하리이다"^(마16:22)

어떤 영어성경에서는 이 부분을 '주님, 자신을 불쌍히 여기소서'
로 번역할 수도 있다는 견해를 난외주^(欄外註)로 소개하고 있습니다.
그 번역에 의하면 베드로가 '주님, 왜 그런 말씀을 하십니까? 자신
을 불쌍히 여기세요. 그런 일은 결코 주님께 일어나지 않을 것입니
다.'라고 말한 셈입니다. 그러나 주님은 베드로를 향해 "사탄아 네 뒤
로 물러가라"^(마 16:23)고 꾸짖으셨습니다. '네 말은 지옥의 교훈이자 사
탄이 가르쳐준 것이다. 네가 그 교훈으로 나를 가르치고 있는 것이
냐?'라고 꾸짖으신 것입니다. 조금 전만 해도 바른 신앙고백으로 주
님께 영광을 돌렸던 베드로가 지금 사탄이 부추긴 말을 쏟아놓고
있기 때문입니다. 회심하고도 그 은혜에 만족할 줄 모르고, 하나님

앤드류 머레이의 **영적인 삶 바로세우기**

의 영을 소유한 성도가 사탄과의 거래를 즐긴다는 것은 얼마나 놀라운 일입니까!

그때 주님이 자신의 죽음과 십자가에 대해 이렇게 말씀하셨습니다. "누구든지 나를 따라 오려거든 … 자기 십자가를 지고 나를 따를 것이니라"(마16:24) 그것은 '베드로야, 나만 아니라 너도 죽어야 한단다. 나는 죄인들을 위해 십자가에 못 박혀야 하지만, 너는 네 십자가를 져야한다. 베드로야, 내가 십자가에 못박혀야한다는 사실에 놀라지 마라. 너도 십자가에 못 박혀야 해.'라는 의미입니다. 불쌍한 베드로는 "누구든지 나를 따라 오려면 자기를 부인하고 자기 십자가를 지고 나를 따를 것이니라"는 주의 말씀을 듣는 순간 낭떠러지에서 떨어지는 것 같은 충격을 받았을 것입니다. 방금 전까지만 해도 "네가 복이 있도다"라는 주님의 칭찬을 듣고 마치 하늘나라에라도 들어간 것 같은 즐거움을 누리고 있었기 때문입니다. 그런 그가 한 순간에 꾸중을 듣는 자리로 떨어지게 된 이유는 무엇입니까?

그의 모든 생각을 하나님의 가르침과 성령께 복종시키지 않았기 때문입니다. 그는 주님과 주님의 나라에 대해서는 많은 교훈을 알고 있었지만, 주님이 십자가에 달려 돌아가시리라는 사실은 믿지 않았던 것입니다. 오늘날의 교회 안에도 이런 신자들이 많이 존재합니다. 놀랍고 아름다운 그리스도에 관한 교훈들은 얼마든지 믿지만, 모든 진리 가운데서 가장 중요한 주님과 함께 십자가를 져야한다는 교훈을 믿지 않는 신자들이 너무나 많습니다. 베드로만 아니라 우리도 가르치시는 주님의 이 말씀에 귀를 기울여 주님을 기뻐하고, 즐거워하지 못하게 만드는 장애물과 염려를 제거하는 법을 배웁시다.

이제부터 '자기'에 대해 자세히 살피고자 합니다. 우리가 살펴볼 문제는 4 가지입니다.

💬 토의문제	1. 우리가 부인하고, 십자가에 못 박아야 할 '자기'는 어디에서 비롯된 것입니까?
	2. '자기'는 어떻게 활동하고 있습니까?
	3. 어떻게 하면 '자기'를 극복할 수 있습니까?
	4. '자기'를 극복하기 위해 우리가 해야 할 일은 무엇입니까?

1

자기의 정체

주님은 '자기를 부인하라'고 말씀하십니다. 하지만 베드로는 자기를 부인하지 않고, 주님을 부인했습니다. 주님이 가야바 앞에 서기도 전에 세 번이나 주님을 모른다고 부인했습니다. "나는 그 사람을 알지 못하노라"(마26:72) 단순히 부인하는데 그치지 않고 맹세하며 주님을 모른다고 했습니다. 그러나 주님의 명령은 그와 정반대였습니다. '베드로야 네가 부인해야 할 것은 오직 네 자신이다. 너의 "자기" 곧 네 자신의 삶과 뜻을 부인해야 한다.'라고 말씀하셨습니다.

우리는 어떻게 '자기'를 소유하게 되었습니까? 그것은 하나님이 우리 안에 창조하신 부분입니다. 그래서 모든 사람과 천사는 하나님이 지으신 '자기'를 소유하고 있습니다. 하나님은 우리가 하고픈 일을 결정하는 능력을 '자기'에게 부여하셨습니다. 무엇 때문입니까? 매일 하나님이 우리의 '자기'를 채워주시도록 그분께 나올 뿐 아니라, 하나님을 기다리고 그분의 충만함을 받는데서 축복을 발견하도록 하기 위해서입니다. 그러나 얼마나 파괴적인 범죄가 발생했습니까! 이제부터 인간이 창조되기 전에 일어난 사건을 잠시 살피려고 합니다.

사람들이 창조되기도 전에 하나님의 보좌는 가장 순전하고 완전한 영들에 둘러싸여 있었습니다. 언젠가 그들 중에서도 가장 뛰어난 영들 중의 하나가 자신을 높이며, 하나님이 그에게 주신 모든 아름다움과 영광을 의심했습니다. 그가 자신을 높이는 순간 그의 마음에 교만이 들어와 '나는 하나님과 같은 존재야.'라고 말하기 시작했습니다. 그는 하나님으로부터 눈을 돌려 자기에게 관심을 가지며, '이런 내가 하나님을 섬겨야 한다는 것은 잘못된 일이야.'라고 생각했습니다. 그리고는 '나 아침의 아들 계명성은 하늘의 권세들 가운데서도 우두머리가 아닌가?'라고 말하기에 이르렀습니다(사14:12 참조).

그가 하나님에게서 눈을 돌려 자기에게로 향하는 순간 그의 마음에 교만이 들어와 그는 빛에서 어둠의 나락으로 떨어졌습니다. 그로 인해 천사에서 악한 영으로 전락했을 뿐 아니라, 하늘나라의 빛을 잃고 영원한 지옥의 어둠과 흑암 속에 갇히게 되었습니다.

이 타락한 천사장에게서 교만이 시작되었습니다. 그는 하나님 대신 '자기'에게로 향하다가 타락한 존재가 되고 말았습니다.

그 후에 하나님이 그 모든 것의 영광을 회복시키신 후, 그분의 아들의 영광을 나타낼 존재로 사람을 지으셨습니다. 하나님은 인간에게 이렇게 말씀하셨습니다. '내가 네게 자기를 줄 테니, 그것으로 늘 나를 향하게 하라. 그러면 늘 빛 가운데 행할 수 있을 것이다. 내 뜻을 행하라. 그러면 내가 영원한 생명과 복으로 네게 채워 주리라.' 그러나 인간이 세상의 왕이 될까봐 두려워한 사탄이 인간에게 접근했습니다. 그는 하와에게 다가와서 "너희가 그것을 먹는 날에는 너희 눈이 밝아져 하나님과 같이 되리라"^(창3:5)는 말로 선악과를 따 먹도록 유혹했습니다.

게다가 하와의 마음과 귀에 지옥의 독과 교만을 불어넣었습니다. 그는 하와에게 이렇게 말했습니다. '너는 하나님처럼 될 수 있으니, 가서 선악과를 따 먹어라.' 아담과 하와가 사탄의 말에 귀를 기울이는 순간 그들의 피 안에 스며든 지옥의 독이 그들의 자기로 하여금 하나님을 거스르게 함으로써 그들은 하나님을 떠나, '자기'를 그들의 본성으로 삼았습니다. 그러므로 아담과 하와의 후손인 우리는 누구나 하나님께 반대하여 거슬러 자신을 높이고자하는 '자기'를 소유하고 있습니다.

우리 안에 악한 본성이 자리 잡고 있다는 사실을 아는 사람들은 많지 않습니다. 우리에게는 하나님과 이웃에게 맞서 자신을 높이려는 악한 본성이 있습니다. 인류 역사는 인간에 대해 인간이 일으킨 큰 분쟁의 역사이자, 다른 사람보다 자신을 더 높이고자 했던 다툼의 역사에 지나지 않습니다. 사람은 누구나 타인보다 더 많은 권력, 더 많은 지식, 더 많은 교양, 더 많은 기쁨을 소유하기 원합니다. 슬프게도 '자기'는 바로 인간을 지배하는 하나님같은 존재입니다.

그 사실에는 예외가 없습니다. 만일 우리 안에 악한 자아가 존재한다는 사실을 안다면, 어떻게 '하나님, 저를 이 괴물에게서 구원하소서'라고 기도하지 않을 수 있겠습니까? 지금 여기에 독사 한 마리가 기어들어와 우리를 향해 다가온다면, 누구나 펄쩍 뛰어 물러나며 '내가 그 독에 상하지 않게 저 뱀을 죽여!'라고 말하지 않겠습니까? 그러나 안타깝게도 눈이 먼 우리는 뱀을 피하기는커녕 오히려 그 위험한 뱀을 향해 전진하곤 합니다.

어린아이들이 뱀을 놀이도구로 오해하는 경우가 있습니다. 남아공의 한 가정에서 실제로 일어났던 일을 한 가지 소개하려 합니다. 어머니가 교회에 간 사이에 집에 남은 어린 소녀가 아직 걸음마도 배우지 못한 어린 여동생을 돌보고 있었습니다. 아기가 바닥에서 놀고 있을 때 화려한 색깔을 뽐내는 치명적인 독을 지닌 독사 한 마리가 방으로 기어 들어와 머리를 치켜들고 아기를 물려하고 있었습니다. 하지만 어린 아기는 자기 앞에 놓인 위험을 전혀 알지 못한 채, 그 뱀을 향해 기어가고 있었습니다. 뱀이 아기를 깨물려고 하는 광경을 발견한 그 소녀는 깜짝 놀라 달려와서 아기를 붙잡았습니다. 어린 아기는 그 뱀과 놀기를 원했습니다. 어린 아이가 그런 행동을 한 까닭은 독에 대해 전혀 알지 못하기 때문입니다.

지옥의 독과 사탄의 맹독을 지닌 '자기'가 우리 안에 있지만, 그것이 얼마나 위험한 줄 모르는 사람들은 그것을 소중히 여기며 기르고 있습니다. '자기'를 기쁘게 하고 그것을 기르기 위해 하는 일들은 모두 우리 안에 있는 악을 강하게 만들 뿐입니다. 주님이 우리에게 '자기'를 부인하라고 명하신 이유가 여기에 있습니다. 자기를 부인함이란 '자기'와 아무 상관이 없음을 밝히는 것입니다. 남들이 다 우리보고 시계를 훔쳤다고 비난해도 우리가 그 시계를 훔치지 않았다면 반드시 그들의 말을 부인해야 합니다. 사실이 아닌 비난의 말들에 대해 분노하며 비난받기를 거부해야 합니다. 그러므로 '자기'를 거부해야 합니다. 주님은 우리에게 자기의 십자가를 지고 그 십자가에 '자기'를 못 박아야 한다고 말씀하십니다. 그 이유가 무엇입니까? 그 말씀을 이해하려면 사탄이 하나님을 배반한 사건에서 '자기'가 비롯되었음을 알아야 합니다. '자기'는 지옥에서 나온 것이므로, 우리를 지옥으로 끌어들이기 때문입니다.

2

자기가 하는 일

우리 자신의 삶을 살펴봅시다. '자기'가 하는 일은 무엇입니까? '자기'는 하는 일은 세 가지인데, 그것은 자기를 의지하고, 신뢰하고, 높이는 일입니다.

첫째, '자기를 의지함'이란 무엇입니까? 하나님이 그분의 뜻대로 우리를 지으셨으므로, 우리에게 하나님의 뜻보다 더 소중한 것은 없습니다. 우리는 강한 의지나 지나치게 강한 의지에 관해 말하곤 합니다. 우리의 의지가 열배나 강해졌을지라도 그것을 하나님께 드리면 하나님을 섬기는데 강한 능력으로 사용되지만, 그것을 하나님께 드리지 않으면 사탄에게 사로잡혀 하나님을 거슬려 죄를 짓는데 사용되는 지나치게 강한 의지로 변합니다.

자기 의지는 육에 속한 사람들의 삶을 지배합니다. 그래서 육에 속한 사람은 '나는 내가 하고픈 일과 내가 좋아하는 일을 행할 권리를 가지고 있어요.'라고 말합니다. 그리스도인에게 '우리가 신자가 될 때 자신의 뜻을 구하지 않겠다고 약속한 것을 기억합니까?(렘 29:13, 대하 16:9 참조)'라고 물으면, 거의 모든 신자들이 '그런 약속을 한 적이 없다.'고 말할 것입니다. 그들의 입으로는 말한 적이 없지만 그것은 모든 신자에게 요구하신 주님의 명령입니다. 우리는 주님이 원하시는 것 외에는 어떤 일도 해서는 안됩니다.

우리 삶 속에서 '자기'가 '안돼'라고 말하지 못하게끔 우리의 뜻을 버려야 합니다. 우리의 뜻 곧, 우리의 '자기'를 하나님께 드리는 것이 구원을 얻는 비결입니다. 하나님의 뜻이란 하나님의 마음에 있는 생각의 표현이므로, 우리가 잔을 비우듯이 우리의 뜻을 버린 후에 '우리의 빈 잔을 주님의 뜻으로 채우소서.'라고 구하면 복된 삶을 살 수 있습니다. 많은 신자들이 이렇게 말합니다. '나는 그리스도인이므로 중요한 일에는 당연히 하나님을 따라야 하지만, 사소한 일은 내 뜻을 따를 수밖에 없어.' 그렇지 않습니다. '자기'란 하나님을 거슬려 행하는 우리의 모든 죄와 불행의 원인이기 때문입니다.

'자기를 기쁘게 함' 역시 또 다른 '자기'의 활동입니다. 인간의 삶과 본성의 주요 원칙은 자기를 기쁘게 하는 것입니다. 그리스도인 중에도 하나님보다 자기를 기쁘게 하는데 더욱 힘쓰는 사람들이 있습니다. 그들은 '자기'에 감화되어 하나님과 사람을 사랑하는 법을 끊임없이 어기게 됩니다.

둘째, '자기를 신뢰함'이란 무엇입니까? 그 가장 좋은 예가 베드로가 주님을 부인한 사건입니다. 주님은 잡히시기 전에 베드로에게 "오늘 밤 닭 울기 전에 네가 세 번 나를 부인하리라"(마26:34)고 말씀하셨습니다. 베드로는 그보다 앞서 "모두 주를 버릴지라도 나는 결코 버리지 않겠나이다"(마26:33)라고 호언장담한 터였지만, 결국 맹세까지 하며 주님을 부인하고 말았습니다. 어떻게 해서 이런 일이 일어났습니까? 그것은 자기를 신뢰한 데서 비롯된 일이었습니다.

베드로는 자신이 주님을 부인할 것이라는 경고의 말씀을 믿을 수가 없었습니다. 이제까지 주님을 위해 많은 핍박을 받아 온 자신이 주님을 부인할 리가 없다고 생각했습니다. 그리고 자신에게 다짐하듯이 이렇게 말했을 것입니다. '나는 주님과 함께 죽으러 갈 거야.' 그는 부활하신 주님을 만났을 때 "내가 주님을 사랑하는 줄 주님께서 아시나이다"(요21:15)라고 말했습니다. 그와 같은 '자기신뢰'의 결과는 무엇입니까? 자기를 철석같이 믿었지만 결국 넘어지고 말았습니다.

많은 젊은이들이 저에게 찾아와 '6개월 전에 주님을 영접하고,

주님을 섬기며 정말 행복한 시간을 누리던 내가 이렇게 믿음이 식어 뒤로 물러가게 된 이유가 무얼까요?'라고 묻곤 합니다. 그럴 때면 나는 언제나 이렇게 말해줍니다. '그 원인은 여러분 자신을 지나치게 믿었기 때문이지요.' 그러면 그들은 이렇게 반론을 제기합니다. '그런 적은 한 번도 없어요. 오히려 제 자신은 연약한 피조물이므로 아무 것도 할 수 없다고 여겨 왔거든요. 자기를 신뢰하다니요. 그런 일은 한 번도 없었어요.' 그들의 부인에도 불구하고 그들이 '자기'를 신뢰한 것은 너무나 분명한 사실입니다.

그들이 정말 주님을 신뢰했더라면, 그들의 믿음이 식거나 믿음이 후퇴하도록 내버려두지 않았을 것이기 때문입니다. 믿음의 후퇴는 자기 자신을 신뢰했음을 드러냅니다. 우리가 자신의 열심, 성실함, 혹은 우리 안에 있는 어떤 것을 신뢰했기 때문에 그 모든 어려움을 겪게 된 것입니다.

신자들 중에는 '왜 내가 원하는 삶을 살지 못하는 걸까.'하고 탄식하는 사람들이 있습니다. 그 이유도 자기를 신뢰하고 있기 때문입니다. 자신이 조금만 애쓰고, 잠시만 집중해도 승리할 수 있다고 믿기 때문입니다. 주님을 믿는 성도는 결코 패할 수가 없습니다. 우리는 지금까지 자기를 죽이고 주님만 믿어 오지 못했습니다. 그러므로 지금 곧 이렇게 기도하십시오.

'하나님, 제게 긍휼을 베풀어 주셔서 "자기"로부터 구원하소서. 저로 하여금 하나님에게서 멀어지도록 유혹하고, 주님과 제 영혼 사이에서 방해해온 "자기"로부터 저를 구하소서.'

셋째, '자기를 높임' 곧, 자만이란 무엇입니까? 예수님은 일찍이
"너희가 서로 영광을 취하 … 니 어찌 나를 믿을 수 있느냐"(요5:44)라고 탄식하
셨습니다. 세상 사람들을 향해 말씀하신 것이 아닙니다. 세상나라
들의 멸망은 교만에서 비롯되기 때문입니다. 주님은 그리스도인들
을 향해 그 말씀을 하셨습니다.

우리는 자신의 지위에 대해 대단히 큰 관심을 가지고 있습니다.
기대한 것보다 작은 일을 맡기거나, 기대했던 것보다 낮은 직분을
줄 때 우리는 얼마나 민감한 반응을 보입니까! 자신을 홀대한 사람
을 미워하고, 그를 향해 분노할 것입니다. 그런 마음은 어디에서 비
롯됩니까? 그것은 바로 '자기를 높임'에서 흘러나오는 생각입니다.
여러분은 이런 생각을 해 본 적이 없습니까? '나는 지혜롭기 때문
에 저 사람들을 통솔하는 법쯤은 이미 알고 있어. 더구나 저 사람
들 앞에서 멋진 기도를 드릴 수도 있지 않은가!' 비록 잠시나마 이
런 생각을 한 적이 얼마나 많습니까! 하나님 앞에서 우리 자신을 높
인 적이 얼마나 많았느냐는 말입니다.

우리는 정말 보잘 것 없는 것을 가지고도 교만할 수 있습니다. 자
신의 머리카락 색깔이나, 튀는 옷차림, 지식이나 재력을 가지고도
건방질 수가 있습니다. 사람은 이 세상의 어떤 것을 가지고도 오만
할 수 있는 존재입니다. 멋진 말을 탈 수 있다는 사실만 가지고도
얼마든지 거들먹거릴 수 있습니다. 말이 주인을 더 훌륭한 인물로
만드는 것도 아니건만, 그는 자신의 말을 가지고 자랑합니다. 그것
은 사탄이 사람을 속이는 방법입니다. 이 모든 일들은 지옥의 저주
를 받은 '자기'에게서 비롯된 일들입니다.

앤드류 머레이의 **영적인 삶 바로세우기**

하나님은 자신의 영광을 구하는 일에 대해 "교만을 물리치라"고 말씀하십니다. '자기'란 부패한 것일 뿐 아니라, 교만이 그 안에 자리 잡고 있으므로, 부인해야 할 대상에 지나지 않습니다.

3

자기를 이기는 법

주님은 "자기를 부인하고 자기 십자가를 지고 나를 따를 것이니라"(마16:24)고 말씀하십니다. 여기서 말하는 '자기 부인', '십자가를 짐', '주님을 따름'은 모두 같은 일을 의미합니다. 이 세 가지 표현을 하나씩 살펴보겠습니다.

첫째로, 자기를 부인해야 합니다.

우리 자신에게 이렇게 말하십시오. '나는 "자기"와 아무 연관이 없으니까, "자기"의 소리에 전혀 귀를 기울이지 않을 거야. 설령 그 소리가 들린다하더라도 무시하고 말겠어.' 그것은 베드로가 주님을 부인한 방식과 같습니다. '나는 주님과 연관되고 싶지 않아. 그분과는 아무 관계도 없어.' 그러므로 우리는 '자기'를 향해 이렇게 말해야 합니다. '나는 "자기"와 아무 상관도 없어.'

둘째로, 십자가를 져야 합니다.

주님은 제자들에게 '십자가를 지라'고 말씀하셨습니다. 십자가는 항상 죽음을 의미합니다. 주님은 제자들에게 십자가의 의미를 더 이상 설명할 수 없었습니다. 그들이 이해하지 못할 것이라고 여기셨기 때문입니다. 그러나 주님이 그 말씀을 통해 의미한 것은 '내가 십자가에 못 박혀야 하듯이, 너희도 영적으로 십자가에 못 박힐 것이다.'라는 뜻이었습니다. 그것은 바울이 한 말과 같습니다. "내가 그리스도와 함께 십자가에 못 박혔나니 그런즉 이제는 내가 사는 것이 아니요 오직 내 안에 그리스도께서 사시는 것이라"(갈2:20)

셋째로, 주님을 따라야 합니다.

주님은 제자들에게 "나를 따를 것이니라"고 말씀하셨습니다. 그것은 얼마나 복된 말씀입니까! 우리 안에 사는 것은 '자기'가 아니라 예수님이어야 합니다. "나를 따를 것이니라" 우리는 이 말을 통해 두 가지 선택 앞에 놓이게 됩니다. 자기를 따르는 길과 예수님을 따르는 길 가운데서 우리는 어느 쪽을 택해야 합니까? 자기를 기쁘게 할 것입니까, 주님을 기쁘게 할 것입니까? 자기를 부인할 것입니까, 예수님을 부인할 것입니까? 베드로의 교훈을 기억하십시오. 그가 자기를 부인하지 않은 결과는 무엇입니까? 예수님을 세 번이나 부인하게 되었습니다. 우리 자신을 완전히 부인하지 않으면 날마다 주님을 부인하게 될 것입니다. 그리고 세상을 향해 이렇게 말할 것입니다. '이제 예수님과는 아무 상관이 없으니까 내 자신을 기쁘게 하며 살 거야.'

사랑하는 형제자매 여러분, 바로 지금 '자기' 대신 예수님을 따르는 것이 얼마나 놀라운 축복인지 깨달아야 합니다. 베드로는 많은 실패에도 불구하고 예수님을 따랐습니다. 그런 베드로를 주님이 어

앤드류 머레이의 **영적인 삶 바로세우기**

떻게 회복시키셨습니까? 그를 주님을 부인한 곳으로 데려가 자기의 연약함을 철저히 깨닫게 하셨습니다. 겟세마네 동산으로 데려가 한 시간도 깨어 있을 수 없는 그의 연약함을 철저히 깨닫게 하신 겁니다. 십자가로 데려가서 그가 잠시도 주님과 함께 고난을 겪을 수 없는 존재임을 스스로 깨닫게 하셨습니다. 또한 부활하신 주님으로 자신을 나타내심으로써 그가 주님의 부활을 깨닫게 하셨습니다. 그를 감람산으로 데리고 가 승천하시며, '내가 승천한 후에 불같은 성령이 임할 것이다.'라고 약속하심으로써 베드로가 성령 충만을 받고 '자기'를 왕좌에서 끌어내리는 데까지 인도하셨습니다.

어떻게 하면 우리도 '자기'를 왕좌에서 끌어내릴 수 있을까요? 어떻게 하면 우리 눈으로 볼 수도 없고, 근절시킬 수도 없는 '자기'의 영향력에서 온전히 벗어날 수 있습니까? 주님은 "자기를 부인하고 자기 십자가를 지고 나를 따르라"고 말씀하셨습니다. 그러므로 자기를 부인하고, 자기 십자가를 지며, 이렇게 고백합시다. '주님과 함께 십자가에 못 박혀, 주님의 죽음에 일치되기 원합니다.' 그러고 나서 전심으로 주님을 따르십시오. 그러면 주님이 우리 안에 들어와 다스리실 것입니다.

여러분은 누가복음에 나오는 더 강한 자가 와서 결박하기 전까지 자기 집을 지킨 강한 자에 대한 이야기를 잘 알 것입니다(눅11:22-23 참조). 더 강한 자가 그 집을 떠나자, 그는 집을 깨끗이 청소하고 수리한 다음에 빈집으로 남겨 두었습니다. 그것을 보고 그 집을 떠난 귀신이 더 악한 귀신 일곱을 데리고 그 집에 들어가 거했다는 것입

니다(눅11:26 참조). '자기'를 극복하려면 왕좌에서 끌어내리는 것만으로
는 충분하지 않습니다. 주님이 그 집에 들어와 거하시지 않으면 아
무 소용이 없습니다. '더 강한 자'이신 주님이 우리 안에 들어와 거
해야 그 집이 안전하게 보존됩니다. 우리 모두 자기를 부인하고, 십
자가를 지고 주님을 따르십시오. 주님은 반드시 안전하고 승리하는
자리로 우리를 인도하실 것입니다.

4

자기를 부인하는 법

  우리는 잠시 동안만 '자기'를 부인할 수도 있고, 일생에 걸쳐 '자
기'를 부인할 수도 있습니다. '자기'가 저주받은 존재라는 것과, 신
자로 살아오는 동안에 '자기'가 행한 일이 어떤 것이었는지를 하나
님의 도우심으로 깨닫기만 하면 한 단계만으로도 '자기'를 온전히
부인하고, 자신을 온전히 주님께 드릴 수 있습니다. 그 모든 일을 1
분 만에 끝낼 수도 있습니다.

  그러나 마음의 준비가 부족하여 '자기'를 부인하지 못하는 사람
들이 우리 주위에 얼마든지 있습니다. 그들은 '자기'가 죄의 유일한
근원이라는 사실을 아직 모르고 있다는 점을 인정하고 싶어 하지
않습니다. 그러나 우리를 불행하게 만드는 모든 죄의 원인이 '자기'
가 아니라면, 과연 무엇이 그 원인이겠습니까? 성깔, 교만, 외고집,

앤드류 머레이의 **영적인 삶** 바로세우기

세속성, 자기중심적 태도가 모든 죄의 근원입니까? 그렇지 않습니다. 그 모든 것들은 '자기'에서 비롯되므로, 모든 죄의 진정한 원인은 결국 '자기'일 수밖에 없습니다.

지금이라도 '자기'가 우리가 지은 모든 죄의 근원임을 하나님께 고백하지 않겠습니까? 그 사실을 더 일찍이 인정하고 고백했더라면 우리의 삶은 이미 성령, 예수, 하나님, 겸손으로 충만했을 것입니다. 그러나 안타깝게도 저주받은 '자기'에서 비롯된 모든 죄로 인해 지금까지 우리의 삶은 수없는 고통을 겪지 않을 수 없었습니다. 우리가 모든 신자들의 삶의 내용과 모습을 알 수는 없지만, 누구나 '자기'를 제거할 수만 있다면 피를 흘리는 댓가를 치르더라도 기꺼이 '자기'를 부인하려 했을 것입니다. 우리 힘으로 '자기'를 부인할 수는 없지만, 그보다 한층 더 나은 일을 할 수가 있습니다. 주님 앞에 나아와 '자기'를 저주받은 것으로 인정하는 일입니다.

우리는 '자기'를 내던지며 이렇게 고백할 수 있습니다.
'주님, 온 맘을 다 바쳐 주님을 따르기 원합니다. 죽음의 자리에 이르기까지 주님을 따르기 원합니다. 자신을 온전히 주님께 바치기 원합니다. 주님이 임재하셔서 저를 온전히 주님의 소유로 삼으소서.' 우리는 할 수 없지만 주님은 능히 그 일을 하실 수 있습니다. 하지만 아직도 '자기'에 대해 만족하는 분이 있다면 지금까지 말씀드린 내용은 무익한 교훈이 되고 말 것입니다.

어떤 사람들은 이렇게 말합니다. '나는 열성적인 신자로서 최선을 다하고 있어요. 하지만 성령의 요구에 따르기 보다는 내가 옳은 일이라고 생각되는 일을 하는데 더 힘쓰는 편이죠.' 이런 사람은 '자기'를 부인할 가능성이 별로 없지만 그래도 이렇게 고백하는 사람은 아직 소망이 있습니다.

'제 삶은 죄로 가득하고, 방향을 잃은 채 표류하고 있어요. 더 이상 그런 삶을 살 수는 없어요. 지금까지 수많은 죄를 범하며 너무나 자주 주님을 부인해 왔지만 이제는 그런 삶을 모두 정리하고 싶어요. 나름대로 애를 써보았지만 제 힘으로는 그런 삶을 청산 할 수 없었어요. 하지만 이제 그 모든 삶의 뿌리가 '자기'라는 사실을 발견했어요. 제 안에 자리잡은 '자기'가 온갖 악한 일을 행하도록 부추겨 왔다는 것을 알았으니까요.'

사랑하는 형제자매 여러분, 주님 앞에 나아와 '자기'를 그분의 발아래 내려놓으십시오. 주님의 품에 '자기'를 던지고 성령의 도우심으로 주님이 우리 안에 거하시며 우리의 새로운 자아, 곧 우리의 생명이 되시기 위해 지금 우리 안에 임하심을 믿으십시오. 사도 바울은 이렇게 말합니다. **"이제는 내가 사는 것이 아니요 오직 내 안에 그리스도께서 사시는 것이라"**(갈2:20) 그 이유를 다 이해할 수 없더라도 바울이 한 말을 그대로 받아들이십시오. 이제 우리 안에는 예전의 나 곧, 옛 '자기' 대신에 주님이 사십니다. 하나님의 도우심으로 우리가 그 의미를 깨닫고 '자기'를 부인하게 되기를 바랍니다. '자기'를 부인하는 것 외에는 어떤 일도 우리를 평화롭게 하거나, 거룩하게 만들 수가 없습니다. 그러므로 이렇게 기도드리십시오.

'주 예수님! 우리 안에 임하소서.'

지금 그 기도를 드리기 원합니까? 하나님이 지금 우리의 영혼을 감찰해 주시도록 구하겠습니까? 그러면 주님 앞에 나아와 그 기도를 드린 후, 하나님으로 하여금 우리의 마음을 비추셔서 그 저주받은 '자기'가 우리 삶 속에서 저질러온 저주받은 일들을 우리에게 일러 주시도록 기다리십시오. 그리고 하나님을 경배합시다.

에베소서의
성령론

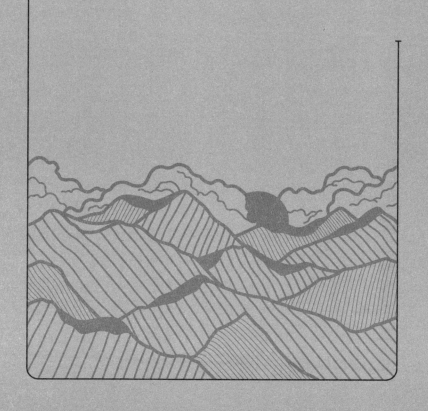

5장
에베소서의 성령론

  3장에서는 영적 삶의 본질과 그것이 우리 자신을 위한 삶이라는 사실을 아는 것이 중요함을 소개했고, 4장에서는 영적 삶의 두 가지 측면으로서 로마서 8장에서 가르치는 교리적 측면과 "성령의 열매는 사랑"이라는 교훈에서 비롯되는 실제적 측면을 다뤘습니다.

  이제부터는 영적 삶에 대해 더 깊이 살피고자 합니다. 그 이유는 신자로 하여금 성령에 의지하여 살게 하신 하나님의 뜻을 더 자세히 알아야, 구속받은 신자로 살기 위해서는 성령을 의지할 수밖에 없는 까닭을 더 잘 이해할 수 있기 때문입니다. 게다가 하나님이 우리에게 그런 삶을 주신다는 사실을 확신할수록, 그 삶에 들어가기 위해 모든 것을 희생할 각오를 더욱 잘 할 수 있기 때문입니다. 이제 하나님의 말씀을 통해 성령이 신자의 삶에서 차지하는 위치를 살펴봅시다.

1

인치는 영

에베소서 1장 13절에서 사도 바울은 "그 안에서 또한 믿어 약속의 성령으로 인치심을 받았으니"라고 말합니다. "그 안에서"란 그리스도 안을 의미합니다. 우리는 여기서 '성령의 인치심'이라는 표현을 처음으로 발견하게 됩니다.

우리는 믿음으로 성령의 인치심을 받습니다. 오순절에 세례를 받은 삼천 명의 신자들은 복음을 믿고 세례를 받은 후에 성령을 받음으로써 약속의 성령으로 인치심을 받은 것입니다. 우리는 인을 친다는 것이 무엇인지 압니다. 편지나 공문서에 도장을 찍는 것은 '보증과 확인'을 의미합니다. 하나님은 자녀들이 회심할 때 성령으로 인치십니다. 그들이 구속받은 하나님의 자녀임을 보증하는 표시로 성령을 주시는 것입니다. '인침'은 살아계신 성령, 곧 약속의 성령에 의해 이루어집니다. '성령으로 인침'이란 우리에게 성령받을 것을 약속하셨다는 뜻입니다. 그러므로 성령의 인침을 받으면, 하나님이 우리에게 하실 일들을 모두 신뢰하고 소망해야 합니다.

건전한 신자의 삶을 살려면, 매 순간 성령의 살아있는 인침을 간직해야 합니다. 우리가 하나님의 자녀라는 생각, 곧 하늘나라의 시민이 되었다는 생생한 의식을 매순간 소유할 수 있도록 기도해야 합니다. 모름지기 한 가정의 가장이라면 그가 노동자든, 군인이든,

선원이든 늘 자신이 누구인지 의식하며 살아가기 마련입니다. 우리가 성령의 인침을 받은 자라는 사실을 깨우치시는 성령은 우리가 하나님의 자녀라는 신분이나 지위에 어긋난 일을 할 수 없다는 것뿐 아니라, 하나님이 사랑하시는 자녀라는 사실도 깨달아 알게 하십니다.

2

깨닫게 하는 영

두 번째 구절로 에베소서 1장 16-18절을 보십시오. "내가 기도할 때에 기억하며 너희로 말미암아 감사하기를 그치지 아니하고 우리 주 예수 그리스도의 하나님, 영광의 아버지께서 지혜와 계시의 영을 너희에게 주사 하나님을 알게 하시고 너희 마음의 눈을 밝히사"

우리는 이 말씀 속에서 성령의 조명(照明) 곧, 성령의 깨우치심에 대한 교훈을 발견할 수 있습니다. 에베소 교인들에게 그들이 성령으로 인침을 받은 자인 것을 깨닫게 한 후에 바울은 이렇게 기도합니다. "아버지께서 지혜와 계시의 영을 너희에게 주사 하나님을 알게 하시고 너희 마음의 도를 밝히사" 또한 그들이 하나님의 부르심의 높음과 그 기업의 영광스러움과 그들 안에서 활동하시는 주님의 능력도 깨닫게 해 주시기를 구했습니다.

그 기도를 통해 알 수 있듯이 하나님은 우리를 위해 그리스도 안

앤드류 머레이의 **영적인 삶 바로세우기**

에서 풍성한 축복을 예비해 놓으셨습니다. 우리의 소명은 거룩해지는 것 곧, 하나님의 자녀답게 사는 것을 말합니다. 우리가 받은 유산은 풍성하고도 고귀한 것입니다. 우리 안에서 역사하는 능력은 하나님이 죽음에서 일으키신 후 보좌 우편에 앉히신 부활한 주님의 능력입니다. 그 강한 능력은 지금도 우리 안에서 활동하고 있습니다.

그럼에도 하나님이 날마다 우리를 위해 예비하신 축복들을 깨닫지 못하는 이유는 무엇 때문일까요? 우리가 지속적으로 성령의 조명을 구하고, 기다리고, 의지하지 않기 때문입니다. 우리가 성령의 조명을 구할 때, 하나님은 우리를 위해 그리스도 안에서 날마다 예비하신 축복을 깨닫게 하십니다.

바울의 기도는 성령이 주님에 대해 온전히 계시해 주심으로써 에베소교인들이 주 안에서 소유한 것들을 깨닫게 되기를 구하고 있습니다. 계시의 영이신 성령을 받지 못하면 성경을 이해하거나 신자의 삶을 살 수도 없습니다. 신자가 계시의 영을 받는 것은 당연한 일입니다. 죄로 인해 어두워진 우리 마음의 눈을 날마다 성령의 조명에 의해 밝게 만들어야 하기 때문입니다. 성령의 조명은 겸손하게 기도하며 하나님의 응답을 기다리는 자에게 반드시 나타납니다.

3

예배의 영

에베소서 2장 18절은 "그로(그리스도로) 말미암아 우리 둘이 한 성령 안에서 아버지께 나아감을 얻게 하려 하심이라"고 가르칩니다.

여기서 말하는 성령은 예수로 말미암아 우리를 하나님께 나아가게 하는 예배의 영을 가리킵니다. 하나님께 기도와 예배를 드리기 위해서는 성령의 도움이 필요합니다. 어릴 적에 아침마다 아버지께 '안녕히 주무셨어요.'라고 문안 인사드리던 것처럼, 매일 아침 하나님 앞에 나아가 '아바, 아버지'라고 부르며, 하나님께 나아가 그 앞에 거해야 하기 때문입니다.

어떻게 하면 하나님을 '아바, 아버지'라고 부를 수 있습니까? 그리스도께 의지하여 성령의 도움을 얻으면 그것이 가능합니다. 그러나 모든 그리스도인이 예수님과 그분의 피로 인해 하나님께 가까이 나가는 방법을 알고 있는 것은 아닙니다. 그 방법을 소개하기 전에, 성령으로 인해 하나님께 가까이 나간다는 말의 의미를 먼저 알아봅시다. 우리 마음에 성령으로 충만하게 되면, 애쓰지 않아도 자연스럽게 이루어지는 성령의 호흡에 의해 하나님께 가까이 나가 그분의 임재 안에 거하게 됩니다. 그러므로 그리스도인은 매순간 성령이 자신 안에 살게 하지 않으면, 참된 신자의 삶을 살 수가 없습니다. 우리는 예수님을 의지하여 성령에 의해서만 아버지께 나갈 수 있음을 분명히 알아야 합니다.

앤드류 머레이의 **영적인 삶 바로세우기**

4

교제의 영

다음 단계는 '성령의 교제'입니다. 바울은 에베소서 2장 22절에서 이렇게 말합니다.

"너희도 성령 안에서 하나님이 거하실 처소가 되기 위하여 그리스도 예수 안에서 함께 지어져 가느니라" 이 말은 우리가 다른 사람들과 분리되지 않고, 모두 함께 하나님의 처소로 지어짐을 말하는데, 그것은 수많은 '산 돌'들이 모여 하나의 건물로 완성되어 감을 뜻합니다. 모든 돌들이 서로 결합되어 견고한 건물을 이루지 못했다면 우리가 지금 예배드리고 있는 이 교회건물도 세워질 수 없었을 것입니다. 교회가 하나님이 원하시는 모습의 교회가 되려면 반드시 하나님의 거처가 되어야 합니다. 주님이 거하시는 교회가 되어야 한다는 말입니다.

어떻게 하면 주님이 교회에 거하시게 할 수 있습니까? 우리는 너무나 이기적이고, 서로 사랑할 줄을 몰라 연합하는 법이 없습니다. 어떻게 하면 다른 지체들을 배려하는 관대한 마음을 가질 수 있습니까? 성령께서는 우리에게 하나가 되는 마음을 주십니다. 성령으로 충만하면 모든 형제자매를 사랑함으로써 주님의 몸을 영화롭게 할 수 있습니다.

신자의 삶에 나타나는 대다수의 과오는 성령과 성령이 우리를 위해 하실 온갖 일들을 모르는 데서 비롯됩니다. 우리 안에서 성령이 본연의 일을 다 하시도록 허용하고, 성령의 복된 사역을 모두 받아들여야 온전한 신자의 삶을 살 수 있다는 사실을 깨닫지 못하는 데에 그 원인이 있다는 말입니다. 그러므로 이렇게 기도하십시오.

'하나님, 저희가 아버지의 뜻에 개인으로든 전체로든 순종해야 성령이 우리 안에서 승리하신다는 것을 깨닫게 하소서.'

5

계시의 영

에베소서 3장 4, 5절은 "내가 그리스도의 비밀을 깨달은 것을 너희가 알 수 있으리라 이제 그의 거룩한 사도들과 선지자들에게 성령으로 나타내신 것 같이 다른 세대에서는 사람의 아들들에게 알리지 아니하셨으니" 이 말씀에 의하면 우리가 영감(inspiration)의 근원이신 성령을 받은 것을 알 수 있습니다.

사도들과 선지자들에게 거룩한 비밀을 계시한 분은 성령이십니다. 에베소서 1장에서는 주님 안에서 모든 신자들이 소유한 영, 곧 주님이 그들에게 하실 일을 가르쳐 주시는 조명의 영으로 성령을 소개하는데 반해, 에베소서 3장 4,5절에서는 우리에게 성경과 사도와 선지자가 전해 준 그리스도의 비밀을 실천할 수 있게 하는 영으로 가르칩니다.

하나님은 광대무변한 뜻을 마음에 품고 계십니다. 그분은 성령을 통해 하나님의 나라에 대한 전망을 종들에게 계시하실 뿐 아니

앤드류 머레이의 **영적인 삶 바로세우기**

라, 우리 마음에 하나님의 영광에 대한 놀라운 생각들로 넘치게 하십니다. 에베소서 3장 9, 10절의 말씀을 읽어봅시다. **"영원부터 만물을 창조하신 하나님 속에 감추어졌던 비밀의 경륜이 어떠한 것을 드러내게 하려 하심이라 이는 이제 교회로 말미암아 하늘에 있는 통치자들과 권세들에게 하나님의 각종 지혜를 알게 하려 하심이니"** 하나님은 지금 이 세상에서 그 분의 놀라운 뜻을 이루고 계십니다. 제품을 생산하는 공장에 견학을 가면, 공장 관계자들이 그곳에 설치된 온갖 종류의 기계들을 보여 주며 그 놀라운 성능에 대해 자세히 소개합니다. 사람들은 그들의 이야기를 듣고 감탄하며 이렇게 말합니다. '하나님은 인간에게 정말 놀라운 능력을 베푸셨군요!'

이제 영원하신 하나님이 하나의 계획을 이루어가고 계신다는 사실을 생각해 봅시다. **"이는 이제 교회로 말미암아 하늘에 있는 통치자들과 권세들에게 하나님의 각종 지혜를 알게 하려 하심이니"**(엡3:10) 하나님의 놀라운 비밀을 우리에게 계시하기 위해 성경기자들에게 영감을 주어 성경을 기록할 수 있게 하신 성령의 조명을 우리도 구해봅시다. 우리가 성경을 지니고 있어도, 하나님의 복된 계획에 들어갈 수 있도록 가르치시는 성령의 영감을 받지 못하면 그 말씀을 이해할 수 없기 때문입니다.

6

강건하게 하는 영

에베소 3장 14-16절에 보면 성령을 강건하게 하는 영으로 소개하는 바울의 또 다른 기도가 나타나는데, 그것도 정말 놀라운 기도가 아닐 수 없습니다.

> "이러므로 내가 하늘과 땅에 있는 각 족속에게 이름을 주신 아버지 앞에 무릎을 꿇고 비노니 그의 영광의 풍성함을 따라 그의 성령으로 말미암아 너희 속사람을 능력으로 강건하게 하시오며"(엡3:14-16)

첫 번째 기도(엡 1장)에 나타난 성령은 그리스도 안에서 우리가 얻은 것을 깨닫게 하는 지혜의 영이었지만, 여기서는 주님을 우리 안에 영접하고 모실 수 있도록 강건케 하는 능력의 영으로 소개하기 때문입니다. 다시 말하면 첫 번째 기도는 그리스도 안에서 우리가 소유한 것을 성령이 깨닫게 해 주시기를 구하는 기도, 즉 계시를 위한 기도인데 반해, 두 번째 기도는 소유를 위한 기도, 즉 성령에 의해 강건해 지고, 믿음에 의해 주님이 우리 안에 거하시고, 하나님의 모든 충만하심으로 우리를 채우시도록 곧, 강건케 하시는 성령을 주시도록 하나님께 구하는 기도입니다.

강건하게 하시는 성령은 우리가 날마다 소유해야 할 분입니다. 우리가 그 사실을 명확히 깨닫도록 하나님이 인도해 주시기 원합니다. 하나님은 그분의 자녀들이 매 순간 성령과 함께 살기를 원하신다는 것을 온전히 이해하면, 한 순간이라도 성령의 지속적인 활동이 없이 바르게 산다는 것이 불가능함을 분명히 깨닫게 될 것입니다. 그러나 그리스도를 우리 안에 모시기를 구하고, 바라지 않는다면 어떻게 하나님이 그 일을 이루실 수 있겠습니까! 하나님이 성령에 의해 이루신 것과 같이 소중한 약속을 믿지 않는다면 어떻게 하나님의 충만함으로 채워질 수 있겠습니까! 그 약속을 근거로 성령의 충만을 구하고, 그 약속에 따라 행할 필요가 있음을 알아야 합니다.

여러분 모두가 이 복된 서신의 약속을 믿고 단계별로 기도함으로써, 그 모든 축복들을 누리기를 바랍니다. 우리는 지금까지 에베소서의 세 장을 통해 우리를 하나님의 충만으로 인도하는 인침, 조명, 예배, 교제, 영감, 성령의 강건케 하심에 대해 살펴보았습니다.

그러나 그것들은 우리가 실제로 누릴 수 있는 삶입니까? 단지 우리의 지성을 만족케 하기 위해 사용된 표현에 지나지 않습니까? 혹은 설교를 통해 가르치고 설교해야 할 주제로서 주어진 것입니까? 물론 아닙니다. 그것은 우리가 실제로 누릴 수 있는 삶입니다. 에베소서의 약속은 성령에 의해 기록된 것이므로 우리가 매일 신뢰하며 살 수 있는 교훈입니다. 만일 실천할 수 없는 약속이라면, 그것은 아무 의미가 없습니다. 그 약속들을 모두 구하겠다는 각오를 가지고 하나님이 성령에 관해 말씀하신 교훈을 찾아보십시오. 그러면 성령이 우리 안에 거하시며 그 약속을 성취하실 것입니다.

에베소서를 연구하면서 우리는 그 서신이 두 부분으로 이루어진 것을 알게 됩니다. 1장에서 3장까지는 주님 안에 있는 신자가 누리는 하늘나라에 속한 삶에 대해 설명하므로, 그 속에서는 실제적인 교훈을 전혀 발견할 수 없습니다. 1장은 "찬송하리로다 하나님 곧 우리 주 예수 그리스도의 아버지께서 그리스도 안에서 하늘에 속한 모든 신령한 복을 우리에게 주시되"(엡1:3)로 시작하여 그 신령한 복들의 구체적인 내용을 소개한 다음, 2장은 하나님이 "죽었던 우리를 살리신 것"(2장1절)과 "우리는 그가 만드신 바"(엡2:10)라는 사실을 계시해 주시도록 기도드리는 것으로 마무리됩니다. 2장과 3장은 하늘나라에 속한 신자의 삶에 대해 가르친 다음에 기도와 경배로 끝납니다.

4장에서부터 6장에서는 일상생활에 실제로 적용할 수 있는 교훈을 가르칩니다. 성령의 인침, 조명, 하나님께 나아감, 교제와 같이 성령과 연관된 하늘나라의 일들은 하나님의 성전, 하나님의 종들의 영감, 속사람을 강건케 하심과 같이 감추어진 '하늘에 속한 신령한 복'들로 우리를 인도합니다.

이제부터 에베소서 후반부에 나오는 성령에 관한 교훈을 살펴봅시다.

7

연합의 영

4장 3절에 보면 "평안의 매는 줄로 성령이 하나가 되게 하신 것을 힘써 지키라"라는 말씀이 나옵니다. 1절과 2절에서는 그리스도인이 첫 번째 삶의 은혜로써 사랑과 겸손의 성령을 받는 것이 얼마나 필요한지 깨닫게 됩니다. 바울은 신자들 사이에 사랑과 겸손이 가장 부족함을 잘 알고 하늘에 속한 삶으로부터 이 세상의 삶으로 시점을 돌려 이렇게 말합니다. "너희가 부르심(그리스도인으로서)을 받은 일에 합당하게 행하여 … 겸손과 … 오래 참음으로 사랑 가운데서 서로 용납하고 평안의 매는 줄로 성령이 하나되게 하신 것을 힘써 지키라"(엡4:1-4)

앞에서 자주 언급해왔듯이 그리스도인 가운데 겸손이 부족한 경우가 얼마나 많습니까! 우리 마음 안에서 교만, 증오, 무례함을 발견할 때가 얼마나 많습니까! 이 모든 것은 저주받은 육에서 비롯되는 요소들입니다! 바울은 "성령이 하나되게 하신 것을 힘써 지키라"(엡4:3)고 권면합니다. 우리는 지금 육의 능력 아래 있지 않습니까? 성령이 하나되게 하신 것을 지킬 힘도 없이 지내고 있는 것은 아닙니까? 육으로는 영의 일을 할 수가 없습니다. 우리는 성령께 자신을 드림으로써 성령이 하나가 되게 하신 것을 지켜야 합니다.

에베소서 2장 22절은 성령이 우리를 "하나님이 거하실 처소"로 지어 가신다고 말합니다. 신자를 하나님의 처소로 변화시키는 것은 성령이 하시는 일입니다. 우리가 늘 평안의 매는 줄로 성령이 하나가 되게 하심 안에서 살고, 늘 겸손하고 사랑하며 살기 위해서는 성령충만을 받아야 합니다. 우리 가운데 '하나님, 저의 삶을 온전한 삶으로 변화시켜 주옵소서.'라고 구하는 이가 있습니까? 그렇다면 매순간 우리 안에 성령이 거하시게 해야 합니다.

나는 지금까지 60년 이상을 살아오면서 끊임없이 호흡해 왔습니다. 하나님이 주신 공기를 호흡하지 않고서는 10분도 살 수 없기 때문입니다. 공기가 우리의 육체적 삶에 반드시 필요하듯이, 성령은 신자의 삶을 사는데 절대적으로 필요합니다. 바른 삶을 살기 원한다면 매순간 성령의 능력 안에서 사는 법을 알아야 합니다. 하루종일 성령만 생각하며 살 수는 없습니다. 하루 종일 공기를 생각하며 살 수도 없습니다. 그러나 하나님은 공기와 같이 우리를 성령의 능력 아래 하루 종일 살게 하실 수 있습니다.

하늘나라의 삶은 주 안에서 실제로 누릴 수 있는 삶이라는 것을 이해할 때에, 비로소 우리는 평안의 매는 줄로 성령이 하나가 되게 하신 것을 지킬 수 있음을 깨닫게 됩니다. 우리가 지금 얼마나 부끄러운 삶을 살고 있는지 알아야 합니다. 새끼손가락이 우리에게 무어라고 말하고 있습니까? '저는 머리와 몸 전체를 위해 일하고 있어요.'라고 말합니다. 우리는 주님의 몸인 교회의 지체로서, 성령이 우리의 삶에 임하여 그분이 하나가 되게 하신 것을 지키게 하고, 교회의 모든 지체들을 섬길 수 있는 능력과 사랑을 베푸실 것을 확신합니다. 하지만 교회의 가르침으로 성도의 연합을 지키는 것만으로는 불충분하므로, 성령이 평안의 매는 줄로 하나가 되게 하신 것을 힘써 지켜야 합니다! 여러분은 지금 이렇게 구하지 않겠습니까?

'하나님, 저희를 도와주세요.'

8

거룩함의 영

4장에서 발견할 수 있는 또 하나의 교훈은 매우 실제적인 성령에 관한 가르침입니다. 그것은 성령을 '거룩함의 영'으로 소개합니다. 1절에서 16절까지는 성령을 '사랑의 영'으로 가르치지만, 17절부터는 성령을 '거룩함의 영'으로 소개합니다. 사도 바울은 25절부터 31절까지의 말씀에서 수많은 죄의 종류를 나열합니다. 우리는 그 모든 죄를 버려야 합니다. 구원의 날까지 인치심을 받은 우리가 그런 죄를 지음으로써 성령을 근심하게 만들기 때문입니다. 성령은 거룩함의 영이십니다.

집에 있을 때도 함부로 말하지 않고 사회에서 용인되는 말이라도 더러운 말은 전혀 입 밖에 내지 않고, 위기를 모면하려고 거짓말을 해서도 안됩니다. 반쪽짜리 진실을 말하거나 거짓 감동을 주거나, 상대방의 감정을 상하게 하려는 의도가 없는 말이니까 해도 괜찮다고 말하지 마십시오. 악의적 의도에서 한 거짓말인지 선의적 의도의 거짓말인지 구분하려고 애쓰지 마십시오. 그것은 모두 성령을 근심하게 만드는 거짓말일 뿐입니다. 빈정거림, 불평, 더러운 말, 자신과 상관이 없는 사람들에 관한 이야기를 나누는 것을 피하십시오. 사실일지라도 무관한 사람들에 관한 이야기를 하는 것은 성령을 근심하게 만들기 때문입니다. 이제 우리가 얼마나 쉽게 성령을 근심하게 만들 수 있는지 알았을 뿐 아니라, 매순간 성령의 인도하심을 받을 필요성을 분명히 깨닫게 되었을 것입니다. 우리는 능력의 충만을 받아야 합니다. 우리의 모든 행위를 거룩하게 변화시키기 위해서는 성령이 우리의 삶에 임해야 합니다.

9

열매를 맺게 하는 영

에베소서 후반부에서 발견한 세 번째 교훈은 5장 9절에 나옵니다. "빛의 열매(곧 성령의 열매)는 모든 착함과 의로움과 진실함에 있느니라" 여기서 우리는 또 하나의 실제적 교훈을 얻습니다. 그것은 '성령은 얼마나 아름다운 열매를 맺게 하는가!'에 관한 것입니다. 착함, 의로움, 진실함은 모두 성령의 열매입니다. 성령이 우리 안에 늘 거하시지 않으면 어떻게 이런 열매를 늘 맺을 수 있겠습니까?

10

충만해야 할 영

넷째 교훈은 5장 18절에 나타납니다. "술 취하지 말라 이는 방탕한 것이니 오직 성령으로 충만함을 받으라" 이 얼마나 놀라운 교훈입니까? 이 말씀에서 내가 발견한 교훈을 소개하기 전에 여러분에게 이런 질문을 던져보고자 합니다. '우리가 4분의 3만 성령으로 충만해도 성령 안에서 살 수 있을까요?' 물론 그 답은 '아니요.'입니다. 우리의 존재 전체가 성령으로 충만해야 하기 때문입니다. 그 점을 분명히 알아야 합니다.

어떤 사람은 자신의 폐에 신선한 공기가 가득 차기를 원합니다. 폐에 절반만 공기를 채우는 사람은 절반만 충만한 사람이므로, 그는 병자에 지나지 않습니다. 방 안에서 충분한 공기를 마실 수 없을 때는 밖에 나가서라도 폐에 가득히 공기를 채우기 마련입니다. 우리는 성령으로 충만해야 합니다. 하나님이 성령을 우리에게 주십니다. 그것은 오랜 과정을 통해 점진적으로 이뤄지는 영적 성취가 아닙니다. 우리 존재 전체를 성령께 드리는 바로 그 순간에 성령 충만함을 받을 수 있습니다.

바울은 18절의 말씀을 새신자들을 향해 썼습니다. 그들 가운데 일부에게 거짓말을 하지 말고, 도둑질하지 말라고 권면할 필요가 있었기 때문입니다. 그래서 그들에게 "형제들아, 성령을 근심케 하는 일을 하지 말라 오직 성령으로 충만함을 받으라 이 명령에 순종하며 너희가 바르게 되어야 성령의 온갖 열매가 너희 안에 나타날 것이라"고 말했던 것입니다.

성경과 기도를 유효하게 하는 영

에베소서 6장에서 우리는 가장 소중하고도 복된 두 가지 교훈을 더 발견합니다. 신자의 삶을 사는 데 가장 중요한 요소는 하나님의 말씀인 성경과 기도라는 것입니다. 그래서 바울은 17절에서 "어리석은 자가 되지 말고 오직 주의 뜻이 무엇인가 이해하라"고 말합니다. 신자는 성령으로 충만할 때, 하나님의 말씀이라는 성령의 검 외에는 다른 무기를 사용할 수가 없습니다. 성령이 충만하지 않을 때는 성령의 검을 아무리 많이 사용하여 설교를 해도 열매를 맺을 수 없는 것은 그 때문입니다.

하나님의 말씀은 양날을 가진 검입니다. 우리는 성경을 읽을 때마다 그 말씀으로 우리의 마음을 감찰하게 해야 합니다. 그때 성령은 속사람의 관절과 골수에까지 들어와 혼과 영을 찔러 쪼개는 두 날이 예리한 칼처럼 일하게 됩니다. 그것은 성령만이 할 수 있는 일입니다. 개인적인 죄만 아니라, 국가적인 죄와 불의와 맞설 때도 성령의 검이 필요합니다. 성령이 우리를 취한 상태에서 우리를 통해 사용되는 것은 우리가 소유한 검이 아니라 성령의 검입니다.

설교자, 교사, 사역자라면 누구나 성령으로 충만해야 함을 잊어서는 안 됩니다. 성령이 우리 안에 거하실 때, 우리는 언제나 하나님의 말씀을 헛되이 사용하지 않게 됩니다. 성령은 매 순간 우리 안에 살기 원하십니다. 그때 성령이 내주하시는 삶의 자연스런 결과로 섬김이 가능하게 됩니다. 성령으로 하여금 우리를 소유하게 하십시오. 그러면 성령께서 우리를 사용하실 것입니다.

12

중보기도의 영

마지막으로 에베소서 6장에서 살피고자 하는 교훈은 기도에 관한 가르침입니다. **"모든 기도와 간구를 하되 항상 성령 안에서 기도하고 이를 위하여 깨어 구하기를 항상 힘쓰며 여러 성도를 위하여 구하라"**(엡6:18) 성령은 기도와 간구의 영이시므로, 바울은 에베소 교회 성도들에게 그들 자신과 모든 성도들과 바울 자신을 위해 끊임없이 구하라고 권면합니다. 우리가 확신해야 할 것은, 하나님이 기도에 관한 약속을 통해 하늘나라의 문을 열 수 있는 열쇠를 우리에게 주셨다는 사실입니다.

신실한 신자이지만 중보기도를 소홀히 하는 사람을 볼 때마다 아쉬운 점은 그가 기도의 특권을 사용하는 법을 배워 중보기도에 충분한 시간을 내는 사람이 되면 세상을 위해 지금보다 더 많은 일을 할 수 있을 것이라는 사실입니다. 어떻게 하면 그렇게 될 수 있습니까? 성령의 충만함을 받아 날마다 성령이 우리의 삶을 다스리실 때 가능합니다.

어떻게 하면 지금까지 살핀 교훈들을 적용할 수 있습니까? 그것은 매우 쉽습니다.

첫째, '놀라운 계시를 통해 성령이 우리에게 할 수 있는 일을 가르쳐 주신 하나님께 감사'드리십시오.

둘째, 우리가 하나님의 자녀라는 사실을 매순간 확신할 수 있도록 성령의 인치심을 구하십시오.

셋째, 우리가 그리스도 안에서 소유한 복을 늘 알 수 있도록, 매순간 주님을 계시해 주시는 성령의 조명을 구하십시오.

우리를 그리스도 안에서 하나님께로 들어 올려 그분에게로 나아가게 하시는 성령을 구하십시오. 우리 주위에 있는 모든 성도들과 교제하게 하시는 성령을 구하십시오. 사도들처럼 우리에게도 진리를 나타내시는 영감의 근원인 성령을 구하십시오. 믿음에 의해 그리스도께서 우리 안에 내주하심을 통해 신령한 능력을 하늘로부터 가져다주어 강건케 하시는 성령도 구하십시오. 이 모든 것들이 하늘에 속한 삶의 축복을 나타냅니다.

외적인 삶에서는 성령이 하나로 만드신 것을 지키게 하는 겸손과 사랑의 영인 성령을 구하고, 한 번의 그릇된 행위나 생각으로도 성령을 근심케 하지 않는 성결의 영을 구하고, 온갖 친절함과 의로움을 우리 안에 형성시키는 결실의 성령을 구하고, 우리의 모든 정신적 기능을 주관하시고 충만케 하시는 성령의 충만을 구하고, 우리 안과 주위 사람들에게도 영향을 미치게 하는 성령의 검을 구하고, 마지막으로 우리 자신, 교회, 모든 죄인, 복음을 전하는 주의 종들을 위해 변호하시는 하나님의 임재 안에 들어가게 하시는 기도의 성령을 구하십시오. 사도 바울은 20년 이상 주의 복음을 전한 후에도 성도들에게 '나를 위해 기도해 주시오'라고 당부합니다. 복음을 전하는 모든 주의 종들을 위해 기도하십시오.

성령이 우리를 인도하고 우리의 삶이 성령으로 충만하지 않으면 그 복들을 구하고, 실천하는 일은 불가능합니다. 이제 하나님이 그처럼 영광스런 삶을 우리를 위해 준비하시고 베푸셨음을 이해하고, 믿을 수 있겠습니까? 그러면 이렇게 기도드리십시오.

'오! 주님, 이것은 주님이 약속하신 삶인 줄 믿습니다. 그것은 성령이 저희에게 주신 삶인 것을 믿습니다. 그 삶 외에는 다른 것으로 만족하지 않겠사오니 성령 충만한 삶을 주시옵소서. 사랑하는 주님, 저를 주님의 피로 값 주고 사셨을 뿐 아니라, 성부와 성자로부터 성령을 보내시겠다고 약속하신 말씀을 믿사오니, 성령 충만한 삶을 주시옵소서.'

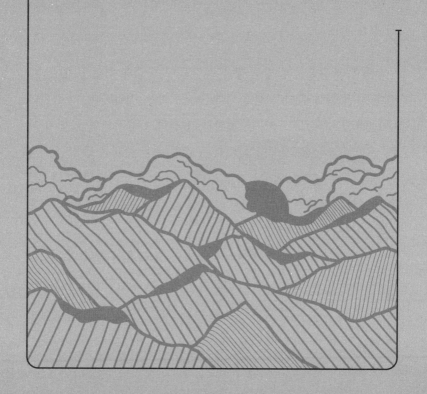

6장

성령으로
충만하게
되는 법

6장
성령으로 충만하게 되는 법

사도행전 2장 4절에 보면 "그들이 다 성령이 충만함을 받고"라는 말씀이 나옵니다. 또한 에베소서 5장 18절에는 "성령으로 충만함을 받으라"는 말씀이 나타납니다. 전자는 120명의 제자들이 성령의 충만함을 받은 역사적 사건을 가리키지만, 후자는 성령으로 충만하라는 명령입니다.

성령으로 충만함에 관해 많은 사람들이 궁금해 하는 질문은 '어떻게 하면 성령 충만을 받을 수 있는가?'하는 것입니다. 이 질문에 대한 가장 지혜로운 답변은 제자들이 성령으로 충만함을 받기 위해 준비한 과정을 자세히 살피라는 것입니다. 주님은 준비되지 않은 영혼에게 성령을 베푸시지 않기 때문입니다. 그러므로 '성령으로 충만하려면 어떻게 해야 하는가?'라는 질문은 모든 준비를 갖춘 후에 마지막으로 던져야 할 질문입니다.

성령으로 충만함에 관해 우리가 알아야 할 교훈이 하나 더 있습니다. 주님을 위해 일할 능력을 얻으려고 성령의 충만함을 구하기보다는, 우리의 내적 삶이 성령으로 충만할 때, 주님을 위해 일할 수 있는 능력이 흘러나온다고 보는 것이 더 충실한 견해라는 것입니다. 그것은 사과나무를 심어 열매를 얻기 원하면, 나무의 발육을 좋게 하고, 튼튼한 상태로 유지할 때 많은 열매를 동시에 거둘 수 있는 것과 같습니다. 우리의 내적 삶을 강건하게 만들고, 충만하게 하는 성령을 모시기만 하면 능력의 열매가 절로 열리게 되어 있습니다.

제자들은 성령의 충만함을 받았습니다. 그들이 성령으로 충만함을 받기 위해 준비하는 과정에서 가장 중요한 요소는 무엇이었습니까?

1

주를 위해 모든 것을 버림

주님은 제자들이 성령으로 충만함을 받도록 오순절 준비학교에 입학시켜 3년간이나 훈련시키셨습니다. 일찍이 세례 요한은 주님이 **"성령과 불로 너희에게 세례를 베푸실 것"**(마3:11)이라고 말했습니다. 주님은 제자들을 부르시면서, 그들이 성령 세례를 받을 수 있도록 특별히 훈련시키기로 결심하셨습니다.

선교사 훈련기관에서는 후보생들이 성령으로 충만함을 받을 수 있도록 몇 달 혹은 1년에 걸쳐 훈련시키는 경우가 많습니다. 후보생들은 누구나 성령으로 충만함을 받고 싶다고 진지하게 말합니다. 하지만 그들이 거듭난 사람이라는 증거를 보여주지 못하는 경우가 적지 않습니다. 그런 경우에 선교사들은 '교실로 가서 여러분이 성령 충만을 받을 준비가 되었는지 확인해 봅시다.'라고 말하곤 합니다. 주님은 예비학교에서 3년간 훈련시킨 후에 제자들을 성령으로 충만케 하셨습니다.

성령충만 예비학교에 입학했을 때 제자들은 어떤 상태였습니까? 그들은 모든 것을 주님을 위해 버린 상태였습니다. 어떤 제자들은 고기 잡는 그물을 버려야 했는가 하면, 마태는 안정된 직업인 세리 직을 포기해야 했습니다. 그들은 모든 것을 주를 위해 버려야 했습니다. 주님은 "아버지나 어머니를 나보다 더 사랑하는 자는 내게 합당하지 아니하고"(마10:37)라는 말씀을 자주 가르치셨습니다. 언젠가 베드로는 "우리가 모든 것을 버리고 주를 따랐"다고 고백했습니다(마19:27). 그처럼 모든 것을 버림은 오순절 성령 충만을 받기 위한 준비의 첫 단계였습니다. 주님은 자신이 누리셨던 하늘의 신령한 생명과 성령을 주님을 영접하기 위해 모든 것을 버린 사람들에게만 주실 수 있었습니다. 주님은 제자들을 불러 성령의 충만함을 받을 준비를 시키며, 그들이 소유한 모든 것을 하나님을 위해 버리라고 가르치셨습니다. 그 결과로 그들은 진정한 주님의 제자가 될 수 있었습니다.

주님은 우리에게 동일한 명령을 주셨습니다. "이와 같이 너희 중의 누구든지 자기의 모든 소유를 버리지 아니하면 능히 내 제자가 되지 못하리라"(눅14:33) 지금도 성령으로 충만하고자 힘쓰는 사람들이 많습니다. 물론 시도하지 않는 것보다는 애쓰는 것이 더 낫지만, 문제는 무엇을 버려야 하는지 모르는 가운데 성령 충만을 받으려고 노력하는 사람들이 많다는 것입니다.

우리는 세상에 대한 관심을 버려야 합니다. 가족과 친구에 대한 관심을 우리 마음의 중심에서 떠나게 해야 합니다. 우리의 소유물, 사람들의 칭찬, 평판을 포기함으로써, 우리가 소유한 모든 것을 버릴 준비를 해야 합니다. 우리 자신, 지성, 애착심과 같은 모든 것을 우리 안에 성령의 임재와 내주(內住)라는 놀라운 축복 아래 두어야 합니다. 성령은 우리 마음대로 소유하고 사용할 수 있는 '사물'이 아니라, 그리스도로 하여금 우리를 주관하게 하시는 인격으로서, 우리의 모든 호흡과 혀의 모든 말을 원합니다. 우리의 삶 전체를 성령이 살며 활동하는 공간으로 만들기 원하십니다.

주님은 우리 삶의 유일한 목표로 삼을 만한 가치가 있고, 이 세상에서 가장 중요한 일을 우리에게 알려주려고 오셨습니다. 그것은 성령으로 충만함을 받는 것입니다. 성령을 받은 신자 안에는 그리스도가 사시며, 그를 온전히 다스리십니다. 그는 주님을 모시고 사는 사람입니다.

우리 가운데 주님을 위해 모든 것을 버린 사람들이 있습니다. 그들은 성령대망회에 참석하여 서원하면서 다음과 같은 찬송을 불러 본 적이 없습니까? '모든 것을 주님께 드리리. 친구와 시간, 세상의 재물까지도. 내가 지닌 모든 것도 주님을 위해 버리리.'

오늘도 이런 찬송을 드리지 않았습니까? '여러분은 언제 어디서나 예수님과 동행하고 있는가?' 신실한 그리스도인들에게는 이렇게 묻고 싶습니다. '모든 것을 버렸는가? 모든 것을 버리겠다고 약속했는가? 자신의 유익을 위한 일, 우리 자신, 이익, 세상가지 모든 것들을 주님을 위해 버리기로 약속했는가?' 이 질문들에 대해 '예'라고 대답할 수 있다면, 성령으로 충만함을 받기 위한 1단계 준비를 마친 것입니다.

하나님이 성령으로 충만하게 하실 것을 믿으십시오. 그 다음으로는 성령으로 충만함을 받아 하나님이 우리에게 보여주시는 단계들을 모두 통과할 수 있다는 확신에 이르기를 원합니다. 그러나 마음에 정죄할 것이 남아 있다면 조심하십시오! 만일 모든 것을 버리지 않아 우리 안에 작은 죄들이 남아 있고, 타고난 우리의 기질과 뜻을 도저히 버릴 수 없다고 여긴다면 어떻게 성령으로 충만하기를 기대할 수 있겠습니까?

사랑하는 성도 여러분! 더 이상 주저하지 마십시오! 하늘에 계신 영원하신 하나님이 우리를 그분의 거룩하고 복된 성령으로 충만케 하려고 기다리고 계십니다. 그럼에도 세상의 어떤 것이나, 육과 그것이 가져다주는 기쁨이나, 우리 자신의 뜻을 위해 망설이며, '아니요, 저는 성령으로 충만할 수 없어요. 그렇다면 너무 많은 것을 포기해야 하니까요.'라고 말하고 싶습니까? 그러면 우리 모두 하나님께 나아가 이렇게 말하십시오.

'예수님을 따르기 위해 저의 모든 것을 버리기 원합니다. 성령으로 충만하기를 원합니다. 매 순간 완전한 하늘나라의 삶을 제 안에 누리고 싶습니다. 그 "값비싼 진주"를 소유할 수 있도록 기도하기 원해요.' 성령으로 충만함을 받는 첫째 조건은 제자들처럼 우리가 소유한 모든 것을 버리는 것입니다.

2

자기에 대해 완전히 절망함

주님은 공생애 초기부터 배와 그물을 버리라고 가르치셨지만, 그것이 얼마나 어려운 일인지 당시에는 깨닫지 못하다가, 나중에서야 제자들이 '자기'를 버리는 일의 어려움을 알게 됩니다. 주님은 베드로에게 "자기를 부인하고"(마16:24)라고 말씀하셨지만, 그들은 자신 안에 있는 '자기'의 영향력이 얼마나 큰지 깨닫지 못해, 주님의 십자가 앞에 이르기 전까지는 한 번도 '자기'를 포기하겠다고 말하지 않습니다.

여기서 마지막 만찬 전후에 일어난 두 가지 사건을 생각하지 않을 수가 없습니다. 하나는, 예루살렘으로 올라가던 길에 세베대의 아내가 자신의 아들 하나는 주의 좌편에 다른 아들은 주의 우편에 앉게 해 달라고 요구한 사건입니다. 이때 제자들의 마음에는 누가 으뜸인가 하는 문제로 인해 생긴 교만으로 가득했습니다. 그들 자신의 영광과 곧 세워질 주님의 나라에서 그들이 차지할 자리를 생각하느라 여념이 없었습니다.

다른 사건은 주님이 십자가에 못 박히기 위해 끌려가실 때, 제자들이 다 주님을 버리고 도망간 일이었습니다. 모든 제자들은 '나는 결코 주님을 버리지 않겠다.'고 장담할 정도로 '자기'에 대한 확신으로 가득 차 있었습니다. 심지어 베드로는 이렇게 말했습니다. "모두 주를 버릴지라도 나는 결코 버리지 않겠나이다"^(마26:33) 그때 주님은 "네가 세 번 나를 부인하리라"^(마26:34)고 말씀하셨습니다. 그러자 베드로는 "내가 주와 함께 죽을지언정 주를 부인하지 않겠나이다"^(마26:35)라고 하며 다시금 장담했습니다. 제자들의 마음에는 '자기'에 대한 확신이 넘치고 있었습니다. 주님이 겟세마네 동산에 데려가셨을 때도 그들은 '자기'에 대한 확신으로 충만해 있었습니다. 그러나 기도가 시작되자마자 그들은 모두 잠에 빠지고 맙니다. 기도시키려고 데려간 세 제자들조차 주님과 함께 깨어있을 수 없었던 것입니다. 그 다음에 무슨 일이 일어났습니까? 로마 병정들이 주님을 체포하는 순간 그들은 다 주님을 버리고 도주했습니다.

잠시 후에 베드로와 요한이 다시 용기를 내어 대제사장의 집을 찾아 갔지만 그곳에서 베드로는 주님을 세 번이나 부인하고 맙니다. 주님이 돌이켜 그를 보시는 순간, 베드로는 밖에 나가서 심히 통곡합니다^(눅 22:61, 62 참조). 주님이 십자가에 달리실 때도 그들은 멀찍이 떨어져 바라보고 있었을 뿐입니다! 그 순간 그들의 소망은 물거품이 되고, 그들은 심한 자포자기에 사로잡히게 됩니다. 주님이 십자가에 못 박혀 고통당하시다가 죽어 장사를 지낸 후 삼일동안, 그들의 마음이 어떤 상태였을지 생각해 보십시오.

한때는 주님의 나라가 세워질 것을 꿈꾸었던 그들에게 그 소망은 영원히 사라진 것처럼 보였습니다. 주님이 영광 가운데 거하시며 그 나라를 통치하실 것이라고 믿었던 소망이 일시에 물거품이 되었습니다. 그들을 가장 견딜 수 없게 만든 사건은 주님을 사랑하며 신실하게 섬긴다고 확신했던 자신들이 결정적인 순간에 주님을 버리고 도주한 사건이었습니다. '우리가 주님을 버리고 도망치다니! 우리가 그렇게 비겁한 자인 줄은 정말 몰랐어. 우리의 자아가 그렇게 악하고, 강한 힘을 지니고 있는지 전혀 몰랐어. 주님이 고뇌를 겪고 죽음을 당하시는 동안에 우리는 사랑하는 주님을 버린 거야!'

주님이 돌아가신 다음날인 안식일에 그들은 마치 자신이 죽는 것처럼 고통스런 날이었을 것입니다. 왜냐하면 그들 자신이나 외적인 일들에 대한 신뢰가 모두 무너졌기 때문입니다. 그 두 가지 일로 인해 그들은 도와줄 수도 없고 희망도 지닐 수없는 상태에 빠지게 되었습니다. 하지만 그들은 극심한 절망 속에서 성령으로 충만함을 받을 준비를 갖추게 되었습니다.

성령은 '자기의 삶'을 대신하러 우리에게 오셔서 "내가 육체 가운데 사는 것은 … 하나님의 아들을 믿는 믿음 안에서 사는 것이라"(갈2:20)고 고백할 수 있도록 '자기의 삶'을 제거해야 합니다. 영적 삶은 '자기'의 무덤에서만 부활할 수 있습니다. 성령은 우리 안에서 그 일을 행하셔야 합니다. 우리는 어떤 사람의 도움도 받지 못하고, 세상의 모든 것에 대해 절망하고, 자신을 비운 상태에서 그리스도께 돌아옵니다. 하나님이 왜 그런 일들을 우리에게 허락하시는 걸까요? 우리가 새생명 곧, 영적 삶을 얻을 수 있도록 자신을 비우게 하기 위해서입니다. 예수님은 제자들에게 성령을 주시기 위해 오순절에 오셨습니다. 그때 비로소 제자들은 부활하신 주님과 함께 지냈던 40일 동안에 이루어지고 있었던 일이 무엇인지 분명히 깨닫기 시작했습니다. 그들은 도저히 이해할 수 없는 일이었으므로, 믿을 수밖에 없었습니다.

주님의 승천 후에 오순절에 성령이 임하자 그들은 온갖 '자기 확신'에서 완전히 벗어나게 되었습니다.

우리들 가운데에도 하나님의 도우심으로 '자기'로부터 벗어난 사람들이 많습니다. 그것은 참으로 복된 일입니다! 혹시 여러분 중에 자신이 성령 충만을 받을 준비가 되었는지 확인하고 싶은 사람들이 있습니까? 나는 그런 분들에게 '자기를 버리고픈 마음이 생겼습니까?'라고 묻곤 합니다.

어떤 사람들은 성령 세례 받은 것을 성령 충만을 받은 것으로 오해합니다. 그런 사람들은 '놀라운 축복을 받았어. 하나님이 내 안에 놀라운 일을 행하셨어'라고 말하지만, 실제로는 은밀한 자기만족을 누리거나, 겸손한 태도를 찾아 볼 수 없거나, 자신이 하나님 앞에서 아무 것도 아닌 존재라고 고백하지 못하는 경우가 많습니다. 이런 분들은 지금 주님 앞에 나와 이렇게 고백하십시오.

'자기 문제를 영원히 해결하고 싶습니다. 자기를 부인하기 원합니다. 하나님께서 자기를 제거해 주셔서, 마음을 온전히 비우고 깨어진 제가 되게 하여 주옵소서.' 그것이 성령으로 충만함을 받는 둘째 단계입니다.

자신을 더 낮추십시오! 성급히 일어나려 애쓰지 마십시오. 자신을 더 낮추고 자기가 아무 것도 아닌 존재가 되게 하십시오. 자기를 깊은 곳에 던지십시오. 자신을 더 낮추고, 진정으로 자기에 대해 절망한 사람은 성령으로 충만함을 받을 준비가 된 사람입니다.

앤드류 머레이의 **영적인 삶 바로세우기**

어떤 사람들은 '제 삶에서는 여전히 자기가 큰 힘을 발휘하고 있어요. 그것이 저를 지배하며, 날마다 엄한 주인으로 제 안에서 활동하고 있어요. 하지만 자기에 대해 절망한 적은 한 번도 없어요.'라고 말합니다. 이런 분들에게 묻고 싶은 질문이 있습니다. 성령으로 충만함을 받을 기회를 놓치고 싶습니까? 성령으로 충만함을 받으려면 자기에 대해 완전히 절망해야 합니다. 오랫동안 자기를 훈련시키거나, 쇠사슬로 묶거나, 죄성을 순화시키는 일들은 아무 소용이 없습니다.

주님께 이렇게 고백하십시오. '자기 안에는 유익한 것이 전혀 없음을 깨달았습니다. 그리스도께서 제 안에 오셔서 다스려 주소서.' 하나님은 그분의 교회와 자녀들이 성령으로 충만함을 받고, 성령의 다른 능력도 풍성히 소유하기를 원하십니다. 그래서 그런 축복들을 물이나 공기처럼 값없이 풍성하게 베풀기 원하십니다. 하나님의 보좌에서 시작된 생명수의 강은 지금도 풍성히 흐르고 있습니다.

하나님은 우리가 이렇게 고백하기 원하십니다. '저의 존재 전체가 성령에 의해 흠뻑 적셔지고, 온전한 다스림을 받고, 소유되기 원합니다.' 주 안의 형제자매 여러분, 자신에게 절망했다면, 오히려 하나님께 감사하십시오! 아직 그처럼 절망한 적이 없다면, '자기'를 예수님 발 앞에 던지고, 깊은 무력감을 느끼며 이렇게 고백하십시오. '주님, 제 힘으로는 도저히 자기를 극복할 수가 없어요. 수없이 싸워 보았지만 언제나 패배를 경험했을 뿐이에요. 제게 은혜를 베풀어 주세요! 이제부터 하나님이 저를 다스리시고, 자기의 모습이 완전히 사라지게 하소서.' 지금 주님 앞에 나아와 제자가 되어 성령

충만함을 받을 준비를 합시다.

3

예수님을 깊이 사랑함

성령은 하나님이 보내시는 영으로서 예수 그리스도를 통해 우리에게 임합니다. 성령은 성자의 영이시므로, 우리가 주님과 연합할 때 받을 수 있습니다. 주님은 제자들과 3년을 함께 지내며 자신을 떠나지 말고, 사랑하고, 기뻐하고, 온 힘을 다해 의지할 것을 가르치셨습니다. 그들은 온갖 실패에도 불구하고 주님을 진정으로 사랑했습니다. 주님의 은혜도 모르고 온갖 육의 죄와 '자기'에 대한 확신 때문에 수많은 실패를 경험했음에도 불구하고 주님을 사랑했습니다. 하지만 예수님을 사랑한 것만으로 성령 충만함을 받기에 충분했을까요? 그렇지 않습니다.

성령의 도우심이 없다면, 그들은 주님께 순종하는데 얼마나 많이 실패했을까요! 그들을 죄와 '자기'를 정복하는 삶으로 인도한 것은 성령의 복된 사역이었습니다. 주님은 3년간 친구로서 그들과 동행하셨습니다. 그들을 지극히 사랑하며 섬기시며, 온갖 친절함과 선하심을 그들에게 베푸셨습니다! 주님은 그들을 얼마나 깊이 사랑하셨는지 모릅니다! 그래서 성경은 주님이 "세상에 있는 자기 사람들을

사랑하시되 끝까지 사랑하시니라^(요13:1)고 말하고 있습니다. 그 결과로 주님은 제자들의 마음을 얻었습니다. 그들은 주님의 가르침을 생각하며 그분을 사랑했습니다. 온갖 신실하지 못한 모습을 보이면서도 결코 주님을 떠나지 않았습니다. 비록 주님이 십자가에 달릴 때 도망하느라고 그분 곁을 지키지 못하기는 했지만, 주님이 죽은 줄 알고도 여전히 주님을 사랑했습니다. 그들의 마음은 주님을 떠나지 않았던 것입니다.

그것은 성령 충만함을 받기 위한 준비의 제3 단계입니다. 성령 충만은 강하고 끊임없는 사랑으로 주님에게서 떠나지 않을 때 주어집니다. 신자들 가운데에도 예수님을 조금 밖에 사랑하지 않는 사람들이 있습니다. 주님에 관해 설교하고, 가르치고, 그분을 위해 일하면서도 주님을 깊이 사랑하지 않을 수 있다는 것입니다. 주님은 에베소 교회를 향해 "너의 처음 사랑을 버렸느니라"^(계2:3)고 책망하셨습니다. 그들은 예수님을 향한 사랑을 잃어버렸던 것입니다.

성령으로 충만하기를 사모하며 기도하지만 결코 그것을 받을 수 없는 사람들도 있습니다. 그들은 예수님과 친구가 되어 함께 지내는 것이 무엇인지를 모릅니다. 성령으로 충만하게 된 신자의 영혼에는 몇 가지 변화가 나타납니다. 첫째는 예수님을 사랑하는 마음이 강렬해지고, 둘째는 주님을 사모하는 마음이 자리를 잡게 되고, 셋째는 주님을 갈망하며, 더욱 사랑하고픈 마음을 소유하게 됩니다. 어떤 사람들은 이렇게 고백하기도 합니다.

'저는 주님을 사랑해요. 주님은 제가 그분을 얼마나 기뻐하는지 알고 계셔요. 주님이 제 마음의 기쁨인 것도, 지금 제 마음이 주님을 향해 불타오르고 있는 것도, 주님을 위해 제가 무엇을 희생할 수 있는지도 다 알고 계셔요. 실패 가운데서도 주님의 모든 명령을 지키고자 하는 마음까지 모두 알고 계셔요. 제 마음의 소원은 주님을 지금보다 더 잘 아는 거예요! 주님이 제 마음 전체를 사로잡으셨으므로, 제게는 예수님 한 분밖에 없어요.'

깨어진 영혼이 하나님을 향해 "**주님, 모든 것을 아시오매 내가 주님을 사랑하는 줄을 주님께서 아시나이다**"^(요21:17)라고 믿음으로 고백할 수 있게 하신 하나님을 찬양합시다. 용기를 내어 베드로처럼 담대하게 자신의 잘못에 대해 슬퍼하고 있다고 고백합시다. 그때 우리는 성령 충만을 받을 준비를 온전히 갖추게 됩니다. 예수님은 그분에 대한 사랑으로 가득 찬 사람을 원하십니다.

우리는 이런 탄식을 듣는 경우가 많습니다. '제 신앙은 예수님을 더 사랑하는 것보다는 지적 추구와 사역활동에 더 치우쳐 있었어요.' 이런 분들은 지금이라도 주님 앞에 꿇어 엎드려 이렇게 고백하십시오. '오, 우리를 사랑하시는 하나님의 어린양이시여! 주님을 더 사랑하기 보다는 제 자신의 일에만 분주해 왔음을 고백합니다. 성경을 연구하고 설교, 심방, 주님을 위해 일하느라, 정작 주님께는 소홀하여 주님과 만나는 시간을 내지 못하거나, 시간을 낸다 하더라도 아주 조금 밖에는 내지 못하거나, 주님과 친밀한 교제를 나눌 생각을 거의 못해왔습니다. 주님, 저는 성령을 받을 만한 자격이 없는

앤드류 머레이의 **영적인 삶 바로세우기**

자입니다. 주님에 대한 사랑이 너무나 적으니까요.'

우리는 언제 하나님을 사랑하는 마음을 소유할 수 있습니까? 얼마나 오랫동안 하나님을 사랑해야 하는 것입니까? 그런 마음을 얻기 위해 오래 기다릴 필요는 없습니다. 우리의 죄와 수치를 깨닫고, 지금까지 주님을 사랑하는 마음이 부족했음을 솔직히 고백하고, 주님과 친밀한 교제를 나누고, 자신의 존재 전체가 하나님의 사랑으로 채워지기를 원한다면, 지금이라도 하나님을 사랑하는 마음을 얻을 수 있기 때문입니다. 겸손한 마음으로 믿음을 가지고 하나님의 사랑을 구하십시오. 우리가 온전히 하나님을 사랑하기 시작하겠다고 약속할 때, 주님은 그 기도를 들으시고 우리에게 성령을 보내십니다. 형제자매 여러분, 성령 충만함을 받을 준비가 되어 있습니까? 예수님은 우리를 성령으로 충만케 하기를 원하십니다.

4 ||||||||||||||||||||||||||||||||||||||||||||||||||||||||||||||||||||||||||||||||||||||||||||||||||||||||||||||||||

주님의 약속을 믿음

제자들은 주님의 약속을 믿은 사람들이었습니다. 그 약속을 믿고, 기도하는 가운데 승천 후 10일이 지나갔습니다. 그것이 믿음입니다. 그들은 성령의 임재에 대해 무엇을 믿었을까요? 그들에게 물어보십시오. 그러나 정확한 대답을 들을 수는 없었을 것입니다. 그들은 선지자들에게 성령이 임한 구약 이야기를 읽은 적은 있지만, 늘 신자 안에 거하시며 그들의 마음에 주님의 임재와 기쁨을 가져오는 성령의 역사에 관해서는 한 번도 들어 본 적이 없었으므로 그런 성령의 임재에 대해서는 알지 못했기 때문입니다. 그들은 주님의 약속을 그저 믿었습니다. 주님은 그들에게 성령을 보내겠다고 약속하셨고, 제자들은 그 약속을 붙잡았습니다. 주님이 친히 하신 약속이므로, 우리는 그 말씀을 확신할 수 있습니다.

어떤 사람들은 '우리 같은 사람들을 위해 하늘에서 성령이 임한다고 생각하는 것은 얼마나 어리석은 일인가!'라며 의문을 제기할 수 있을 것입니다. 그러나 제자들은 '주님이 그렇게 약속하셨습니다.'라고 말할 것입니다. '하찮은 피조물에 지나지 않는 당신이 하나님이 택한 자가 되리라는 것을 믿습니까?'라고 물으면, 제자들은 '그럼요. 주님이 그렇게 약속하셨으니까요.'라고 말할 것입니다.

여러분은 지금 하나님의 약속에 의지하여 평안을 누리고 있습니까? 우리는 앞에서 하나님의 자녀가 누릴 수 있는 놀라운 삶의 모습에 대해 살펴보았습니다. 그것은 성령의 능력 안에서 행하는 삶의 12가지 측면을 말합니다. 그것이 우리가 실제로 누릴 수 있다고 성경이 가르치는 삶입니다.

우리는 4장에서 사랑이 성령의 열매인 이유를 배웠습니다. 그러므로 우리는 살아가는 동안에 만나는 온갖 종류의 사람들을 사랑할 수 있습니다. 가장 혐오할만한 사람이나, 사랑할 만한 구석이라곤 전혀 찾을 수 없는 사람까지도 사랑하며 살 수 있습니다. 어떻게 그런 일이 가능할까요? 아침저녁으로 늘 성령을 모시고 사는 사람, 곧 성령으로 충만한 사람은 누구나 그런 사랑을 할 수 있기 때문입니다. 그러므로 '그것은 이 세상에 사는 사람이 도달하기엔 너무 높은 목표이므로, 육신을 가진 사람은 성령으로 충만한 삶을 살 수 없어'라고 단언하지 마십시오. 그것은 불신앙적인 말에 지나지 않습니다.

어떤 사람은 성령 충만한 삶을 살지 못하는 이유를 이렇게 설명합니다. '제 성격이 문제죠! 저는 친절한 성품을 가지고 있는데도 한 번도 성령 충만을 받은 적이 없어요.' 그것 역시 불신앙적인 발언입니다. 그 외에도 우리가 흔히 내세우는 불신앙의 형태를 살피자면 100가지도 넘지만, 그런 태도를 가지면 성령이 없이 사는 삶에 만족할 수밖에 없다는 사실을 알아야 합니다. 하나님의 자녀 여러분! 불신앙적 태도를 지니지 않도록 주의하며, 지금 하나님 앞에 나아와 이렇게 고백하십시오.

'하나님은 자녀를 성령으로 충만케 하기를 기뻐하신다는 주님의 말씀을 나는 믿습니다. 매달, 매주, 매일 성령 충만한 삶을 살아야 한다는 걸 믿습니다. 성령은 우리 마음을 하나님의 사랑으로 채워 우리의 삶을 하나님과 예수님께 영광을 돌리는 겸손과 사랑의 삶으로 변화시킬 수 있다고 가르치는 성경의 약속을 믿습니다.'

하나님의 약속을 믿고, 성령의 능력으로 하나님이 행하실 일들을 기다릴 수 있다면, 비록 지금 그 일들을 느낄 수 없더라도 믿는다고 고백하십시오. 하나님이 하늘에 계시고, 하나님이 주실 축복이 존재할 뿐 아니라, 그 축복을 우리에게 베풀기를 즐거워하신다는 사실을 믿으면 그런 고백을 할 수 있습니다. 하나님을 만난다는 것은 말할 수 없이 엄숙한 일입니다. 사람은 하나님 앞에 서서 응답해야 합니다. 많은 사람들이 그 사실에 대해 생각하기를 피하고 하나님께 응답하지 않으려 합니다. 피하지 말고 하나님 앞에 나아와, 마음을 정해 성령 충만을 받기 원한다고 고백하십시오.

어떤 사람들은 자신의 업무를 떠올리며, '내일 아침에도 성령 충만함이 계속되면 사람들이 자신을 이상하게 보지 않을까'하고 염려합니다. 그리고는 이렇게 생각합니다. '상상만 하자. 실제로 성령 충만함을 받을 수는 없어. 성령을 내 마음대로 움직일 수는 없잖아!' 물론 우리가 성령을 좌지우지하려 해서는 안 됩니다. 성령은 우리를 인도하는 분으로서, 성령으로 충만할 때 우리가 사는 법을 친히 가르쳐주시기 때문입니다.

5

믿음으로 구함

주님이 십자가에 달려 돌아가셨을 때 받은 충격으로 인해 그들이 저지른 부끄러운 일과 자신에 대한 절망감으로 괴로워하던 제자들은, 더 나은 것을 기대하는 법을 배웠습니다. 부활하신 주님은 40일 동안 세상에 머물면서 제자들이 자신의 승천 후에 10일 동안 기

앤드류 머레이의 **영적인 삶 바로세우기**

도하며 기다릴 수 있는 확신으로 가득 찬 기대감을 심어주셨습니다. 다락방에 모여 기도하는 120명의 성도들은 세상 사람들이 보기에는 한심한 일을 하는 것 같았지만, 실상은 주님의 약속이 성취되기를 기다리고 있었습니다. 그들은 위로부터 온갖 축복이 임할 것을 확신하고 있었습니다.

우리도 그들처럼 성령 충만을 구하지 않겠습니까? '하나님 저희에게 그들처럼 확신을 가지고 성령 충만을 기다리게 하소서!' 친구들이여! '하나님, 준비가 되었사오니 제게 성령으로 충만케 하소서.'라고 말할 준비가 되었습니까?

성령의 충만을 받을 때는 자신의 존재 전체를 뒤흔들어 놓을 정도로 큰 감동이 따라야 한다고 주장하는 사람들이 있습니다. 하지만 성령 충만이 늘 그와 같은 방식으로 이루어지는 것은 아닙니다. 성령은 밤새 소리 없이 내려 풀 위에 맺히는 이슬처럼 조용하고 부드러운 방식으로 임할 수도 있습니다. 성령 충만을 받은 사람은 큰 소리로 기쁨을 표현하며, 소리쳐야 한다고 생각하는 사람도 있습니다. 하지만 반드시 그런 것은 아닙니다. 성령 충만이란 믿음으로 우리의 존재 전체를 성령의 인도하심에 맡길 때, 성령의 은사를 받고, 성령이 우리를 소유하시는 상태입니다. 자신을 비우고 주님이 그런 삶을 주실 것을 믿을 때, 우리는 하나님께 성령 충만을 요청하고 그것을 이루실 것을 신뢰하게 됩니다.

강은 두 가지 방식으로 채워질 수 있습니다. 남아공에는 '메마른 강'이라 불리우는 깊은 골짜기들이 있는데, 평소에는 물 한 방울 흐르지 않다가 폭풍우가 몰아치면 순식간에 수심 3m 정도의 거센 물길로 변하여 무서운 기세로 흐르곤 합니다. 메마른 골짜기가 물길로 변하는데 걸리는 시간은 그야말로 순식간에 지나지 않습니다. 그와 전혀 다른 방식으로 강물이 채워질 때도 있습니다. 겨울이 되면 산에 눈이 많이 내렸다가 날이 따듯해지면 눈이 서서히 녹아 흐르며 강을 이루는 경우도 있습니다. 그 과정에는 어떤 소동도 일어나지 않습니다. 계곡의 물은 느린 속도로 불어나지만 꾸준히 늘어나 마침내 강을 이루고 둑을 넘어 흐르게 됩니다. 전자와는 얼마나 다른 모습입니까!

성령 충만을 받을 때도 큰 감동을 받거나, 경외하는 마음으로 가득한 나머지 떠는 사람도 있습니다. 그런 사람들은 이렇게 하나님께 말합니다. '제가 아침부터 저녁까지 성령으로 충만하기를 원하시는 아버지 하나님, 제가 성령으로 충만하기를 구합니다. 하나님이 저에게 성령으로 충만케 하실 것을 믿습니다.' 그들은 조용히 말하되 '주님이 이미 성령으로 충만케 하신 것을 믿습니다.'라고 믿음을 가지고 선포합니다.

형제자매 여러분, 지금 성령 충만함을 받을 준비가 되었습니까? 성령은 주님의 교회에 주어진 소중한 유산이라는 것을 기억하길 바랍니다. 성령 충만은 특별한 사람들에게만 주어지는 선물이 아닙니다. 우리는 누구나 성령 충만을 받을 수 있습니다. 성령 충만은 우리로 하여금 매일 거룩한 삶을 살 수 있도록 하기 위해 주어집니다. 우리 모두 지금 성령 충만을 받을 준비를 하십시오.

앤드류 머레이의 **영적인 삶 바로세우기**

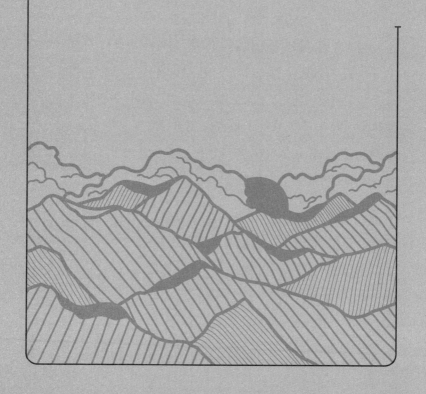

7장

성령의
능력으로
기도하기

7장
성령의 능력으로 기도하기

"이와 같이 성령도 우리의 연약함을 도우시나니 우리는 마땅히 기도할 바를 알지 못하나 오직 성령이 말할 수 없는 탄식으로 우리를 위하여 친히 간구하시느니라 마음을 살피시는 이가 성령의 생각을 아시나니 이는 성령이 하나님의 뜻대로 성도를 위하여 간구하심이니라"(롬 8:26-27)

이 장에서는 기도에 대해 살피려고 합니다. 신학생들 가운데에는 신학공부를 하는 동안에도 기도에 힘써야 한다는 사실을 깨닫지 못하는 사람들이 많습니다. 그런 사람들은 공부하는 데만 많은 시간을 할애합니다. 그 결과로 헬라어, 히브리어, 라틴어, 논리학과 음악과 신학과 목회 사역과 복음을 전하는데 도움이 될 온갖 종류의 학문은 배울 수 있지만, 하나님을 섬기는데 가장 필요한 요소인 기도를 잊어버리는 경우가 많습니다.

기도는 다른 과목처럼 훈련을 통해 배워야 할 영적 기술입니다.

어떤 일에든 익숙하려면 많은 훈련이 필요합니다. 피아노를 배우려면 매일 한 시간씩, 어떤 날은 몇 시간씩 연습을 해야 기량이 발전하듯이, 기도하는 법도 많은 훈련이 없이는 배울 수가 없습니다. 선교, 심방, 교육, 상담에서 기도가 얼마나 중요한 비중을 차지하는지 생각해 보십시오. 성경은 위로부터 오는 하나님의 능력이 없으면 우리가 하는 모든 일이 성도들에게 아무 도움도 줄 수 없는 것이 되고 만다고 가르칩니다. 또한 하나님의 능력도 수많은 믿음의 기도, 끊임없는 기도의 결과로만 나타난다고 말합니다. 그래서 사도 바울은 "나는 심었고 아볼로는 물을 주었으되 오직 하나님께서 자라게 하셨나니"(고전 3:6)라고 고백했던 것입니다.

'농부는 하나님을 신뢰하는 법을 반드시 배워야 하는 사람이다.' 라는 속담이 있습니다. 옥수수를 밭에 심은 후에도, 그것이 자라서 열매를 맺을 때까지 햇빛과 비를 주시는 하나님의 섭리를 기다릴 줄 알아야 하기 때문입니다. 이런 자세는 하나님을 위해 일할 사람들에게도 필요합니다. 우리가 열심히 밭을 갈고, 씨를 뿌리고, 최대한 열심히 돌보더라도 하나님이 자라게 하지 않으시면 아무 소용이 없습니다. 하나님은 기도의 응답으로 우리에게 성장을 허락하십니다.

신학도들은 두 가지 이유에서 기도의 사람이 되어야 합니다.

첫째로 자신의 영적 삶을 위해서 기도해야 합니다. 기도를 통해 성령이 자신의 삶 속에 나타나게 해야 하기 때문입니다.

둘째는 그가 섬겨야 할 성도들을 위해 기도해야 합니다. 자신의 기도에 의해 성령이 말씀을 통해 성도들 안에서 역사하셔야 하기 때문입니다.

혹시라도 '목사, 선교사, 교사가 된 다음에 기도에 힘써도 될 거야. 필요성을 느낄 때 기도를 시작해도 늦지 않거든.'이라는 생각은 아예 하지 말기를 바랍니다. 그런 사람들은 이렇게 말하곤 합니다.

'지금 기도할 시간이 어디 있어. 배워야 할 과목이 너무 많아서 공부하는데 모든 시간을 쏟아 부어도 모자랄 지경인데. 수업 준비를 게을리 할 수는 없으니까 지금은 기도시간을 낼 수가 없어.' 그런 말에 절대로 속지 마십시오. 그리고 명심하십시오. 그 악한 영은 3년 후에도 우리의 일이 더 힘들어 질 때면 다시 찾아와서 똑같은 말로 우리를 유혹할 것입니다. 기도할 시간을 내지 못할 이유를 찾자면 한이 없습니다. 회심하지 않은 사람들이 즐겨 사용하는 말이 있습니다. '오늘 회심하기는 어려워도 내일 회심하기는 쉽다.' 기도하는 일도 그와 같아서, 오늘 기도하기는 어려워도 내일 기도하기는 쉬워 보입니다. 그러나 실상은 지금 기도하기 어려운 것처럼 내일도 기도하기 어렵다는 사실을 깨달아야 합니다.

주님을 위해 일할 준비를 하고 있는 신학도들이라면 이렇게 기도하십시오. '하나님, 제게 기도하는 법을 가르쳐 주소서.' 우리가 기도할 시간을 내지 않으면, 하나님은 기도하는 법을 가르쳐 주시지 않습니다. 기도하는 법을 소개한 책을 읽거나, 기도법에 관한 강좌나 간증을 듣는 것이 기도하는 데 어느 정도는 도움을 줄 수는 있지만, 기도하는 법을 가르쳐 주지는 못합니다. 실제훈련과 연습이 없이는 아무 것도 배울 수 없습니다. 어떤 사람이 음악교수에게 가장 아름다운 음악을 연주하는 법을 1년간 배운다 하더라도 실제로 연주하지 않는다면 그 음악을 능숙하게 연주할 수가 없는 것과 같습니다. 주옥같은 기도에 관한 명언이나 아름다운 성경의 약속을 붙잡는데 만족하지 말고 실제로 기도함으로써 기도 훈련에 힘쓰길 바랍니다. 지금부터는 놀라운 방식으로 기도에 관해 가르치려고 합니다. 그것은 성령의 역사와 연관되어 있습니다.

그 교훈은 로마서 8장 23절에 나타나 있습니다. 먼저 22절부터 읽어봅시다. "피조물이 다 이제까지 함께 탄식하며 함께 고통을 겪고 있는 것을 우리가 아느니라 그뿐 아니라 또한 우리 곧 성령의 처음 익은 열매를 받은 우리까지도 속으로 탄식하여 양자될 것 곧 우리 몸의 속량을 기다리느니라"(롬8:22-23) 바울은 피조물 전체가 하나님께 구원을 얻기 위해 탄식하며 함께 고통을 겪고 있다고 말합니다. 그뿐 아니라 "우리 곧 성령의 처음 익은 열매를 받은 우리까지도 속으로 탄식하여 양자될 것 곧 우리 몸의 속량을 기다리느니라"고 말합니다. 26절과 27절도 읽어봅시다. "이와 같이 성령도 우리의 연약함을 도우시나니 우리는 마땅히 기도할 바를 알지 못하나 오직 성령이 말할 수 없는 탄식으로 우리를 위하여 친히 간구하시느니라 마음을 살피시는 이가 성령의 생각을 아시나니 이는 성령이 하나님의 뜻대로 성도를 위하여 간구하심이니라"

우리는 이 두 구절에서 기도에 관해 4가지 소중한 교훈을 깨닫게 됩니다.

첫째, 우리는 무지하여 기도하는 법을 알지 못한다는 것입니다.

둘째, 성령은 우리의 기도를 돕는 분이라는 것입니다.

셋째, 성령은 우리를 위해 간구하시되, 이해할 수 있는 우리의 말과 생각 뿐 아니라, 말할 수 없는 탄식, 곧 표현이 불가능한 우리의 갈망까지도 하나님께 말씀드릴 수 있습니다.

넷째, 우리 마음을 살피시는 하나님은 늘 하나님의 뜻에 따라 구하는 성령의 생각을 아시고, 우리의 기도에 응답하십니다. 이제 그 교훈들을 더 자세히 살펴봅시다.

1

기도하는 법을
모르는 신자

반드시 해야 할 일이 있는데도 그 일에 관해 전혀 모르고 있다면, 우리의 무지를 빨리 인정하는 일이 매우 중요합니다. 예를 들어 피아노 치는 법을 기초부터 배우려는 학생이 자신의 힘만으로도 피아노를 칠 수 있다는 생각을 가지고 피아노 앞에 앉으면 배우는데 큰 지장을 초래하게 되지만, 자신의 무지를 인정하고 피아노 선생님께 겸손히 가르침을 청한다면, 바른 학습태도를 취했다고 할 수 있습니다.

오늘날 교회 안에도 자신의 힘만으로 기도할 수 있다는 생각을 가진 성도들이 너무나 많습니다. 그런 사람들은 대개 어머니나 목사님으로부터 기도하는 법을 배웠다고 말합니다. 그리고 이렇게 말합니다. '기도에 관해 하나님이 가르쳐 주신 지식들을 많이 알고 있거든요' 그리고는 누구나 기도할 수 있다고 생각합니다. 기도하는 법을 알고 있으므로, 자신이 바른 기도 생활을 하고 있다고 오해하는 경우가 얼마나 많습니까?

능력 있는 기도를 드리고 싶은 사람은 먼저 하나님 앞에 무릎 꿇고, 자신은 무지하므로 기도할 바를 알지 못한다고 고백해야 합니다. 그리고 기도를 시작하기 전에 자신에게 조용히 물어보십시오.

앤드류 머레이의 **영적인 삶 바로세우기**

'나는 기도가 무엇인지 알고 있는가?

하나님의 능력을 굳게 붙잡는 법을 알고 있는가?

하나님과 완전한 교제와 친교를 나누는 것이 무엇인지 알고 있는가?'

그러고 나서 하나님의 거룩한 임재를 깨닫고, 그분에게 말씀드릴 준비가 얼마나 안 되었는지 스스로 느낄 때까지 하나님 앞에 조용히 앉아 기다리십시오.

그리고 이렇게 말씀드립시다. '주님, 저는 기도하는 법을 모릅니다. 기도법에 관한 지식은 많지만, 기도하는 데 가장 필요한 요소가 무엇인지를 모릅니다. 제 기도가 옳은 기도일 수도 있지만, 슬프게도 제 교만을 제거해야 한다는 사실을 모를 수도 있습니다. 주님, 저를 교만에서 건져주옵소서. 제가 교만에서 벗어나기를 하나님이 원하시고 저도 그렇게 되기를 구하오나, 하나님이 저를 보시는 방식으로 제 자신을 본 적이 한 번도 없고, 제 교만에 대해 진정으로 깨달은 적이 한 번도 없었음을 고백합니다.'

지금까지 우리는 엉뚱한 것을 구하느라, 정작 우리에게 필요한 것을 한 번도 구하지 못했을 수도 있습니다. 모든 것을 기도로 구하기 전에 기도에 대한 우리의 무지를 절실히 깨달아야 합니다. 이런 우리의 한계를 깨닫는 것은 정말 놀라운 축복입니다! 그때 비로소 성령이 우리의 기도를 도와주십니다. 자신의 무지를 깨닫는 것은 가장 건전한 믿음의 요소들 가운데 하나입니다.

일찍이 아브라함은 갈 바를 알지 못한 상태에서 가나안을 향해 나아갔습니다. 그것은 아름다운 무지(無知)입니다. 왜냐하면 그것을 통해 하나님을 신뢰하는 법을 배웠기 때문입니다. 요한의 어머니를 보십시오. 그는 자기 아들들로 하여금 주님의 보좌 옆에 앉게 해 주시기를 구했습니다. 그의 기도를 들으신 주님은 이렇게 말씀하셨습니다. "너희는 너희가 구하는 것을 알지 못하는도다"(마20:22) 주님은 단번에 기도에 대한 그 여인의 무지를 드러내셨습니다.

우리에게 필요한 것을 구하고 있다고 확신하지만, 실제로는 어리석어서 우리가 구하는 것이 무엇인지 알지 못하는 경우가 많습니다. 수없이 성령 충만을 주시도록 구함에도, 정작 자신이 구하는 것이 무엇인지 모르는 것입니다. 그러므로 기도할 때는, 자신이 구하는 것이 무엇인지 아는 일이 가장 중요합니다. 참된 생각으로 기도를 드리면서도, 자신이 지금 무엇을 구하고 있는지 모를 수가 있기 때문입니다. 그래서 우리의 기도에는 시작할 때부터 자신의 무지에 대한 깊은 고백을 포함해야 합니다.

사도 바울은 성령 외에는 누구도 하나님의 일을 알지 못한다고 말합니다. "하나님의 일도 하나님의 영 외에는 아무도 알지 못하느니라"(고전 2:11) 여러분 가운데 지금 내가 무슨 생각을 하고 있는지 알아맞힐 수 있는 사람은 한 명도 없을 것입니다. 내 마음에 무슨 생각이 자리 잡고 있는지 모르기 때문입니다. 하나님의 마음에 있는 생각도 그분의 영외에는 아무도 그것이 무엇인지 알 수가 없습니다. 그러므로 하나님의 뜻에 일치되도록 기도하려면 하나님의 영에 의해 기도하는 법을 배워야 합니다.

그러면 성령은 언제부터 기도를 가르치기 시작하실까요? 그것은 온갖 자기 속임과 자기 확신을 없애고, 우리가 아무 것도 아닌 존재임을 인정하고 '주님, 저는 아무 것도 모릅니다.'라고 고백하는 순간부터입니다. 이렇게 해서 우리는 하나님 앞에서 고요한 마음으로, 자신의 무지를 인정하는 가운데 하나님이 기도를 가르쳐 주시기를 기다리는 법을 배우게 됩니다.

2

기도를 도와주는 성령

성령은 우리의 연약함을 돕기 위해 오신 분이므로, 그분이 우리 안에서 기도한다는 것은 얼마나 큰 축복인지 모릅니다! 우리는 삼위일체 하나님을 믿습니다. 성부 하나님은 보좌에 앉아 만유를 다스리시고, 성자는 중보자이자 중보 기도자로서 하나님 보좌 우편에 앉아 항상 기도하십니다. 영광중에 거하시는 성자는 기도 외에는 다른 일을 하지 않으십니다. 죽임을 당한 어린양이신 주님의 현존과 임재는 끊임없는 기도입니다. 그래서 사도 바울은 하나님께 나아가는 자들을 주님이 온전히 구원하실 수 있는 이유가 항상 살아계셔서 기도하시기 때문이라고 밝히고 있습니다(히7:25 참조).

주님은 영광 가운데 거하는 왕이심에도, 기도를 자신의 최고 임무로 여기십니다. 그래서 주님은 끊임없이 이렇게 하나님께 간구하십니다. '아버지 세상에 거하는 당신의 자녀와 저의 백성을 축복하소서.' 그 기도에 대한 응답으로 성부 하나님과 성자 예수님이 우리를 축복하시기 위해 성령을 끊임없이 보내시는 것입니다.

성령이 신자 안에 거하시는 이유는 그것이 주님이 그들을 위해 예비한 일임을 가르치기 위해서입니다. 그러나 자신의 기도에 만족한 나머지, 자신이 기도하는 법을 다 알고 있다고 착각할 때에는, 기도에 대해 성령이 가르치실 기회와 온갖 놀라운 은사들을 하나님이 계시할 기회를 상실하게 됩니다. 그 말은 보좌에 앉으신 성부는 제3위이신 성령을 보내시고, 하나님 보좌 우편에 앉으신 성자는 아버지께서 보내신 성령이 우리 안에 거하도록 축복하심을 뜻합니다. 즉, 하나님은 보내시고, 예수님은 기도하시고, 성령은 우리에게 오셔서 하나님과 예수님의 뜻에 완전히 일치되게 기도하도록 가르치신다는 것입니다.

우리 안에 연약한 기도를 도와주시는 성령이 거하고 계심을 믿습니까? 우리가 기도하는 법을 모르고 있다는 사실을 깨달을 때, 슬퍼하고, 실망하며, 골방을 멀리하는 이유는 우리가 원하는 기도방법을 모르기 때문입니다. 하지만 그때야말로 기도하기에 가장 좋은 시간입니다. 우리가 유창한 말로 기도한다고 해도 그것이 우리의 감정과 말에 치중한 것이라면, 성령의 능력은 함께 하지 않습니다.

기도할 수 없다고 느낄 때는 하나님 앞에 나아와 이렇게 고백하십시오. '주님, 저는 기도할 수가 없습니다. 기도가 너무 어렵게 느껴집니다. 성령을 보내셔서 저의 연약함을 도우시고, 성령이 제 안에서 기도하게 하소서.' 성령이 우리 안에 거하시며, 우리를 위해 기도하심은 얼마나 복된 진리입니까! 지금까지 들어온 교훈은 우리의 삶 전체를 돌보시고, 우리 안에 거하시는 분이 성령이라는 것입니다. 우리가 성령으로부터 도움을 얻기 위해 충분한 시간을 드리면, 그 하늘의 조력자는 자신이 해야 할 일을 더욱 효과적으로 행하십니다.

조력자가 있다면 어떤 유익이 있을까요? 나는 오늘 아침 집회 찬양시간 인도하기를 스스로 포기하고 음악 교수님에게 부탁을 드렸습니다. 그분은 신뢰할만한 찬양 인도자였기 때문입니다. 성령이 우리를 돕는 분이라면, 우리 방법을 포기하고 그분의 인도를 구하는 것이 훨씬 낫습니다. 그럼에도 불구하고 성령이 우리의 연약함을 도우신다는 사실을 인정하기를 얼마나 꺼려왔습니까!

성령의 도우심을 받기 위해 우리가 알아야 할 교훈들이 있습니다. 골방에서 혼자 기도할 때는, 기도 전이나 기도와 기도 사이에 조용히 기다리는 시간을 많이 가지는 것이 좋습니다. 하늘의 능력과 축복이 임하는 것을 체험하기 위해서는, 하나님 앞에서 조용히 기다리는 것이 매우 중요하기 때문입니다. 그리고 기도할 때 하나님 곧, 삼위일체 하나님을 생각하십시오. 전능하신 하나님이 우리를 축복하시기 위해 지금 여기에 계심을 믿음으로 알 수 있을 때까지 몇 분 간 하나님을 경배하십시오. 하나님은 우리가 성령으로 충만하기를 원하십니다. 하지만 그런 믿음은 절로 생기는 것이 아니라, 시간을 내어 그 사실을 생각할 때 비로소 생깁니다. 영원하신 하나님은 지금도 우리를 축복하기 위해 기다리고 계십니다. 그러므로 하나님이 우리를 축복하실 것을 믿어야 합니다.

고요한 마음으로 자신을 아무 것도 아닌 존재로 여김으로써 성령이 우리 안에서 대신 기도하게 하십시오. 그때 성령이 우리를 위해 기도하기 시작하실 것입니다. 아버지께서 우리에게 성령을 보내신 목적이 바로 그 때문입니다. 성령은 우리 안에서 기도하십니다. 그러므로 기도할 때는, 지금 성령이 우리 안에서 그분의 일을 하고 계신다는 믿음이 마음에 가득해 질 때까지 조용히 기다리십시오. 성령이 우리에게 주어진 이유는 기도하는 법을 가르치고, 도와주시기 위함입니다. 기도하는 법을 모르겠다고 느끼거나, 기도할 힘이 없다고 생각될 때일수록 더욱 기도해야 할 이유가 여기에 있습니다.

어떤 여성도가 목사님을 찾아와 자신이 은밀히 드리는 기도의 기쁨을 상실했는데, 그 기도의 기쁨을 회복할 방법이 없겠느냐고 물었습니다. 온갖 방법을 동원해 보았지만 전과 같은 기도의 기쁨을 회복할 수 없었다는 것입니다. 그 이야기를 들은 목사님은 이렇게 말했습니다.

"자매님은 지금까지 헛수고를 하셨네요. 회심도 하지 않은 상태에서 바른 기도법부터 찾아왔기 때문에 기도에 실패할 수밖에 없었던 겁니다. 자매님은 어떻게 새 생명을 얻으셨지요?"

"예수님을 믿었을 뿐이에요."

"은밀한 기도의 기쁨을 회복하는 방법도 그와 같이 예수님을 믿기만 하면 됩니다. 도무지 기도하고 싶은 마음이 생기지 않고, 마음이 냉랭할 때는, 예수님께 나아가 이렇게 말씀드리세요. '주님, 기도를 통해 주님 앞에 나아오도록 명하셨는데, 제 마음이 냉랭하여 도저히 기도할 마음이 나질 않아요. 사랑의 주님, 연약한 모습 이대로 주님 앞에 나가오니 제 기도를 들어 주세요.' 그리고 나서 주님의 임재 안에 거하면, 그분이 당신을 만나주시며, 성령께서 주님을 의지하여 기도하는 법을 가르쳐 줄 것입니다. 왜냐하면 성령은 우리의 연약함을 도우러 온 분이기 때문입니다."

여기서 오해하지 말아야 할 일이 하나 있습니다. 성령이 기도하는 법을 가르쳐 주시면, 절로 뜨거운 마음이 생겨 기도를 잘 할 수 있을 것이라고 생각하는 것입니다. 뜨거운 마음이 생기는 것은 기도하는데 도움이 될 수도 있지만, 피상적인 현상에 지나지 않는 경우가 대부분입니다. 그래서 사도 바울은 **"성령이 말할 수 없는 탄식으로 우리를 위해 친히 간구하시느니라"**(롬 8:26)고 말했습니다. 성령이 우리를 위해 기도하시는 것은 사랑으로 행하시는 일입니다. 우리를 무지한 상태에 거하게 함으로써, 그분에게서 떠나지 않고, 우리 마음에 그분이 주시는 아름다운 생각으로 채우기를 기뻐하십니다. 성령은 정신과 생각보다 더 깊은 우리 마음의 근원에 말할 수 없는 탄식과 기대를 주십니다. 그리고 하나님과 그분의 영광을 위해 말할 수 없는 깊은 갈증과 열망을 우리에게 주십니다.

인간이 가장 자랑스럽게 여기는 것은 자신의 마음, 지성, 사고입니다. 우리는 모든 것을 이해하고 알기 원합니다. 설교를 통해 소중한 깨달음을 얻고, 그것을 친구와 나눌 뿐 아니라, 필요할 때마다 상기할 수 있도록 간직하게 하는 것도 마음, 지성, 사고 덕분입니다. 지성을 통해 어떤 사실을 이해한다고 해서 그것이 우리 마음에 자리를 잡는 것은 아닙니다. 앞을 못 보는 사람도 해와 햇빛에 관해 많은 지식을 얻을 수 있고, 해를 한 번도 본 적이 없는 사람도 해에 대해 많은 것을 알 수 있듯이, 기도도 마찬가지입니다. 기도에 관한 지식을 아무리 많이 소유해도, 실제로 기도하는 데는 아무 소용이 없습니다.

우리는 성령으로 충만하여 기도의 삶으로 인도되기를 원합니다. 성령만이 우리에게 기도하는 법을 가르칠 수 있다면, 육 안에서 기도한 경우가 많았다고 따로 고백할 필요가 없지 않습니까? 그러므로 이렇게 기도합시다.

'오, 복되신 기도의 스승님, 저희가 기도하는 법을 알 수 있도록 저희 안에 사시며 일하소서. 저희의 대화와 사고의 주재이신 성령님, 이 마지막 때에 거룩함과 선한 능력을 공급하시는 기도의 영, 사랑의 영, 앞서 로마서에서 배운 모든 유익을 베푸시는 영이 되어 주소서. 하나님께 나아가 교제케 하는 영이 되실 뿐 아니라, 하나님이 주시는 담대함과 능력을 얻게 하시는 간구의 영이 되소서.'

3

우리 안에서
간구하는 성령

　성령은 우리 안에서 말할 수 없을 정도로 탄식하는 느낌과 말을 통해 우리를 위해 기도하십니다. 바울은 모든 성도를 위해 간구하시는 성령이 하나님의 뜻에 따라 기도하신다고 말합니다. 우리는 그 말의 의미를 22절 말씀을 통해 알 수 있습니다. "피조물이 다 이제까지 함께 탄식하며 함께 고통을 겪고 있는 것을 우리가 아느니라"(롬8:22) 우리 주변에 있는 온갖 피조물들의 탄식은 구속을 위한 탄식입니다.

　피조물만 아니라, 양자됨을 기다리며 성령의 처음 익은 열매를 받은 우리도 몸의 구속을 기다리고 있습니다. 바울은 신자들이 완전한 구속 곧, 속량된 그들의 몸이 주님의 영광스런 몸과 같이 변화될 뿐 아니라, 모든 신자가 하나가 될 때를 기다려야 한다고 말합니다. 피조물은 모든 피조물의 해방을 위해 탄식하지만, 성령은 모든 성도의 구속을 위해 탄식하십니다. 우리는 피조물의 탄식과 신자의 마음 안에서 일어나는 성령의 탄식을 위해서 마땅히 기도할 바를 알지 못하나, 하나님은 말로 표현할 수 없는 성령의 탄식을 들으십니다.

　성령은 우리 안에서 모든 성도들을 위해 간구하십니다. 간구자가 된다는 것은 하나님의 제사장인 우리가 소유한 가장 큰 특권입니다. 간구는 얼마나 소중한 기도입니까! 멀리 떨어진 곳에 사는 다른 사람을 위해 기도하거나, 소규모 중보 기도모임이 열렸을 때 하나님의 말씀을 통해 간구에 대해 가르치지 않는다면 그것은 정말 어리석은 일입니다!

여기에 중국, 아프리카, 영국의 구원을 위해 기도하는 50명의 성도가 있다고 가정해봅시다. 그들은 연약한 존재에 지나지 않지만, 그들의 기도에 대한 응답으로 전능하신 하나님은 그들의 기도가 없었다면 하지 않았을 일을 행하시리라고 믿습니다. 그것이 실제로 가능한 이유는 무엇입니까? 성령이 그들 안에 거하시며 드린 기도가 하나님에게서 비롯된 것이기 때문입니다.

하나님의 자녀 여러분, 간구의 영이신 성령께 우리 자신을 바쳐 간구 기도를 배웁시다. 모든 신자들이 주님의 교회를 위해 하루 1시간씩만 시간을 내어 기도할 수 있다면 얼마나 좋겠습니까! 오늘날은 교회를 위한 기도가 너무나 많이 필요한 시대이기 때문입니다. 시야를 넓혀 기독교 전체의 현재 상황을 살펴보십시오.

런던을 예로 들자면 거주인구의 1/5만이 교회에 출석하고, 나머지 인구는 실제로 비(非) 그리스도인으로 살아가고 있습니다. 시카고의 경우에는 거주인구의 1/8 정도가 교회에 출석하고, 나머지는 불신자로 살아가고 있습니다. 게다가 교회에 정기적으로 출석하고 있는 사람들 중에도 형식적 신앙을 가진 사람들이 얼마나 많습니까? 신자라고 하면서도 죄 가운데 살고 있는 사람이 얼마나 많으냐는 말입니다. 교회에 출석하는 사람들 가운데에도 회심하지 않은 채 세상을 닮은 모습으로 사는 사람들이 정말 많습니다. 그것은 런던이나 시키고만 아니라 전 세계 기독교에 공통된 현상입니다.

하나님은 그분을 굳게 붙잡고 기도할 사명을 우리에게 부여하셨습니다. 하나님을 떠나지 말라고 명하시며, 놀라운 약속도 주셨습니다. 그러므로 시간을 내어 기도하십시오. 하나님께 간구하는 일에 헌신하면, 그분이 반드시 우리를 축복하실 것입니다. 이 책을 읽고 있는 독자들에게 묻고 싶습니다. 여러분은 조국 교회를 위해 기도하고 있습니까? 교회가 세상을 닮은 모습이 너무 많다고 비판하거나, 성경의 영감설을 부인하는 파괴적 성경비평에 대해서는 많은 얘기를 나누면서, 하나님께 나아가 '주님, 성령 충만을 베푸소서.'라고 간구하는 일을 소홀히 하고 있지는 않습니까?

지금 하나님께 나아가 아뢰십시오. 그러면 하나님께 진실한 삶을 살고자하는 백성들 모두에게 그분의 능력을 베푸실 것입니다. 우리는 한 성령을 모시고 한 몸인 교회에 속해 있으므로, 성령에게 의지하면 교회를 위해 기도하는 법을 가르쳐 주실 것입니다. 바울은 에베소서에서 이렇게 말합니다.

> "모든 기도와 간구를 하되 항상 성령 안에서 기도하고 이를 위하여 깨어 구하기를 항상 힘쓰며 여러 성도를 위하여 구하라 또 나를 위하여 구할 것은 내게 말씀을 주사 나로 입을 열어 복음의 비밀을 담대히 알리게 하옵소서 할 것이니"(엡6:18, 19)

성령의 열매는 한 성령과 한 몸인 교회 안에서의 사랑입니다. '하나님, 젊은이들 뿐 아니라 모든 신자들로 하여금 성령의 능력으로 충만한 간구자가 되게 하소서. 모든 성도를 위해 간구하는 일은 가장 고상하고도 거룩한 일이기 때문입니다.'

4

성령의 간구에
응답하는 하나님

성경말씀에는 놀라운 약속이 나타나 있습니다. **"마음을 살피시는 이가 성령의 생각을 아시나니 이는 성령이 하나님의 뜻대로 성도를 위하여 간구하심이니라"**(롬8:27)

하나님이 우리에게 오셔서 마음을 살피신다는 사실을 잊지 맙시다. 우리의 소원을 말로 아뢰니까 하나님은 우리 마음을 잘 알고 계십니다. 하지만 그분은 우리의 말에 속지 않으십니다. 신실한 신자라면 누구나 진지한 마음으로 기도하기 마련이지만, 기도와 그의 속마음이 일치되지 않는 경우가 많다는 것을 하나님은 너무나 잘 아십니다. 또한 말로 표현하지 않은 욕구가 그들 안에 존재할 수 있음을 잘 알고 계십니다.

그래서 하나님은 우리의 마음 깊은 곳에 친히 내려가서, 성령이 아뢰는 내용을 들으십니다. 성령은 하나님의 뜻에 따라 기도하십니다. 사랑하는 친구 여러분, 기도는 엄숙한 일입니다. 시간을 내어 기도하는데 힘씁시다. 그리고 기도할 때마다 자신을 성령께 복종시키며, 진실한 속마음을 털어놓음으로써 고백하는 법을 배웁시다. 우리의 영혼을 겸손하게 낮추어 성령께 순종하면, 성령은 우리를 취하신 다음, 기도하는 기계가 아니라 성령이 거하시고 일하시는 터전으로 삼아 그분의 기도를 우리의 소원에 넣어주심으로써 우리는 성령 안에서 기도하고, 성령은 우리 안에서 기도하는 상태로 인도하십니다.

'하나님, 저희 가운데 한 사람도 빠짐없이 성령의 능력 가운데서 간구하는 복된 특권을 알게 하소서. 하나님이 우리 마음을 감찰하신 후, 성령이 우리를 대신하여 하나님께 구한 소원에 따라 베푸시는 풍성한 응답을 받는 기쁨을 알게 하소서. 하나님이 자기 백성을 부흥시키기 위해 찾아 오셔서 "성도를 위해" 말할 수 없는 탄식과 기대감을 가지고 하나님께 부르짖게 하는 것이 무엇인지 깨닫게 하소서.'

갈라디아서의
성령론

8장
갈라디아서의 성령론

이 장에서는 갈라디아서에 나오는 성령의 활동에 관한 교훈을 살펴려고 합니다. 하지만 교리적 교훈이나 신앙적 교훈을 얻으려는 것이 아니라, 영적 삶과 우리의 일상생활에 관한 교훈을 얻으려는 것입니다.

갈라디아교회의 신자들은 바울의 가르침을 받고 회심한 성도들로 이루어져 있었습니다. 그들에게는 성령이 큰 능력으로 임하여 부흥하던 시기도 있었지만, 그처럼 복된 시기는 곧 사라지고 말았습니다. 유대교 교사의 가르침에 빠져 그들이 순전한 신앙의 삶에서 벗어났기 때문입니다. 그래서 바울은 가르침을 통해 그들의 신앙을 회복시키기 위해 갈라디아서를 썼습니다. 지금까지 말한 내용에 근거해 볼 때, 갈라디아교회의 상태가 얼마나 심각한 것이었는지 알 수 있을 것입니다.

무엇보다도 육의 활동이 교회 안에 매우 현저하게 나타났습니다. 수많은 쓴 뿌리, 질시, 분쟁이 그들 가운데에서 자주 나타났으므로, 갈라디아서는 주로 경계하는 내용을 담고 있습니다. 여기서 특별히 언급하고 싶은 것은, 반드시 경계해야 할 성령에 관한 위험한 교훈들입니다.

먼저 성령이 충만하면 완전한 상태에 이르게 되는 것으로 오해하는 가르침을 들 수 있습니다. 그러나 성령이 충만하다고 해서 완전한 사람이 되는 것은 아닙니다. 분명히 강조하고 싶은 사실은 성령으로 충만한 사람은 성령에 의해 온유하고 겸손한 성품을 소유하게 될 뿐 아니라, 하나님께 죄짓기를 두려워하고, 타락한 삶으로 인도되지 않도록 주의하게 된다는 것입니다. 아울러 깊은 겸손과 교만을 두려워하는 마음도 가지게 됩니다.

이제부터 성경의 교훈과 경고들을 살펴봅시다.

1

믿음으로 받는 성령

바울은 "내가 너희에게서 다만 이것을 알려 하노니 너희가 성령을 받은 것이 율법의 행위로냐 혹은 듣고 믿음으로냐"(갈3:2)라고 물음으로써 갈라디아교회 성도들에게 경고합니다. 여기서 사람들이 성령을 받는 법이라고 생각하는 두 가지 방식을 보게 됩니다.

첫째는 율법의 행위에 의해 성령을 받을 수 있다고 보는 견해입니다. 그것은 인간의 본성을 섬기는 종교입니다. 이런 견해를 가진 사람들은 성령을 받기 위해서는 무언가를 해야 한다고 생각합니다. 비록 올바른 삶을 살지 못하고 있기는 하지만, 옳은 일을 해야 한다고 생각합니다. 비록 죄를 지으며 살고 있지만, 죄를 완전히 버려야 한다고 생각합니다. 그래서 죄를 버리고 하나님께 순종할수록, 성령을 더 많이 받을 것이라고 생각합니다. 하지만 갈라디아서는 이런 견해를 보고 거짓 교훈이라고 말합니다.

바울은 그런 사람들을 향해 이렇게 묻습니다. "너희가 성령을 받은 것이 율법의 행위로냐 혹은 듣고 믿음으로냐" 여러분 자신에게 다음과 같은 질문을 하면 그 답을 금방 확인할 수 있습니다. 여러분은 '주여, 지금 저희에게 성령을 주소서.'라고 담대하게 구할 수 있을 만큼 선하고 의로워졌습니까? 성령은 율법 아래 사는 삶에 대한 응답으로서 여러분에게 임하셨습니까? 당연히 우리의 대답은 '아니요'일 것입니다. 율법 아래 있을 때는 자신이 죄인이라는 사실을 깨달을 뿐이지만, 믿음으로 예수 그리스도를 주로 영접한 후에 그분에게 자신을 온전히 드림으로써 믿음으로 나올 수 있었던 것입니다.

둘째는 "듣고 믿음으로냐"라는 말씀이 의미하듯이 우리는 하나님의 말씀을 듣고 믿음으로 성령을 받았습니다. 성령을 받기 원하는 사람들은 말씀을 듣고 믿음으로 구하는 대신 율법의 행위에 의해 성령 받기를 구하지 않도록 주의해야 합니다. 성령을 주시는 일은 영원하신 하나님이 그분의 뜻에 따라 베푸시는 은사입니다. 그러므로 성령을 받게 만드는 원인은 우리의 행위나 사람됨에 의한 것이 아닙니다. 성령을 받으려면 당연히 죄를 고백하고 버려야 하지만, 우리 힘으로는 죄를 자복(自服)할 수 없다는 사실을 깨닫지 못하고 자신의 행위에 의지하면, 더욱 크게 실패할 수밖에 없습니다. 그러면 언제 성령을 받게 됩니까? 예수님께 나아와, '제 힘으로는 죄를 버릴 수 없지만, 주님의 능력으로 거룩한 삶을 살 수 있음을 믿습니다.'라고 고백하는 순간에 믿음으로 성령을 받는 것입니다.

이제 갈라디아서 3장 14절 말씀을 읽어보십시오. **"믿음으로 말미암아 성령의 약속을 받게 하려 함이라"** 성령 충만을 기다리기 시작한 사람들은 누구나 이 말씀 속에 중요한 진리가 담겨 있음을 명심하십시오. 우리는 믿음으로 성령 충만을 받아야 합니다. 믿음이란 우리 힘으로 할 수 없는 일이 생길 때마다, '우리 대신 그 일을 할 수 있는 분을 신뢰하는 것'을 의미합니다. 믿음이란 늘 자신의 무능함을 고백하는 일입니다. 믿음이란 '주님, 저를 가치있는 존재로 변화시킬 수 있는 능력은 제게 없지만, 하나님의 사랑은 믿을 수 있습니다. 하나님은 성령을 주실 수 있는 분이므로, 제게 성령을 주실 줄 믿습니다.'라고 고백하는 것입니다. 여러분 모두 조금도 의심하지 말고 그렇게 고백하시길 바랍니다.

성령은 믿음에 의해 한 번에 영원히 받을 수 있을 뿐 아니라, 매일 아침 하늘로부터 새로운 성령의 은혜를 받을 수도 있습니다. 성령 충만을 한 번 받고 40년간이나 그 은혜에 의지하여 살고 있는 분들도 있습니다. 하지만 우리는 매일 하늘로부터 성령의 은혜를 새로이 받아야 합니다. 그런 점에서 하늘에서 만나가 내린 사건은 가장 중요한 교훈을 줍니다. 만나는 하늘에서 내린지 24시간이 지나면 부패했습니다. 우리는 날마다 새로이 솟아나는 물을 마시기 원합니다. 고인 물은 썩기 때문입니다.

성령이 인도하는 삶을 살기 원하면, 그것은 하늘로부터 끊임없이 갱신됩니다. 새로이 성령으로 충만하기 위해서는 날마다 하나님 앞에 나아가야 합니다. 그것이 거룩한 삶의 습관이 되어야 합니다. 그 습관을 처음 행하던 때처럼 늘 믿음으로 유지해야 합니다. 우리 안에서 거룩한 하나님의 권능이 활동하고 있음을 믿고, 겸손히 행하려면 매시간 하나님의 약속을 굳게 붙잡는 법을 배워야 합니다. 아버지가 자녀에게 매일 먹을 빵을 나누어 주듯이 하늘에 계신 아버지께서는 날마다 우리에게 새로운 성령의 복된 능력을 베푸십니다.

우리가 성령 안에서 사는 사람임을 나타내는 표시는 깊고, 참되고, 온전히 하나님을 의지하는 모습입니다. 햇빛은 매순간 필요하므로, 5분전의 햇빛은 아무 소용이 없습니다. 햇빛이 매순간 비춰져야 하듯이, 성령도 매순간 우리 마음에 새롭게 임해야 합니다. 그러므로 우리는 율법의 행위가 아니라 말씀을 듣고 믿음으로써 성령을 받는 것입니다.

2

성령을 따라 행함

바울은 "너희가 이같이 어리석으냐 성령으로 시작하였다가 이제는 육체로 마치겠느냐"(갈3:3)라고 반문합니다. 이 말씀은 성령으로 시작했다가 육

앤드류 머레이의 **영적인 삶 바로세우기**

으로 마치는 일이 실제로 일어날 수 있다는 엄숙한 경고를 담고 있습니다. 철도 용어 가운데 '옆선로로 들어가기'(shunting)란 말이 있습니다. 어둔 밤에 기차가 선로를 바꾸다가 엉뚱한 선로로 들어가는 경우를 가리키는 말입니다. 우리가 성령을 받을 때도 육에 의해 탈선하는 경우가 있습니다. 로마서 8장에 보면 영과 육 사이의 분명한 대조가 나타납니다. "육신에 있지 아니하고 영에 있나니"(9절), "육신은 다 같지 않고 그 영을 따라 행하는"(4절) 갈라디아서에서도 영과 육 사이의 대조가 나타납니다.

성령으로 시작한 사람도, 육으로 신앙의 성장을 추구하다가 자신도 모르는 사이에 육체로 끝날 수가 있습니다. 실제로 그런 모습을 보여주는 사람들이 많습니다. 어떤 사람은 잠시 동안 성령의 능력 아래 거하다가 인간적이고 육적인 것으로 자신의 삶과 활동을 유지하려는 유혹에 빠집니다. 우리 안에는 성령과 육이 공존하는데, 우리의 육은 늘 앞장서서 종교적인 삶을 살 준비를 하곤 합니다.

나는 성령의 능력이 나타나는 삶을 사는 가운데에도, '자기'를 추구하는 삶을 청산하지 못한 사람들을 많이 보아왔습니다. 지금은 하나님이 그들을 사용하시지만, 그들이 소유한 '자기'에 대한 확신이 모든 것을 부패시킬 때, 그들은 성령으로 시작한 일을 육으로 마치게 됩니다. 그런 위험은 우리 앞에도 도사리고 있으므로, 늘 조심해야 합니다. 어떻게 하면 그런 위험에 대비할 수 있을까요?

안타깝게도 그런 위험에 대한 대비책은 전혀 존재하지 않습니다.

이 세상의 어떤 것도 우리를 그 위험에서 벗어나게 할 수 없기 때문입니다. 우리가 은밀하고도 교활한 육의 능력을 제거하기에는 너무나 연약한 존재라는 사실을 실감한다면 얼마나 좋겠습니까! 우리 마음에 성령의 기쁨으로 넘치게 하시는 하나님을 찬양하기 위해서는 그런 무력감을 우리의 존재 깊은 곳에 넣어야 합니다. 우리가 영적 대적(對敵)의 영역에 머무는 한, 육이 종교를 통해 자신을 주장할 가능성이 있다는 점을 늘 잊지 말아야 합니다. 우리 자신을 성령에게만 드릴 수 있도록, 자신에 대한 무력감과 하나님께 의지하고자 하는 마음으로 인도되길 원합니다.

사랑하는 성도 여러분, 우리의 대적들 가운데서도 가장 주의해야 할 대적이자 쓰러뜨리기 어려운 대적은 '자기'입니다. '자기'란 육을 의미하고, 육은 바로 '자기'를 가리킵니다. '자기'는 하나님과 우리 사이에 들어와 우리를 잘못된 길로 인도하는 대적이므로, 늘 주의할 필요가 있습니다! 성령으로 충만한 삶을 살기 위해 진지하게 성령의 충만을 구하는 사람들은 깊은 경외감을 가지고 하나님을 의지해야 합니다.

성경은 "두려워하지 말라"(계1:17)고 말씀하고 있습니다. 그러므로 하나님을 바라보고, 아무 것도 두려워하지 맙시다. 또한 하나님을 "경외하는 자는 복이 있"(잠28:14)다고 말씀합니다. 하나님을 거슬러 죄를 짓는 일이나, 육에게 지는 것을 두려워하는 사람은 하나님이 그의 능력이 되시므로, 실상은 아무 것도 두려워할 필요가 없는 사람입니다. 우리는 성령으로 시작했으므로, 육체로 마치지 않도록 주의해야 합니다.

앤드류 머레이의 **영적인 삶 바로세우기**

3

하나님의 유업을 받음

> "너희가 아들이므로 하나님이 그 아들의 영을 우리 마음 가운데 보내
> 사 아빠 아버지라 부르게 하셨느니라 그러므로 네가 이 후로는 종이 아니
> 요 아들이니 아들이면 하나님으로 말미암아 유업을 받을 자니라"

5절에서는 '속박의 영'에 대해 경고하면서, 성령을 '양자의 영'으로 소개합니다. 따라서 성령을 받은 우리는 하나님의 아들 안에서 하나님의 유업을 이을 자가 됩니다. 갈라디아서 전체의 가르침은 우리에게 종이 아니라, 아들로서 하나님께 나가라고 말합니다. 우리는 양자의 영 곧, 하나님의 자녀가 되게 하는 영을 소유하고 있습니다.

우리가 잘 아는 성경의 교훈들 가운데 탕자의 비유가 있습니다. 큰 아들이 아버지에게 이렇게 말합니다. "내가 여러 해 아버지를 섬겨 명을 어김이 없거늘 내게는 염소 새끼라도 주어 나와 내 벗으로 즐기게 하신 일이 없더니"(눅15:29) 그 말을 들은 아버지는 이렇게 대답하십니다. "얘 너는 항상 나와 함께 있으니 내 것이 다 네 것이로되"(눅15:31) 우리는 하나님과 그분의 모든 소유 앞에 자유로이 나갈 수 있는 자녀입니다.

큰 아들이 잘못한 점은 무엇입니까? 아들의 영을 소유하는 대신에, 종의 영을 지니고 있었다는 것입니다. 그는 아버지를 신뢰하며 사는 아들의 삶 대신, 종의 삶을 살고 있었던 것입니다. 우리는 그처럼 속박의 영을 당연한 것으로 여기는 경우가 많습니다. 성경은

우리가 하나님의 자녀인 것을 잊지 말라고 가르칩니다. 하나님과 교제할 때나, 사람들 앞에서 행할 때나, 우리의 삶 전체를 통해 하나님의 아들의 영 곧, 하나님의 자녀가 되게 하시는 성령이 우리 안에 거하심을 나타냅시다.

하나님은 자녀에게 좋은 것을 아끼시지 않고 베푸시는 분입니다. 그러므로 우리의 삶 전체가 믿음 안에 있으면, 필요한 것은 무엇이나 하나님으로부터 받을 수 있습니다. 대다수의 신자들이 그 특권을 누리지 못하는 이유는, 그들을 하나님의 자녀로 삼으시는 성령 안에서 살고 있지 않기 때문입니다. 성령의 목적은 하나님을 향해 어린 아이와 같은 마음을 우리에게 주시는 것입니다. 갈라디아서가 우리에게 주는 경고는 하나님 앞에서 속박의 영을 지닌 종처럼 살지 않도록 주의하라는 것입니다.

하나님은 양자의 영을 보내셔서 우리 마음에 거하게 하셨습니다. 우리가 하나님의 자녀라는 사실을 늘 깨닫는다면 얼마나 좋겠습니까! 하나님 아버지께서는 우리를 지극히 사랑하십니다. 어린 아이가 아버지에게 하는 행동을 보십시오. 아버지를 너무나 좋아하는 나머지 그 무릎에 앉아 '이거 안줄 거예요?'라고 조르며 어리광을 부리지 않습니까? 그 아이의 마음에는 아버지의 사랑에 대한 확신으로 가득합니다. 이런 양자의 영 곧, 성령으로 하여금 우리를 소유하게 한다면 그것은 얼마나 큰 축복입니까!

어떤 사람은 성령을 구하여 그 능력의 일부를 받고도, 자신이 맡

앤드류 머레이의 **영적인 삶 바로세우기**

은 일을 부담스러워 하곤 합니다. 하나님의 아들의 영이 날마다 우리 마음에 거하게 하십시오. 성령은 우리를 속박과 두려움의 영 곧, 하나님에 대해 종이라고 느끼게 하는 그릇된 두려움에서 벗어나, 어린아이처럼 쉽게 사귈 수 있게 하는 개방성, 확신, 사랑의 정신을 소유하게 만듭니다. 하나님은 성자 곧, 그분의 아들의 영을 우리 마음에 보내셨습니다. 그러므로 종처럼 살지 말고 아들답게 삽시다.

4 ‖‖‖

믿음으로 행함

바울은 갈라디아서 5장 1절에서 5절에서 이렇게 경고합니다.

> "그리스도께서 우리를 자유롭게 하려고 자유를 주셨으니 그러므로 굳건하게 서서 다시는 종의 멍에를 메지 말라 보라 나 바울은 너희에게 말하노니 너희가 만일 할례를 받으면 그리스도께서 너희에게 아무 유익이 없으리라 내가 할례를 받는 각 사람에게 다시 증언하노니 그는 율법 전체를 행할 의무를 가진 자라 율법 안에서 의롭다 함을 얻으려 하는 너희는 그리스도에게서 끊어지고 은혜에서 떨어진 자로다 우리가 성령으로 믿음을 따라 의의 소망을 기다리노니"

우리는 이 말씀 속에서 주 안에서 믿음으로 의로워져 다시 일하게 된 갈라디아교인들을 보게 됩니다. 그들은 외적 종교 곧, 행위의 종교 안에서 순종을 추구해 오던 사람들이라는 점을 주의해야 합니다. 참된 신자는 성령의 도움으로 믿음에서 비롯된 의의 소망을 기다립니다. 우리는 의인에게 약속된 온갖 축복을 기대해야 합니다. 성령이 여러분에게 가르쳐 주시기 원하는 모든 것은 믿음으로 기대하는 법입니다.

우리의 삶 전체가 믿음을 요구합니다. 그럼에도 어떤 사람들은 이런 질문을 던지곤 합니다. '목사님이 우리에게 열심히 일하라고 가르치지 않았습니까?' 그렇습니다. 하지만 율법 아래서 일하는 것과 은혜 아래서 일하는 것은 전혀 다른 일입니다. 우리에게는 누구도 훔쳐 갈 수 없는 율법이 있습니다. 하지만 그것을 도둑맞은 사람이 얼마나 많은지 모릅니다. 도둑맞지 않기 위해 율법을 우리 마음에 넣을 수는 없습니다. 율법은 무력하기 때문입니다. 그것은 형벌을 줄 수는 있지만, 우리 마음에 영향을 미칠 수는 없습니다. 그러나 믿음은 우리 마음에 큰 영향을 줄 수 있습니다.

믿음과 같은 힘은 세상 어디에도 없습니다. 지금도 금을 캘 수 있다는 소문을 믿고 남아프리카공화국을 찾아 오는 사람들이 많습니다. 금을 캘 수 있다는 믿음은 그들로 하여금 고국을 떠나게 만드는 힘입니다. 믿음은 그리스도인의 삶의 유일한 능력임에도 불구하고, 우리는 율법의 행위에 의해 무언가를 얻으려는 위험에 빠질 수 있습니다. 믿음으로 주님께 나아가 '제 힘으로는 할 수 없사오니, 주님이 제 안에서 역사하여 주옵소서.'라고 구하는 대신, 자신이 무언가를 해야 한다는 생각에 사로잡히기 쉽다는 말입니다. 그래서 사도 바울은 "내가 아무 것도 아니나 지극히 크다는 사도들보다 조금도 부족하지

앤드류 머레이의 **영적인 삶 바로세우기**

아니하니라"(고후12:11)고 말했던 것입니다.

우리는 성령의 도움으로 "의의 소망"(갈5:5) 곧, 날마다 우리에게 임할 온갖 축복들을 기다립니다. 바울은 온갖 방법을 동원하여, 우리의 삶을 충만케 하기 위해 하나님이 보내시는 성령 안에 살면서 일해야 한다고 가르칩니다. 우리의 삶 가운데 매일 아침시간을 구분하여 기도하기 전에 믿음을 연습하고, 믿음으로 행하는 기회로 삼으십시오.

매일 30분씩 하나님의 말씀을 읽고 묵상한 후, 자신에게 필요한 것을 기도로 구하면서도 믿음으로 행하지 않는 사람들이 있습니다. 그들은 자신에게 '하나님이 축복이심을 확실히 아는가?'라고 묻거나, '하나님이 지켜주실 것을 확신하는가?', 혹은 '하나님이 인도해 주실 것을 완전히 믿는가?'라고 묻는 법이 없습니다. 우리가 그들에게 묻는다 해도, 그들은 선뜻 대답하지 못할 것입니다.

기도하러 갈 때마다 '하나님이 듣고 계시다는 사실을 확신하기 전에는 기도하지 않겠어.'라고 말하는 법을 배우십시오. 하나님이 우리 기도를 들으시고 우리를 축복하실 것을 분명히 믿습니까? 그런 확신 속에서 잠시 고요한 마음을 유지한 후에 이렇게 고백하십시오. '하나님, 아버지께서 당신의 자녀를 축복하실 줄 믿습니다.' 그렇게 고백해야 할 이유가 많은데도, 고백 할 마음이 전혀 생기지 않으면 어떻게 해야 할까요? 하나님께 자신의 마음을 솔직히 고백하고, 기꺼이 우리의 모든 것을 포기하겠다고 말씀드리십시오. 그러면 성령에 관한 가르침을 이해할 뿐 아니라, 성령이 우리 안에서 실제로 일하심을 믿을 수 있게 될 것입니다.

성령이 우리 안에 거하시는 이유는 설교와 전도할 능력을 주시고, 매순간 우리 삶을 도우시기 위함입니다. 먹든지 마시든지 무엇을 하든지 성령을 받아 행해야 합니다. 우리의 성품을 다스려 주님처럼 온유한 마음으로 하나님께 헌신하는 데에도 성령을 받아야 합니다. 성령이 인도하시지 않으면, 기도를 통해 교회에 영향을 줄 수도 없습니다. 성령의 충만한 능력을 받지 않으면, 거룩하고 복된 삶을 살 수가 없습니다.

하나님이 성령을 우리에게 주시는 이유는 무엇일까요? 예수님처럼 살게 하기 위함입니다. 주님처럼 우리의 삶을 통해서도 성령의 능력으로만 할 수 있는 일을 나타낸다면 얼마나 좋을까요! 우리가 믿음의 삶을 살면, 하나님이 얼마나 놀라운 방법으로 우리를 만나주시고 축복하시겠습니까!

5

성령으로 행함

바울은 갈라디아서 5장 25절에서 이렇게 경고합니다.

"만일 우리가 성령으로 살면 또한 성령으로 행할지니"

앤드류 머레이의 **영적인 삶 바로세우기**

이제부터 성령으로 사는 것과 성령으로 행하는 것 사이의 차이점을 살펴봅시다. 믿으면 성령을 받아 살 수 있지만, 신자에겐 그것만으로는 충분하지 않다고 바울은 말합니다. 성령으로 행하는 데까지 이르러야 하기 때문이라는 것입니다. 하지만 그 두 가지가 분리된 채 신앙생활하는 신자들이 너무나 많습니다. 그들은 죄를 용서받아 하나님의 자녀가 되기를 열망하지만, 그 후에는 육으로 행하는데 만족해야 한다고 생각합니다. 그래서 교만하고, 성깔을 부리고, 속물근성을 드러내며, 질투하고, 주님에 대해 무관심한 태도를 보이며, 인격적인 사랑이 결여된 모습을 보이고도 어쩔 수 없다고 생각합니다. 이런 모습들은 육의 작용에 의해 나타나는 것으로, 성령으로 살기는 하지만 성령으로 행하지 않는 사람들에게서 발견됩니다.

바울은 성령으로 사는 그리스도인은 성령으로 행해야 한다고 말합니다. '성령으로 행한다'는 말은 무엇을 의미합니까? 행함이라는 단어는 일상생활에서 발생하는 모든 교제 곧, 지인들과의 교제와 세상과의 교제를 모두 포함합니다. 성령으로 행한다는 말은 모든 교제가 성령과의 교제 가운데서 이루어져야 한다는 뜻입니다.

바울이 가르치고자 했던 것은 우리의 가정생활은 물론이고, 교회생활, 돈 버는 일, 돈 쓰는 일, 돈을 기부하는 일과 같은 우리 삶 전체에 성령이 계셔야 한다는 것입니다. 그래서 성령으로 사는 자는 성령으로 행해야 한다고 말한 것입니다. 우리의 모든 삶이 성령 안에서 이루어지게 하는 것은 불가능한 일인가요? 결코 그렇지 않습니다. 그것은 하나님의 마음을 나타낸 말씀입니다. 만일 그리스도인이 하늘나라의 거룩한 삶을 살 수 없다면, 왜 성령을 보내셨겠습니까? 성령은 우리를 거룩하게 하고, 우리 삶에 그리스도가 계시도록 초청하며, 우리를 그분과 하나가 되도록 인도하기 위해 오셨습니다.

갈라디아서 5장 22, 23절은 성령의 9가지 열매를 소개합니다. "사랑과 희락과 화평과 오래 참음과 자비와 양선과 충성과 온유와 절제이니" 어떻게 하면 우리가 그런 삶을 살 수 있을까요? 바울은 현재의 자신보다 더 나은 사람이 되도록 힘쓰라고 말하지 않습니다. 지금보다 두 배나 자비하고, 사랑하는 삶을 살면 그런 열매들을 맺을 수 있습니까? 그렇지 않습니다. 성령의 열매인 사랑과 자비는 매일 매순간 나누는 사랑과 자비를 말합니다. 하지만 어떻게 매일 매시간 사랑을 간직한 채 사랑으로 행할 수 있을까요? 우리가 성령으로 충만하면, 그런 삶을 살 수 있다는 것을 믿어야 합니다. 하나님의 영으로 충만하지 않으면, 매일 매시간 사랑으로 사는 것은 불가능합니다. 성령으로 행하기 위해 자신을 버릴 때, 성령의 능력이 더욱 강해질 뿐 아니라, 우리가 성령으로 살며 성령으로 행할 수 있게 만드시는 하나님의 은혜가 존재함을 알게 될 것입니다. 이제 가장 중요한 문제에 대해 가르친 말씀을 살펴봅시다.

"성령을 따라 행하라 그리하면 육체의 욕심을 이루지 아니하리라"(갈5:16) 이 말씀에는 '어떻게 하면 온갖 육신의 유혹을 물리칠 수 있을까?'라는 질문에 대한 답이 들어 있습니다. 그 답은 성령으로 행하는 것입니다. 성령께서 우리의 삶을 다스리시도록 우리의 주권을 성령께 드리면 육의 욕심을 이루지 않게 됩니다. 비록 육을 벗어날 수는 없지만, 육을 정복할 능력을 소유하게 됩니다. 그 결과로 성령은 우리 삶에 활력을 불어넣고, 삶을 주도하는 능력이 되십니다. 그런 일이 가능한 이유는 하나님이 약속하셨기 때문입니다. 우리가 완전히 어린아이 같은 믿음으로 산다면 하나님이 우리를 그런 삶으로 인도하십니다.

6

성령으로 심음

바울은 갈라디아서 6장 7, 8절에서 마지막으로 경고합니다.

"스스로 속이지 말라 하나님은 업신여김을 받지 아니하시나니 사람이 무엇으로 심든지 그대로 거두리라 자기의 육체를 위하여 심는 자는 육체로부터 썩어질 것을 거두고 성령을 위하여 심는 자는 성령으로부터 영생을 거두리라"

이 당시에 갈라디아교인들은 육의 삶으로 되돌아가 하나님을 열심히 경배하면서도, 자기의(自己義)로 가득한 삶을 살고 있었습니다. 하나님을 기쁘시게 하려는 생각을 지니고 있었음에도 불구하고, 그들 사이에 온갖 종류의 질투와 시기가 끊이질 않았습니다. 바울은 그들의 삶을 보고, 서로 삼키려고 하는 위험에 빠졌다고 지적했습니다. 성령이 우리를 가르치시고, 우리 안에서 일하실 때까지 기다리지 못하면, 육의 능력으로 일할 수밖에 없으므로, 진정한 평강과 행복을 누릴 수 없게 됩니다.

종교적인 육은 자기 노력에서 벗어나지 못하므로, 여전히 죄 많은 육에 지나지 않습니다. 성령 충만을 받지 않은 채 죄를 정복하고 하나님을 섬기려 하는 사람은, 날마다 자기 안에서 죄가 더욱 강한 힘을 발휘하는 것을 발견하게 될 뿐입니다. 그 이유는 육의 힘으로 하나님을 섬기려 하기 때문입니다. 자기, 자기 노력, 자기 확신은 우리를 죄로 인도합니다. 자기와의 싸움에서 승리하고 성령의 열매를 거두려면 육 안에서가 아니라, 성령 안에서 씨를 뿌려야 합니다.

우리의 모든 삶은 씨를 뿌리는 과정입니다. 우리가 하는 모든 말도 씨를 뿌리는 일입니다. 모든 행위도 씨를 뿌리는 일입니다. 온갖 감성과 성품도 일종의 씨앗입니다. 이 모든 씨들을 성령 안에서 뿌려야 합니다. 우리 삶 전체가 삶을 온전케 하시는 성령의 인도에 따르는 삶이 되게 하자는 것입니다. 그 결실로 우리는 성령 안에서 큰 평강과 능력, 기쁨과 축복을 거두게 됩니다.

사랑하는 친구여러분, 우리는 지금까지 거룩한 삶에 관한 갈라디아서의 경고를 살펴보았습니다. 이제 우리에게 필요한 것은 하나님께 구하는 일에 이 진리를 적용하는 것입니다. 하늘에 계신 아버지께서 우리를 기다리고 계십니다. 그 분은 탕자의 비유에 나오는 큰 아들에게 하신 약속을 우리에게도 들려주십니다. '얘 너는 항상 나

앤드류 머레이의 **영적인 삶 바로세우기**

와 함께 있으니 내 것이 다 네 것이란다.' 그럼에도 아버지께 나아가 우리의 것을 달라고 요청하지 않는 이유는 무엇입니까?

아버지께 나가서 바른 삶 곧, 성령의 삶을 가르쳐 달라고 간청합시다. 날마다 성령으로 기도하는 일에 자신을 헌신하고 성령으로 행하며 그 안에서 일하는 법을 배웁시다. 우리 자신을 믿음으로 성 삼위일체 하나님께 드립시다. 그때 성부께서 성자를 통해 우리 영혼의 생명이 되시는 성령을 보내십니다. 하나님은 그것을 날마다 우리의 복된 체험이 되게 하십니다. 아멘!

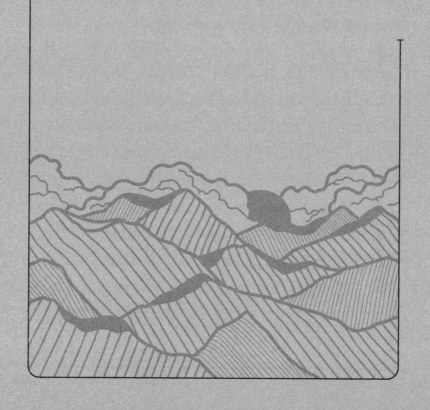

9장

성령 충만의
결과

9장
성령 충만의 결과

"성령으로 충만함을 받으라"(에베소서 5장 18절)

성령의 인도를 따르는 신자들이 받을 놀라운 축복을 보여줌으로써, 우리 안에 거하시며 일하시는 성령에 대한 가르침을 마무리하려고 합니다. 그 근거가 되는 본문은 에베소서 5장 18절 말씀입니다.

"성령으로 충만함을 받으라"는 말씀을 읽고, 성령이 임할 때는 반드시 의식적으로 느낄 수 있는 큰 능력이나, 마음의 큰 감동이나, 하나님의 영광에 대한 중요한 계시나, 사역을 위한 능력이 따른다고 여기는 것은 매우 위험한 사고임을 앞 장에서 밝혔습니다. 그 근거로 폭우로 순식간에 물이 불어나는 강이 있는가 하면, 산에 쌓인 눈이 녹아 서서히 늘어나는 강도 있다는 사실을 예로 들었습니다. 같은 강이라도 폭우가 내려 큰소리를 내며 급류를 이루는 때가 있는가 하면, 산에 덮인 눈이 녹으면서 소리도 없이 서서히 강이 채워지는 경우도 있다는 것입니다. 성령이 임하실 때도 급한 바람소리가 들리고 온 몸이 떨리는 현상을 수반하는 경우가 있는가 하면, 일상생활 속에서 일을 하는 동안에 성령으로 충만한 경우가 있는데, 후자의

앤드류 머레이의 **영적인 삶 바로세우기**

경우가 더 자주 일어납니다. 그럴 때 중요한 일은 '성령이 우리 안에서 행함'이란 무엇을 의미하는지 아는 것입니다. 그것은 세 가지입니다. 성령은 주님의 임재를 경험하게 하고, 주님을 닮아가게 하며, 주님의 능력이 활동하게 만드십니다.

이 세 가지 일들을 더 자세히 살펴봅시다.

1

성령을 통한 주님의 임재

주님이 공생애 3년 동안에 제자들에게 하신 일은 그들과 함께 거하시는 것이 전부였습니다. 주님이 함께 계심으로 인해 그들의 모든 문제가 해결되고, 요구가 충족되었기 때문입니다. 사람들이 문제를 가지고 찾아왔을 때도, 제자들은 '저 여인을 도와주세요'라고 주님께 말씀드리기만 하면 문제가 해결되는 것을 알았습니다.

언젠가 빈들에서 주의 말씀을 듣던 수많은 사람들이 저녁 때가 되어 집으로 돌아가게 되었을 때, 제자들에게 그들이 먹을 것을 주라고 주님이 말씀하신 적이 있었습니다(마14:15, 17 참조). 그들에게는 빵 5개와 물고기 2 마리밖에 없었지만, 주님은 기적을 베풀어 그 문제를 해결하셨습니다. 주님이 함께 계심으로써 그들의 모든 필요가 충족되었던 것입니다.

바다에 큰 놀이 일어나 제자들이 탄 배가 물결에 덮이게 되었을 때, 그들은 "주여 … 우리가 죽겠나이다"^(마8:25)라고 외쳤습니다. 그 순간 그들에게 필요한 모든 것은 주님이 함께 계심이었습니다. 주님이 바다더러 "잠잠하라 고요하라"고 명하시니 곧 바람이 그치고 물결이 아주 잔잔해졌습니다. 주님이 바다 위로 걸어오심을 보고 제자들은 그분을 유령이라고 여겼습니다. 주님이 한 일은 "두려워하지 말라"고 말씀하는 것뿐이었습니다. 그 말씀을 들은 제자들은 안심하게 되었습니다^(마14:27 참조). 제자들이 주님의 가르침이나 인도와 훈계를 원할 때도 주님이 함께 계심은 그들에게 도움이 되었습니다. 모든 문제의 해결은 주님이 함께 계심에 달려 있었습니다.

주님은 우리 곁에 계시는 것이 확실하므로, 아침에 일어날 때나, 하루의 일을 계속하는 가운데 어려움을 만날 때마다 전능하신 주 예수님이 함께 계심을 믿기만 하면, 어떤 문제를 만나든지 완전한 마음의 안식과 기쁨을 누릴 수 있습니다. 주님이 하늘나라로 돌아가실 때가 이르자 제자들은 슬픔에 사로잡혔습니다. 그러나 주님은 떠나시기 전에 "내가 다시 와서"^(요14:3)라고 그들에게 말씀하셨습니다. 또한 "내가 너희를 고아와 같이 버려두지 아니하고"^(요4:18)라는 말씀도 하셨습니다. 성령을 통해 다시 오겠다고 말씀하신 것입니다. 주님은 위로자이신 성령을 보내주시도록 아버지께 구하시고, 제자들이 주님의 계명을 지키면, 주님이 그들에게 오셔서 자신을 나타내시며 아버지와 함께 그들 안에 거할 것을 약속하셨습니다. 그것은 바로 성령을 보내시겠다는 주님의 약속이었습니다.

주님이 가장 먼저 약속하신 일은 성령의 지속적인 임재인데, 그것은 모든 그리스도인이 원하는 것일 뿐만 아니라, 그들의 삶이 요구하는 것이기도 합니다. 우리는 예수님과 동행한다는 것이 무엇인지 알지 못하므로, 주님의 임재를 늘 경험할 수 있도록 친히 우리에게 오셔서 우리 안에 거하기 원하십니다. 이것은 결코 불가능한 일이 아닙니다. 예수님은 우리로 하여금 성령의 지속적인 임재를 능히 알 수 있게 하시기 때문입니다. 어떤 방법을 통해 그렇게 하실 수 있습니까? 성령으로 충만케 하심으로써 성령의 지속적인 임재를 깨닫게 하십니다.

주님께 영광을 돌리는 것은 성령의 가장 중요한 사역입니다. 요한이 기록한 주님의 말씀을 기억하십시오. "나를 믿는 자는 성경에 이름과 같이 그 배에서 생수의 강이 흘러나오리라 하시니"(요7:38) 주님이 십자가에 못 박힘으로써 아버지를 영화롭게 할 때, 하늘에 계신 아버지도 아들을 영화롭게 하기 위해 그리스도의 영이신 성령을 우리에게 보내시기 때문에 우리는 주님이 하늘나라에서 누리시는 영광을 보게 됩니다. 예수님이 "그가 내 영광을 나타내리니 내 것을 가지고 너희에게 알리겠음이니라"(요16:14)고 말씀하신 것도 그 때문입니다. 성령은 우리로 하여금 주님의 임재와 그분의 영광을 깊이 깨닫게 하실 수 있습니다. 주님의 임재는 신자의 삶을 가능하게 만드는 가장 중요한 요소 중 하나입니다.

여러분 가운데에는 영국에서 시작된 케직운동(Keswick Movement)에 대해 들어본 사람들이 있을 것입니다. 그것은 케직이라는 영국 북

부의 작은 지역에서 시작된 영성회복운동을 가리킵니다. 이 운동을 주도하는 사람들은 '영적 삶의 시작'을 위해 헌신했는데, 그들의 핵심 목표는 신자들이 얼마나 연약한 삶과 바른 길에서 벗어난 삶을 살고 있는지 분명히 드러내고, 늘 기쁘고 능력이 넘치는 삶을 살지 못하는 신자들에게 더 나은 길을 제시하는 것이었습니다. 그들은 자신의 연약한 삶이 변화되기 원하는 신자들에게 자신의 잘못을 고백하고, 자기를 성찰하며, 하나님이 그 과정을 주도하시도록 자신을 내어놓고, 자신의 잘못을 깊이 깨달을 때, 참된 삶이 어떤 것인지 하나님의 말씀을 통해 가르쳐 주었습니다.

케직사경회에서는 성령 충만을 강조하기보다는 우리를 죄에서 구원하는 분이자, 죄로부터 우리를 보호하는 분인 예수 그리스도를 주로 가르칩니다. 그 결과로 많은 사람들이 예수님이 그들에게 1단계를 요구하심을 깨닫게 됩니다. 이 단계에서는 많은 시간을 들일 필요가 없습니다. 어떤 것과도 씨름할 필요 없이 자신을 주님 품에 맡기고, 살아계신 주님과 하루 종일 동행하도록 요구하기 때문입니다.

언젠가 한 젊은 선교사를 만난 적이 있는데, 그는 케직사경회에 참석하여 큰 은혜를 받고 돌아오는 길이었습니다. 그 사경회에 참석한 후에 그의 삶에 어떤 변화가 일어났는지 물었습니다. 그는 예수님과 인격적 교제를 나눌 수 있게 되었다고 대답했습니다. 그 말을 조금 더 자세히 소개하려고 합니다. 신자라면 예수님이 좋은 친구라는 사실을 누구나 압니다. 우리가 바른 관계를 맺기만 하면 그분은 하늘나라의 친구이자, 사랑의 근원이 되십니다. 주님의 임재는

앤드류 머레이의 **영적인 삶 바로세우기**

마치 햇빛과 같습니다. 모든 것을 밝게 만들기 때문입니다.

어떻게 하면 늘 주님의 임재를 누리고, 동행하며, 그 사실을 매순간 확인할 수 있겠습니까? 그것은 주님이 우리에게 원하시는 일이기도 합니다. 주님이 대다수의 신자들이 사는 삶의 방식을 보고 기뻐하실 것이라고 오해하지 맙시다. 주님은 사랑이 풍성하신 분이므로 우리와 함께 거하시며, 우리를 온전히 소유하기 원하십니다. 우리는 성령의 능력에 의해서만 주님의 임재를 누릴 수 있습니다.

어떻게 성령의 능력을 힘입을 수 있겠습니까? 그것은 아주 쉽습니다. 이렇게 고백하기만 하면 됩니다. '저는 주님과 깊은 교제를 나누어야 할 신자의 의무를 지금까지 제대로 이행하지 못해 왔어요. 때론 주님을 만난 적도 있지만, 제 맘대로 살면서 주님을 잊은 채 사는 경우가 더 많았어요. 확실히 죄가 되는 일은 범하지 않았지만, 주님과 동행하는 자로서 지녀야 할 거룩하고 온유한 성품을 소유하지 못한 채 지내 왔어요. 주님은 늘 저와 함께 거하기 원하시고, 동행할 수 있도록 지켜주시는 분이니까, 주님의 임재가 영적 삶을 살 수 있게 하는 유일한 비결인 줄 믿어요.' 그 사실을 믿고 고백하며, 주님의 충만한 임재 가운데서 그분을 영접합시다. 매일 매시간 주님이 우리와 함께 거하도록 인도하시는 것은 하나님의 놀라운 뜻입니다.

사랑하는 형제자매 여러분, 우리를 죄에서 구원하는 분이자 우리 영혼의 위로자이신 예수님을 알기 원한다면, 기꺼이 과거의 모든 죄를 고백하고 그분의 고귀한 피로 부끄러운 우리의 죄를 씻지 않겠습니까? 그리고 주님과 온전한 교제를 나누며 살지 않겠습니까? 하나님이 우리 마음 안에서 깊은 소원을 가지고 행하심으로써 우리가 '주님과 완전한 교제를 나누며 살고 싶어요.'라고 고백할 수 있는 준비를 다 갖춘다면 얼마나 좋을까요!

나는 예수님이 우리를 위해 최선을 다해 주시기 원합니다. 주님의 사랑이 하루 종일 우리 마음에 넘치고, 우리를 통해 나타나기 원합니다. 과연 그것이 가능하겠습니까? 그것은 '우리가 성령을 받았는가?'와 '우리 안에서 늘 예수님을 영화롭게 할 목적으로 성령을 받았는가?'라는 두 질문에 대한 우리의 대답에 달려 있습니다. 신자 여러분, 지금 우리 안에는 성령이 거하십니다. 그러므로 부끄러운 가운데 이렇게 고백하는 기도를 드리십시오.

'하나님, 성령이 예수님의 임재를 나타내시도록 허용한 적이 얼마나 적은지 모릅니다. 저의 죄를 용서해 주옵소서. 저의 존재 전체를 성령을 향해 열게 하옵소서. 성령께 제 자신을 모두 드립니다. 저의 존재 전체가 성령의 인도하심에 따름으로써 성령이 늘 제 안에서 그리스도를 나타낼 힘을 온전히 소유하시도록 충만케 하소서.'

성령의 충만함을 구하려면 하나님의 약속을 믿고 깊은 겸손과 믿음으로 자신에게 이렇게 말합시다. '하나님은 진실하시므로 그분의 약속대로 성령이 여기 계셔. 성령은 내 마음을 채우실 수 있는 분이므로, 나는 성령에 의해 주님이 지속적으로 임재하시고, 내 안에서 행하시고, 내 안에서 자신을 나타내시길 원할 거야.' 하나님이 우리를 도우십니다. 사랑하는 친구 여러분, 성령의 첫 번째 활동은 주님의 임재를 나타내는 것입니다.

2

주님을 닮아감

그리스도인이 주님을 닮아가게 되는 것은 부가적인 활동입니다. 신앙생활을 시작한지 얼마 안 된 초신자가 예수님의 임재를 이해하게 되면, 아무리 끊임없이 자신을 성별했다고 해도 수많은 죄, 육, 자기, 실패, 단점이 여전히 남아있다는 사실을 깨닫게 됩니다. 또한 아직도 성화되지 못했거나, 자신을 희생제물로 드리지 못해 성령이 지속적으로 인도해야 할 부분이 너무나 많다는 것도 알게 됩니다. 제자들은 주님을 전혀 닮지 못했음에도 불구하고 주님의 임재를 누렸습니다. 주님은 겸손하셨지만 제자들은 교만했고, 주님은 다른 사람을 위하는 삶을 사셨지만 그들은 자기를 위해 살았습니다. 주님의 임재로 인해 힘을 얻기 원하는 사람들이 많다고 해서, 그들이 모두 주님을 온전히 닮고 싶어 하는 것은 아닙니다. 그들의 힘으로는 주님을 닮을 수 없기 때문입니다. 그들은 이렇게 말할 것입니다. '난 너무 거룩해 지고 싶지는 않아. 주님의 임재에 더 가까워지고 싶기는 하지만 주님을 지나치게 닮고 싶지는 않거든.' 성령은 우리 안에 주님의 임재를 나타내시되, 우리와 분리된 인격으로 자신을 나타내시러 온 것이 아니라, 우리의 삶, 마음, 기질, 성격 안에 거하시는 분으로 자신을 나타내러 오셨습니다. 성령은 우리 안에 주님과 닮은 모습을 나타내기 원하십니다. 그러므로 우리에게 온갖 주님의 특성과 성품이 나타나게 됩니다.

주님의 특성과 성품은 어떤 것입니까? 그것들을 모두 열거할 순 없지만, 주님의 미덕 가운데 중심적인 요소를 밝히는 것은 매우 중요합니다. 주님의 주요 특성은 겸손입니다. 일찍이 주님은 "나는 마음이 온유하고 나의 멍에를 메고 내게 배우라 그리하면 너희 마음이 쉼을 얻으리라"(마11:29)라고 말씀하셨습니다. 또한 끊임없이 "아버지께서 나를 보내시며"(요6:57)라고 말씀하셨습니다. 자신이 종이라는 사실을 사람들에게 알리기 원하셨던 것입니다. 그 말씀에서 주님이 실제로 전하고자 했던 의미는 이것입니다. '나는 내 자신의 주인이 아니므로, 내가 한 말은 내 자신의 말이나 내 자신에 관한 말이 아니라, 아버지께 들은 말씀을 전한 것이다. 내가 한 일도 스스로 한 것이 아니라 아버지께서 보여 주신 일을 행한 것이다.'

주님의 삶은 아버지께 온전히 의지하는 삶이었습니다. 자신의 뜻을 행하기보다는, 아버지로부터 할 일에 대해 가르침을 받고, 자신을 통해 아버지의 뜻을 이루는 삶이었습니다. 그래서 주님은 '나는 자신의 영예를 구하지 않고, 나를 보내신 이의 영예를 구한다. 내 뜻을 이루러 온 것이 아니라, 아버지의 뜻을 이루러 왔다.'고 말씀하셨던 것입니다. 주님에게는 확실한 자기포기가 있었습니다. 자신은 무(無)가 되고, 하나님이 전부가 되시기를 원했습니다. 주님의 주요 미덕은, 자신의 지위와 영광을 모두 하나님께 돌린 겸손이었습니다.

그러면 하나님의 지위와 영광이란 무엇입니까? 하나님이 만유 가운데 전부가 되심을 말합니다. 주님이 우리에게 임하시는 이유는

앤드류 머레이의 **영적인 삶 바로세우기**

우리가 아무 것도 아닌 존재로서 사는 겸손한 지위를 누리게 하기 위해섭니다. 하나님은 예수님에게 할 일을 일러주셨고, 예수님은 자신 안에서 아버지께서 행하실 일과 자신이 할 일을 일러주시기를 구했습니다. 우리가 할 일은 하나님이 우리 안에서 그분의 뜻을 이루게 하는 것입니다. 그것은 주님의 겸비하심을 본받는 일입니다.

예수님은 하나님의 어린양입니다. 우리 가운데에는 그분이 하나님의 어린양이라는 사실을 미처 생각하지 못하는 사람들이 있습니다. 우리 죄를 씻기 위해 주님이 희생제물이 되어 피를 흘리신 일만 생각하고, 그분의 겸비하심에 대해서는 생각하지 않는 것입니다. 인간이 하나님께 돌아오려면 자신을 낮추고 하나님 앞에서 아무 것도 아닌 존재가 되어야 합니다. 하늘에서 오신 주님이 하나님의 어린양이라는 이름을 취하신 이유는 자신이 작고, 온유하고, 진실하고, 겸비한 하나님의 어린양이라는 것을 증명하기 위함이었습니다. 사도 바울이 "자기를 낮추시고 죽기까지 복종하셨으니"(빌2:8)라고 말씀하신 것도 그 때문입니다. 그 말은 '어떤 댓가를 치루더라도 주님을 위해 일할 것이며, 하나님의 뜻을 이루기 위해서는 목숨도 아끼지 않을 것'을 의미합니다.

성령은 깊은 겸비함을 지닌 주님의 영이신데, 우리에게 임하실 때 그와 전혀 다른 성품을 베푸시겠습니까? 우리는 이미 그 답을 알고 있습니다. 성령은 주님의 형상 곧, 하나님을 깊이 의지하고자 하는 마음을 우리에게 심어주기 원하십니다. 그것은 주님의 교회에 절실히 필요한 성품입니다. 오늘날의 교회 안에는 교만, 이기심, 무정함,

이기적인 모습을 지닌 신자들이 너무나 많습니다. 그러므로 우리는 이렇게 기도합시다.

'하나님, 저희로 하여금 주님의 아름다움을 깨닫게 하옵소서. 주님의 겸손으로 서로 사랑하게 하시고, 성령이 우리를 겸손하게 하심을 믿게 하옵소서.'

이제 성령 충만을 받고자 하는 분들에게 말씀드리고자 합니다. 성령 충만을 받기 위해 해야 할 일을 이미 여러 번 소개했지만, 한 번 더 말씀드리려고 합니다. 여기에 '보다 높은 삶'에 대해 들어 본 적이 있는 한 젊은이가 있다고 합시다. 하지만 그는 '저도 그런 삶을 누리고 싶어요.'라고 말하며, 온 힘을 기울임에도 불구하고 그 삶에 도달할 수가 없었던 사람입니다. 그 이유가 무엇일까요? 그의 삶의 모든 면에서 자기 의지와 자기 신뢰가 넘치기 때문이었습니다. 그런 요소들을 버리지 않고서는 '보다 높은 삶'에 이를 수가 없습니다.

주님은 어떻게 영광의 보좌에 앉으셨습니까? 십자가에 달려 죽음으로써 무덤에 내려가셨으므로, 하나님이 그분을 살려 보좌에 앉히셨기 때문입니다. 영광에 이르기 위해서는 죽음에 내려가야 합니다. 이 말은 쉽게 이해할 수 없는 말처럼 보입니다. 우리는 여러분에게 많은 것을 요구합니다. 진실하고, 죄와 싸우고, 모든 일에 희생하고, 보다 높은 삶에 이르기 전까지 쉬지 말고, 그 다음에는 엎드리고, 자신을 아무 것도 아닌 존재로 여기라고 말합니다. 거기에는 틀린 말이 하나도 없습니다.

우리의 영혼 전체를 바쳐 온 힘을 다 기울임에도 불구하고 '이런 수고는 아무 소용이 없다'는 생각이 드는 가운데 더 높은 삶을 살고자 하는 강한 의욕이 솟구칠 때는 자신의 힘으로 할 수 없는 일이라는 마음으로 엎드려 주님 앞에 이렇게 고백해야 합니다. '주님, 제가 여기 있나이다. 저는 아무 것도 할 수 없어 주님 앞에 엎드렸나이다. 저의 자아에 대해 죽고, 두 손 들고 주님 앞에 나왔나이다.' 바로 그 순간에 보다 높은 삶을 살 수 있는 축복이 임하게 됩니다.

주 안에서 형제 자매된 여러분, 성령은 주님의 형상을 우리 마음에 이루기 위해 오십니다. '예수님의 형상'이란 말을 들을 때마다 자주 기억해야 할 일이 있습니다. 그것은 성령이 우리 마음에 심어주실 하나님 앞에서의 자기희생, 겸손, 온유, 가난을 의미합니다. 성령은 주님의 형상을 우리 안에 나타내기 위해 오셨다는 사실을 믿으십시오.

주님의 형상과 그것이 가져다주는 유익을 알았으면 이렇게 기도하십시오. '주님의 임재와 주님을 본받기 원합니다. 주님의 거룩한 삶을 원합니다. 저의 삶 전체가 성령으로 충만하게 하소서.' 하나님은 그 기도에 대한 응답으로 우리를 '성령으로 충만케 하'십니다.

3

주님의 임재와 형상과
능력을 받음

우리는 주의 일을 감당하도록 주시는 능력에 관해 이야기하면서도, 너무 적게 받았다고 불평할 때가 많습니다. 많은 사람들이 그들에게 능력의 세례를 베풀어 주시기를 기도하며, 더 많은 능력을 주시도록 부르짖으며 구합니다. 그것은 필요한 일입니다. 하지만 "권능은 하나님께 속하였다."(시62:11)고 성경이 말합니다. 능력은 하나님에게만 속한 것이라는 말입니다. 하나님은 그 능력을 예수님에게 주셨습니다. 주님이 "하늘과 땅의 모든 권세를 내게 주셨으니"(마28:18)라고 말씀하신 것도 그 때문입니다. 그러므로 영적 능력은 주님 외에는 어느 곳에도 존재하지 않습니다.

주님은 능력을 주시되, 우리 안에 존재하는 힘으로 주시지 않습니다. 여러분은 대규모 공장에 가서 모든 기계를 움직이는 원동력을 제공하는 기관을 본 적이 있을 것입니다. 바퀴나 연결축 자체는 아무 힘도 내지 못하지만, 그것들이 기관에 연결될 때에는 큰 힘을 발휘할 수 있습니다. 주님은 모든 능력의 근원이시지만, 우리가 주님에게 연결되지 않으면 그 능력을 주실 수가 없습니다. 기계가 힘을 얻으려면 필요할 때마다 기관에 연결되어야 하듯이, 우리도 성령 충만을 받으려면 필요할 때마다 주님과 연결되어야 합니다. 능력은 오직 주님에게만 있습니다.

앤드류 머레이의 **영적인 삶 바로세우기**

살아계신 주님은 우리를 통해 일하기 원하십니다. 주님은 "아버지께서 내 안에서 일하신다."고 말씀하셨습니다(요5:17 참조). 일찍이 사도 바울은 골로새서 1장 29절에서 "나도 내 속에서 능력으로 역사하시는 이의 역사를 따라 힘을 다하여 수고하노라"고 말했습니다. 하나님이 내 안에서 일하시므로, 나도 온힘을 다해 말씀을 전하고 있습니다.

사랑하는 친구 여러분, 주님의 교회가 세상에서 해야 할 중요한 일들이 많지만, 우리에게는 세상을 변화시킬 능력이 없습니다. 복음을 한 번도 들어보지 못한 사람들은 너무나 많은데, 교회 안에는 이름만 신자인 사람들이 너무 많습니다. 그들은 그리스도인이지만 아무 능력도 발휘하지 못합니다. 하나님의 백성임에도 불구하고 세상을 너무 닮았을 뿐 아니라, 심지어는 죄로 가득 찬 사람들도 적지 않기 때문입니다. 그러므로 세상에서 교회가 해야 할 일을 감당할 수 있는 분은 살아계신 주님밖에 없습니다.

그러면 어떻게 주님이 그 일을 하실 수 있을까요? 성령이 우리 안에 주님을 나타내시면, 우리 마음이 능력을 얻어, 사람들을 더 사랑하고 그들을 돌볼 수 있을 뿐 아니라, 그리스도의 능력으로 그들에게 말하는 법을 배우기 때문입니다. 그런 일이 불가능하다고 생각하지 마십시오. 그리스도의 능력이 함께 할 때 우리의 말은 많은 열매를 맺기 때문입니다. 어떻게 하면 우리 안에서 활동하시는 주님의 능력을 소유할 수 있겠습니까? 어떻게 하면 믿지 않는 사람들을 찾아가 복음을 전할 수 있겠습니까? 어떻게 하면 주님의 능력이 우리를 통해 일하도록 할 수 있겠습니까?

우리가 성령으로 충만할 때, 주님이 우리와 함께 일하실 수 있습니다. 우리는 섬길 수 있는 능력 받기를 원하지만, 예수 그리스도는 지혜이자 하나님의 능력의 근원이심을 알아야 합니다. 매순간 믿음으로 주님과 함께 일하면, 주님의 능력이 우리 안에서 활동하십니다. 기관의 회전력이 가죽 벨트를 통해 매순간 동력을 공급하듯이, 성령은 늘 우리의 마음으로 하여금 주님의 임재와 능력을 믿고 기다리게 하십니다. 결국 일하시는 분은 우리가 아니라, 우리 안에서 활동하시는 주님이십니다. '성령으로 충만하십시오.'

이제 우리는 '예수 그리스도의 인격'에 대해 살핌으로써, 성령의 사역에 관해 결론을 맺고자 합니다. 지금까지 성령의 사역에 대해 배운 것들을 한 두 문장으로 요약할 수 있겠습니까? 친구 여러분, 성령이 우리에게 충만히 임하시기 위해 기다리고 계신다는 사실에 겸손히 고개 숙여 경배합시다. 그것은 얼마나 복된 비밀입니까! 하나님의 영이 우리 안에 충만히 임하기를 기다리신다고 해서 강제로 성령이 충만하게 할 수는 없습니다. 그분을 움켜쥘 순 없지만, 하나님 발 앞에 엎드려 '아버지, 당신의 영으로 충만케 하옵소서.'라고 간구할 수는 있습니다. 주님이 죽어 무덤에 내려가셨던 것처럼 우리도 자신을 비우고 하나님께 순복합시다.

아울러 하나님이 그리스도를 죽음에서 일으켜 영광의 보좌에 앉게 하셨듯이, 우리에게도 성령을 보내실 것을 전혀 의심하지 마십시오. 예수님이 무덤에 내려가셨듯이, 우리의 무가치함과 무능함 안으로 들어가십시오. 그러면 하나님이 우리를 일으켜 성령으로 충만케 하실 것입니다. 그 다음으로는 의로움을 강력히 추구하십시

앤드류 머레이의 **영적인 삶 바로세우기**

오. 하나님 앞에 엎드려 우리 자신을 낮추십시오. 어려운 문제가 있더라도 염려하지 마십시오. 하나님이 은사와 능력을 부어주실 것을 약속하셨기 때문입니다. 하나님을 기다리십시오. 그러면 하나님이 반드시 우리에게 성령의 충만을 허락하실 겁니다.

마지막으로 필사적인 믿음으로 하나님을 믿읍시다. 반드시 하나님이 우리를 성령으로 충만케 하실 것을 확신합시다. '하나님이 반드시 성령으로 충만케 하실 것을 믿습니다.'라고 고백하십시오. 먼저 온 맘을 다해 자신을 낮추어 하나님을 바라보십시오. 그러면 하나님이 우리를 성령으로 충만하게 하십니다. '하나님, 그것을 구하는 모든 사람에게 복된 체험이 되게 하소서.'

10장

하나님 앞으로
인도하시는
그리스도

10장
하나님 앞으로 인도하는
그리스도

"그리스도께서도 단번에 죄를 위하여 죽으사 의인으로서 불의한 자를
대신하셨으니 이는 우리를 하나님 앞으로 인도하려 하심이라"(벧전 3: 18)

지금부터 베드로전서 3장 18절 말씀을 살피려고 합니다. 이 말
씀은 예수님 사역의 주요 목표를 보여줍니다. 주님이 이 세상에 오
신 목적은 무엇입니까? 그것은 '우리를 하나님 앞으로 인도함'이었
습니다. 우리가 알다시피 '집'과 그 집에 이르는 '길' 사이에는 천양
지차가 있습니다. 화창한 봄날에 사랑하는 사람들과 함께 길 가에
활짝 핀 벚꽃을 감상하며 길을 걸으라고 한다면 걸음마다 기쁨을
누릴 수 있지만, 늘 그 길에 머물라고 하면 결코 만족할 수 없을 것
입니다.

길은 목적지에 이르게 하는 경로입니다. 예수님은 길이고, 그 길
의 목적지는 하나님이십니다. 예수님은 우리를 하나님 앞으로 인도
하기 원하십니다. 그리스도를 아는 것에 만족한 나머지, 하나님을
위해 전혀 시간을 내지 못하는 신자들을 우리 주변에서 자주 볼 수
있습니다. 어떤 사람은 그리스도께 가는 것과 하나님께 가는 것 사
이에 무슨 차이가 있냐고 묻기도 하지만, 그 두 가지 행위 사이에는

앤드류 머레이의 **영적인 삶 바로세우기**

큰 차이가 있습니다.

그리스도 안에서 하나님의 은혜롭고 자비로운 성품을 누릴 수 있지만, 그것은 우리가 알아야 할 하나님의 성품 가운데 한 가지일 뿐입니다. 또한 그리스도 안에서 우리에게 다가오시는 하나님의 겸비하심을 알 수 있지만, 그것은 우리를 의와 거룩함으로 다시금 인도하기 위한 것입니다. 주님이 우리 마음을 얻으려 하시는 이유가 우리를 하나님께 돌아가게 하기 위한 것이라는 사실을 깨닫지 못하면 진정한 능력과 그리스도인의 체험을 다 누릴 수가 없습니다.

주님은 이 세상에 거하는 동안, 자기 힘에 의지하여 살지 않으셨습니다. 주님이 일생 동안 품고 살았던 생각은 이런 것이었습니다. '나보다 더 큰 분이신 하나님이 계시므로, 그분의 뜻에 순종하며 그분이 하시는 일들을 신뢰하는 마음으로 그분을 의지하며 사는 것이 진정한 복이야.' 우리가 주님 안에 거하고 주님이 우리 안에 거해야 한다면, 하나님과 교제하며 의지하는 삶을 살았던 그분의 삶은 당연히 우리 것이 되어야 할 뿐 아니라 거기서 한 걸음 더 나아가야 합니다. 성자 하나님보다 성부 하나님이 더 온전히 계시하시는 거룩한 성품들이 있기 때문입니다.

하나님 경외함을 예로 들어봅시다. 여러분은 신약에서 예수님을 경외한다는 말씀을 읽어 본 적이 있습니까? 물론 없을 것입니다. 그 이유는 예수님이 '사랑'이나 '신실함' 같이, 하나님이 소유하신 성품들을 계시하러 오셨기 때문입니다. 하나님을 경외하는 마음은 예수님의 성품을 이루는 핵심 요소 가운데 하나였습니다. 히브리서 5장 7절은 "그의 경건하심으로 말미암아 들으심을 얻었느라"고 말합니다. 하나님을 경외하는 마음으로 기도드릴 때, 주님의 기도가 받아들여졌다는 것입니다. 예수님은 아버지께 대해 경건한 두려움을 가지고 있었습니다. 우리가 온전한 신자의 성품을 구비하려면, 구약에 계시된 것과 같이 하나님을 경외하는 마음을 소유해야 합니다. 그것은 우리 삶의 근저에서 활동하지만, 가장 어린아이와 같은 이 확신으로 인해 우리는 하나님의 보좌 앞에서 가장 깊이 경외하는 마음을 소유하게 됩니다.

요한계시록에 보면 보좌 앞에 자기의 금관을 벗어드리는 이십사 장로들과 네 생물의 모습이 나타납니다(계4:10 참조). 이사야서에는 스랍들이 날개로 자기 얼굴을 가리는 모습이 등장합니다(사6:2 참조). 우리가 그리스도인으로서 온전한 성품을 소유하려면, 우리로 하여금 티끌 가운데서 경배하게 만드는 하나님의 측량할 수 없는 위대하심을 깊이 인식해야 합니다.

그리스도는 하나님 앞으로 우리를 인도하러 오셨습니다. 그분이 이 세상에 오셔야 했던 이유는 신자들의 마음에 하나님에 대한 경외, 존경, 경배, 흠모가 부족했기 때문입니다. 그것은 신자들이 '하나님 경외함'을 마음의 중심에 두지 않는 데서 비롯된 현상입니다. 우리는 지금 구속(救贖)에 대한 신학 논문을 한 편 살피려는 것이 아닙니다. 신자라면 누구나 구속의 의미를 알고 있기 때문입니다.

우리가 살피고자 하는 것은 구속의 실제적 측면입니다. 신학교에서 훈련받고 있는 주의 일꾼들을 더 잘 돕는 길은, 구속을 바로 이해하고 명철한 사고를 소유하도록 도와주는 것보다 하나님이 누리신 것과 같이 온전한 실제적 삶에 이르게 하는 일일 것입니다. 그런 삶에 한 걸음 더 가까워질 수만 있다면, 우리의 배움과 행위는 성령의 도우심에 의해 더욱 뛰어나고 온전한 열매를 거두게 될 것입니다.

어떻게 하면 예수님이 우리를 하나님 앞으로 인도한다는 사실을 더 쉽게 설명할 수 있을까요? 이런 방식이 효과적일 것 같습니다. 우리는 일상생활 속에서 하나님 앞으로 인도되어 사는 것이 필요합니다. 아침 기도 시간을 예로 들어봅시다. 어떤 사람은 아침이 되면 그리스도께서 우리를 하나님 앞으로 더 가까이 인도하기 위해 오신다는 생각으로 자리에서 일어납니다. 하루 종일 온전히 하나님 앞에서 살려면 어떻게 하루를 시작해야 합니까?

이제 그리스도께서 우리를 하나님 앞으로 인도하시는 방법들을 살펴봅시다. 어떤 그리스도인이 하나님 앞에서 행하고자 하는 강한 소원을 가지고 있다고 합시다. 그는 하나님으로 최대한 충만해지기를 원합니다. 어떻게 하면 그 소원을 이룰 수 있습니까? 이제 몇 가지 실제적인 생각들을 소개하려고 합니다.

1

하나님께 본연의 지위를
돌려드리게 함

어떤 사람 앞에 나아가려면, 먼저 그가 누구인지 알아야 합니다. 우리가 만날 사람이 황제나 왕이라면, 종을 만날 때와는 다른 마음을 가지고 나가야 합니다. 만날 사람이 친구라면 우리 마음에 기쁨이 넘칠 것입니다. 하나님 앞에 나갈 때도, 그분이 누구이신지 먼저 알아야 합니다. 그리고 하나님께 경배하기 전에 우리는 그분을 향해 이렇게 말해야 합니다.

'전능하신 하나님, 거룩하신 만유의 하나님!'

하나님은 죄를 범하거나 죄의 그림자조차 지닐 수 없는 분으로서 죄를 없애기 원하는 분이십니다. 또한 사랑 자체이시므로, 자신을 기꺼이 우리에게 나누어 주기 원하십니다. 어느 곳에나 현존하시는 분으로서 우리와 함께 계시며, 자신을 우리에게 나타낼 수 있는 분이기도 합니다. 그러므로, 하나님을 가까이 하고 싶으면 이렇게 고백해야 합니다.

'하나님, 제 영혼이 겸손히 침묵하는 가운데 신뢰하는 마음으로 경배하며 기도드립니다. 하나님이 지금 여기에 계심을 믿습니다. 하나님은 세상 만물의 창조주이시며, 저희 생각으로는 다 이해할 수 없는 분이시며, 소멸하는 불이시며, 사랑 자체로서, 저희에게 자신을 온전히 나누어 주기 원하시는 분이심을 믿습니다. 그러나 저는 하나님을 제대로 알지 못할 뿐 아니라, 아는 것이 너무나 적습니다.

어떻게 하면 하나님께 가까이 나아갈 수 있는지 가르쳐 주세요'

2

자신이 누구인지를 알게 함

하나님께 합당한 지위를 돌려 드린 후에는 우리 자신에게 어울리는 지위도 회복해야 하기 때문입니다. 피조물인 우리에게는 거룩함이 없을 뿐 아니라, 하나님이 주신 것 외에는 어떤 선한 요소도 없습니다. 하나님의 영광을 나타낼 수 있는 도구라는 점을 제외하면, 실로 우리는 아무 것도 아닌 존재입니다. 그러므로 주님이 우리를 하나님 앞으로 인도하기 전에, 자신의 무가치함을 먼저 깨달아야 합니다. 우리는 피조물인 동시에 죄인입니다. 그 두 가지 이유만으로도 우리는 더 낮은 자리에 거해야 마땅합니다.

사도 바울은 자신이 '죄악의 괴수'라는 점을 결코 잊지 않았습니다. 회심하기 전에 주님의 제자들을 핍박했던 자신의 행위를 잊지 않았고, 노년에 이르러서도 주님 앞에서 고개를 숙이며 **"죄인 중에 내가 괴수니라"**(딤전1:15)라고 고백했습니다. 그것은 날마다 짓는 죄를 가리키는 말이 아닙니다. 자신이 주님을 모독했던, 20년도 더 지난 과거에 지은 죄에 대해 말하고 있는 것입니다.

한 나라의 황제를 만나면, 예법에 따라 절해야 합니다. 하나님을 만나는 데도 지켜야 할 예법이 있습니다. 그것은 하나님 앞에 나아오기 전에 자신을 부정하는 것입니다. 우리는 구속받은 죄인이므로, 하나님 앞에서 더욱 겸손해야 합니다. 우리의 자리는 말석(末席)입니다. 하나님은 우리의 부르짖는 기도를 듣기 위해 기다리고 계십니다. 하지만 죄인인 우리가 어찌 감히 하나님과 교통할 수 있을까요? 그것은 예수 그리스도께서 우리를 하나님께 인도하기 때문입니다.

3

주 안에 우리의 자리를 정하게 함

첫째 단계는 하나님께 합당한 지위를 돌려 영광의 보좌에 앉게 해 드리는 것이고, 둘째 단계는 하나님 앞에서 우리의 자리를 정하는 것이었습니다. 셋째 단계는 예수 그리스도 안에 우리의 자리를 정하는 것입니다.

신자라면 누구나 구속(救贖)이 무엇인지 알고 있습니다. 그것은 주님의 보혈에 의해 주님과 가까워지고, 하나님의 은혜로 죄를 용서받음을 의미합니다.

우리는 지금 하나님을 가까이 하는 삶으로 인도되기 원합니다. 우리에겐 그 일을 행하시는 주님이 필요합니다. 주님은 어떻게 우리

앤드류 머레이의 **영적인 삶 바로세우기**

를 하나님 앞으로 인도하십니까? 예수 그리스도 안에 우리의 자리를 정하고, 믿음과 성령의 인도로 자신이 주님과 하나라는 사실을 믿으십시오. 그리스도께서는 아버지 앞에 계시고, 우리는 주님 안에, 주님은 우리 안에 계십니다. 포도나무 가지가 나무에 붙어있고, 손가락이 몸에 붙어 있는 것보다 더욱 친밀한 생명의 연합에 의해 우리는 그리스도 안에, 그리스도는 우리 안에 계십니다.

하나님 앞에 나가기 원하면, 하나님께 가장 가까운 곳에 자리를 잡아야 한다고 히브리서 기자는 말합니다(히4:16 참조). 우리가 하나님의 보좌 앞에 담대히 나갈 수 있는 근거는 주님의 피의 효력에 있습니다. 살아있는 대제사장이신 주님은 우리가 자신의 피의 효력을 힘입어 하나님께 나오기를 기다리고 계십니다. 주님은 우리 안에서 우리를 위해 일하시는 동안 우리와 따로 떨어져 계시는 것이 아닙니다. 그분이 친히 "너희가 내 안에, 내가 너희 안에"(요14:20) 있다고 말씀하셨기 때문입니다.

주님과 연합하여 산 교제를 나눔으로써 주님은 자신을 우리에게 나타내시고, 우리는 끊임없이 믿음으로 성소의 휘장 안에 들어가 하나님의 생명, 마음, 사랑을 힘입게 됩니다. 그곳에서 우리는 하나님을 경배하며 이렇게 고백하게 됩니다. '저는 더 이상 나갈 수 없을 정도로 하나님께 가까운 곳에 있습니다. 왜냐하면 주님이 제 안에 계시듯이 저도 하나님의 아들 안에 거하니까요.'

예수님은 우리를 하나님 앞으로 인도하러 이 세상에 오셨습니다. 우리는 주님 안에 있고, 그분은 우리 안에 산 인격으로 거하십니다.

주님은 우리를 아버지께 소개하시며, 아버지 앞에 거할 때 우리가 해야 할 일과 아버지께 나아갈 때를 성령을 통해 가르쳐 주십니다. 그것은 신자로 하여금 하나님이 어떤 분인지 알고, 이해할 수 있도록 그분과 교제하는 삶에 들어가게 하기 위함입니다.

어떤 사람들은 성소의 휘장 안, 곧 지성소 가까운 곳에 거함 자체를 큰 성취로 여깁니다. 하지만 그것은 우리가 누릴 복된 삶의 첫걸음에 지나지 않습니다. 왜냐하면 우리가 그곳에 거하는 동안에 존재 전체에 하나님의 빛을 비추어 주시고, 그분의 거룩함을 나누어 주실 뿐 아니라, 우리로 하여금 하나님을 경배하고, 자신을 아무것도 아닌 존재로 여기고, 불가능하다고 생각해온 겸손한 마음에 이르게 하심으로써, 헤아릴 수 없을 정도로 새로운 성령의 충만함을 받게 할 수 있기 때문입니다.

사랑하는 친구 여러분, 그리스도는 우리를 하나님 앞으로 인도하러 오셨습니다. 그것은 하나님이 우리를 사랑하시고 받아들인다는 의미이자 하나님이 우리를 사랑하시고 우리도 그분을 사랑한다는 것을 나타냅니다. 그것은 가장 친밀한 교제를 나누며, 사랑으로 하나가 되어 동행함을 뜻하기도 합니다. 하나님으로 충만하려면 공허한 것을 다 버리십시오. 그러면 하나님이 우리에게 임하셔서 그분의 충만함을 쏟아 부으실 것입니다.

예수님은 우리를 하나님 앞으로 인도하기 위해 죽으셨으므로, 그분의 일이 하나님의 임재를 통해 우리 안에서 이루어지고, 우리는

앤드류 머레이의 **영적인 삶 바로세우기**

하나님을 위해 마땅히 할 일을 하는 법을 배워야 합니다. 하나님 앞이란 간구의 장소입니다. 오늘날의 교회 전체에 대한 안타까움은 그리스도인들이 너무나 적게 기도한다는 것입니다. 봉사하는 신자들은 많지만, 기도하는 신자들이 너무나 적습니다. 그 이유는 하나님께 해야 할 일 보다 사람들에게 할 일에 더 많은 관심을 쏟기 때문입니다.

사랑하는 친구 여러분, 우리 마음에서 솟아나 다른 사람들을 향해 흘러야 할 그리스도인의 삶과, 사랑과 능력의 샘은 하나님의 보좌에서 비롯됩니다. 지존자이신 하나님과 교제하며 그분 앞에서 기다릴 때에만, 하나님의 사랑이 우리를 통해 흐를 수 있습니다. 언젠가 한 전도사역자에게 그런 체험을 해 본 적이 있느냐고 물어 보았습니다. 그는 오래 동안 복음을 전해왔지만 하나님의 사랑에서 비롯되어 죄인을 깊이 사랑하는 마음을 한 번도 느껴본 적이 없었다고 고백하며 그 사실이 슬프다고 말했습니다.

우리는 어디서 그런 사랑을 받을 수 있습니까? 하나님 앞에 나갈 때에 그런 사랑을 받을 수 있습니다. 거기서 간구하는 법을 배워 하나님께 조용히 간구를 드리는 가운데 교회와 세상의 짐을 질 수 있을 만큼 강건해지게 됩니다. 하나님을 가까이 하면 하나님의 벗이 되므로, 그분이 우리의 간구에 응답하시리라는 것도 알게 됩니다. 지금 여러분의 삶은 그리스도께서 하나님 앞으로 인도하는 표시를 분명히 나타내고 있습니까?

4 |||||||||||||||||||||||||||||||||||||||||||||||||||||||||||||||||||||||||||

그리스도께서
우리를 인도하게 함

우리가 하나님을 가까이 하는 삶을 지속적으로 누리려면 그리스
도께서 우리를 하나님 앞으로 인도하게 해야 합니다.

설교자들 가운데에는 청중을 향해 설교할 때 하나님의 임재를
강력히 느끼게 하는 분들이 있습니다. 언젠가 런던에서 열린 대규
모 국제사경회에 관한 이야기를 들은 적이 있습니다. 당대의 명설
교자들이 인도하는 그 사경회에서, 유독 한 설교자가 말씀을 전하
기만 하면 소란스런 군중들이 숨을 죽여 가며 경청하는 현상이 나
타나곤 했습니다. 그를 통해 하나님의 임재가 강력히 나타났기 때
문이었습니다.

일생을 기도에 헌신한 조지 뮬러처럼 그가 설교할 때마다 하나님
의 임재가 강하게 나타나곤 했지만, 그 사실을 분명히 깨닫는 사람
은 거의 없었습니다. 그는 바로 인도선교사 조지 보웬[3]이었습니다.
어떤 사람이 그에게 '청중들로 하여금 하나님의 임재의식을 강하
게 느끼게 하는 비결이 무엇인가요?'고 묻자 그는 '이곳에 있는 어
떤 분보다 하나님이 저와 가까이 계심을 알고 있기 때문입니다.'라
고 대답했습니다.

---

3   조지 보웬 George Bowen, 1816-1888
     인도선교사, 백인 성자로 불리웠고 7개 국어를 사용할 수 있었던 사역자

앤드류 머레이의 **영적인 삶 바로세우기**

그것은 우리 모두가 바라는 일이 아닙니까? 사람들을 만나거나, 일을 하거나, 업무를 수행하거나, 시험에 빠져 어려움을 겪을 때나, 영원하신 하나님의 임재는 아침부터 저녁까지 매순간 지속됩니다. 어떤 사람들은 과연 '그것이 가능한가?'라고 묻습니다. 전에 여러 분에게 물은 적이 있지만, 다시 묻고 싶은 말이 있습니다. '여러분은 햇빛을 받는데 어떤 대가를 지불합니까?' 우리는 책을 읽을 때나, 누구인지 알기위해 사람의 얼굴을 들여다 볼 때나, 직장에서 일할 때나 집안일을 할 때나, 하루 종일 언제나 무료로 햇빛을 이용할 수 있습니다. 하나님이 우리에게 주신 것이므로, 해가 본연의 임무를 수행하는 동안, 우리는 매순간 그 햇빛을 마음껏 누릴 수 있습니다.

여러분은 하나님이 우리 몸을 위해 햇빛을 주시는 것보다 더 많은 은혜를 우리 영혼을 위해 베푸실 것이라고 생각하지 않습니까! 낮이 계속되는 동안에 어둠 속에서 지낼 필요는 없습니다. 우리가 매순간 주님의 임재 가운데 거하도록 은혜를 베푸시기 때문입니다. 예수님은 우리를 하나님께로 인도하기 위해 죽음을 당하셨습니다.

이제 "더 좋은 소망"에 대해 가르치는 히브리서 7장 19절 말씀에 귀를 기울여 봅시다. "이에 더 좋은 소망이 생기니 이것으로 우리가 하나님께 가까이 가느니라" 25절 말씀도 읽어봅시다. "자기를 힘입어 하나님께 나아가는 자들을 온전히 구원하실 수 있으니" 우리가 이런 축복을 구하며, 주님이 우리를 하나님께 나가게 하심으로써 매순간 하나님의 임재 가운데 살게 하신다는 것을 믿으면, 주님이 우리 삶 속에서 반드시 그 일을 성취하십니다. 주님은 우리를 하나님께 가까이 나가게 하기 위해 고난을 겪으셨습니다.

사랑하는 친구 여러분, 우리가 하나님의 자녀임이 확실하듯이 우리의 삶이 하나님으로 충만할 수 있음 역시 확실합니다. 그래서 바울은 에베소서 3장 16절에서 "그의 성령으로 말미암아 너희 속사람을 능력으로 강건하게 하시오며"라고 말합니다. 하나님은 자신에게 충만한 것으로 우리가 충만해질 때까지, 성령의 능력으로 우리의 속사람을 강건하게 하기를 원하십니다. 그것은 고차원적 체험을 가리킨다고 생각하기 쉽지만, 실제로는 하나님의 복된 임재, 그분의 거룩하신 뜻과 거룩한 활동이 우리 안에 충만하리라는 믿음을 소유한 신자와 하나님이 함께 거하기 원하심을 의미합니다. 그리스도는 우리가 하나님께 더 가까이 나가도록 인도하기를 원하십니다.

한 가지 더 알아야 할 일이 있습니다. 예수님이 우리를 인도하실 때, 우리 뜻은 하나님 뜻에 완전히 일치되기 마련입니다. 우리 뜻을 하나님 뜻에 어긋나게 하면 안되므로, 우리 의지로 하나님 뜻을 이룰 수 없음을 슬퍼하지 말고, 우리 자신으로 하여금 늘 하나님의 빛과 임재의 축복을 누리게 해야 합니다.

예수님은 우리를 하나님께 가까이 나가도록 이끄시려고 이 세상에 오셨습니다. 우리에게 요구되는 것은, 우리가 주님 안에 거하고 주님이 우리 안에 거하심을 아는 믿음과, 살아있는 인격으로서 하나님의 뜻을 우리 안에 온전히 나타내시고, 자신의 성품과 생명을 우리 안에 불어 넣으실 주님을 믿고 자신을 맡기는 일입니다. 주님은 우리 안에 거하시며, 주님의 삶을 사셔야 합니다. 우리 자신과 분리된 채 마음 한 구석에 거하는 분으로 여기지 말고, 우리 마음, 삶, 사고 안에 거하며 우리의 모든 행위의 주체로서 의지력을 발휘하며 사심으로써 우리를 통해 주님의 삶을 사시도록 해야 합니다.

그로 인해 우리 안에 주님의 형상이 이루어지고, 하나님은 우리 안에서 주님의 형상을 보시게 됩니다. 그와 같이 주님이 우리 안에서 그분의 성품과 성령을 나타내심으로써 우리는 하나님께 가까이 나가 더 깊은 교제를 나누게 됩니다.

사랑하는 친구 여러분, 하나님은 우리가 그리스도 안에서 그분 앞으로 나오기를 원하십니다. 하지만 지금도 하나님을 멀리 하며 사는 신자들이 얼마나 많습니까? 그들은 죄를 용서받고 하나님 앞으로 나갈 수 있게 되었다는 사실에 만족합니다. 그러나 하나님 앞에 나가기위해 실제적, 영적, 체험적으로 자신을 하나님께 드리지 않았다면, 자신이 진정한 그리스도인인지 아닌지 확인해야 합니다. 앞 장에서 성령 충만, 능력의 세례, 성령이 주관하시는 삶에 대해 말했지만, 하나님을 섬기는데 자신의 삶을 바치고, 거룩한 삶을 살기 원하는 새신자들은 한 가지 사실을 잊지 말아야 합니다. 그것은 우리 삶 속에서 하나님을 더욱 소중히 여기는 일입니다. 우리의 믿음은 하나님을 모시는 만큼 성장합니다. 신앙이 더 자라기 원한다면, 우리 마음에 하나님을 더욱 많이 모셔야 합니다. 신앙의 성장과 큰 능력받기를 간절히 사모하면서도 우리 마음에 하나님을 더 많이 소유할 생각을 하지 않는 다면 그것은 잘못된 믿음입니다. 하나님이 우리를 지으신 이유는 우리를 하나님으로 충만하게 하기 위함입니다. 주님이 우리를 구속하신 이유도 동일합니다.

이제 주님 앞에 나아와 그분 본연의 일을 하게 합시다. 성령으로 충만한 삶에 대해 더 살피기 전에 그리스도는 우리를 하나님 앞으로 인도하기 위해 오셨다는 놀라운 사실을 분명히 깨달읍시다. 여러분은 지금 이 책에서 무엇을 찾고 있습니까? 이 책에서 찾고 있는 것이 새로운 진리나 사고방식을 얻는 것입니까? 아니면 예수님이 우리를 하나님께로 인도하게 하기 위함입니까? 예수님이 우리를 하나님께 인도해 주시도록 1분 동안 구하는 것이, 다른 제목으로 20분 동안 기도하는 것보다 신자의 삶에 더 유익한 결과를 얻게 할 것입니다.

우리는 기도할 때, 멀리 떨어져 계시는 하나님께 찬양, 죄의 고백, 청원을 드리는 경우가 많습니다. 우리의 삶이 변화되고, 하나님이 우리 삶에 임하시며, 하나님이 우리 삶 전체를 주관하시기를 원한다면 가장 먼저 이렇게 구하십시오. '성자 예수님, 저를 아버지 앞으로 인도하소서.' 그리고 깊이 경배하는 마음을 가지고 주님 앞에서 기다리십시오. 주님을 우리에게 나타나게 하시는 것은 하나님의 일입니다. 영원하신 하나님이 여기 계시며, 우리의 삶을 주관하기 원하시며, 그분 자신을 우리에게 알리기를 기뻐하신다는 믿음을 가지고 경배하십시오. 그리고 하나님의 응답을 기다리십시오. 깊은 겸비함을 가지고 경배하며 하나님이 긍휼하심을 베풀어 우리에게 임하셔서 자신을 나타내시기를 구하십시오.

주님을 영접한 지 얼마 안 된 신자들은 모든 진리를 이해하려고 힘쓰면서, 멋진 생각을 발견할 때마다 기뻐하는 모습을 보이곤 합니다. 하지만 그들이 온전히 하나님을 위해 살기로 결심하는 그 결심 속에 얼마나 많은 '자기 확신'이 포함되어 있는지 미처 깨닫지 못합니다. 나는 하나님이 그들의 연약함을 알게 하심으로써 '자기'를 버릴 줄 아는 믿음으로 인도해 주시길 기도합니다.

마태복음 26장 35절에 보면 "내가 주와 함께 죽을지언정 주를 부인하지 않겠나이다"라는 베드로의 고백이 나옵니다. 그것은 불완전한 '자기 확신'이었습니다. 자신은 옥에 갇히거나 죽을 각오도 되어있다고 말하지만, 그것은 '자기 확신'에 지나지 않습니다. 주님은 베드로가 그분을 부인할 때 비로소 그것을 깨닫게 하셨습니다. 그는 세 번이나 주님을 모른다고 부인하고 나서 그 사실을 깨닫고 통곡했습니다.

우리의 온 힘을 다해 이렇게 구하십시오. '오, 하나님 저를 겸손하고 온유하게 하시고 하나님을 경외하는 마음과 함께 당신의 영광이 제 마음에 넘치게 하소서.' 그 결과로 우리의 기쁨이 사라진다고 해도 결코 두려워하지 마십시오. 그로 인해 우리의 존재 깊은 곳에 믿음이 뿌리를 내리기 때문입니다.

예수님은 우리를 하나님 앞으로 인도하기 위해 큰 고난을 겪으셨습니다. 어떤 고난을 겪으셨습니까? 아무 것도 아닌 존재로 여김을 받으셨습니다. 그것은 주님에게 너무나 큰 아픔이었습니다. 그분은 우리를 하나님 앞으로 인도하기 위해 모든 고난을 참아내셨습니다. 여러분은 하나님 앞으로 나가기 위해 따로 시간을 내고, 그에 따른 온갖 수고도 감수할 준비가 되었습니까? 그렇게 하면 주님이 하시는 일을 더 잘 알게 될 뿐 아니라, 주님의 일에 대한 우리의 이해와 인식에도 더욱 풍성한 열매를 맺게 될 것입니다.

앤드류 머레이의 **영적인 삶 바로세우기**

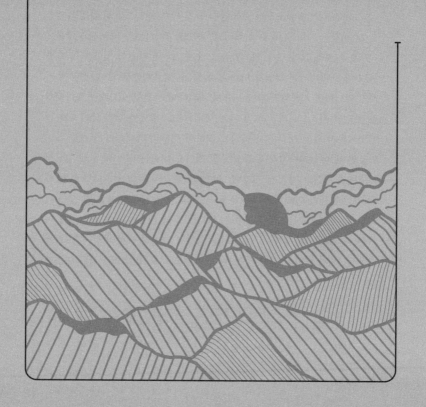

11장

우리 안에
사는
그리스도

11장
우리 안에 사는 그리스도

"나는 참 포도나무요 내 아버지는 농부라 무릇 내게 붙어 있어 열매를 맺지 아니하는 가지는 아버지께서 그것을 제거해 버리시고 무릇 열매를 맺는 가지는 더 열매를 맺게 하려 하여 그것을 깨끗하게 하시느니라 너희는 내가 일러준 말로 이미 깨끗하여졌으니 내 안에 거하라 나도 너희 안에 거하리라 가지가 포도나무에 붙어 있지 아니하면 스스로 열매를 맺을 수 없음 같이 너희도 내 안에 있지 아니하면 그러하리라 나는 포도나무요 너희는 가지라 그가 내 안에, 내가 그 안에 거하면 사람이 열매를 많이 맺나니 나를 떠나서는 너희가 아무 것도 할 수 없음이라 사람이 내 안에 거하지 아니하면 가지처럼 밖에 버려져 마르나니 사람들이 그것을 모아다가 불에 던져 사르느니라 너희가 내 안에 거하고 내 말이 너희 안에 거하면 무엇이든지 원하는 대로 구하라 그리하면 이루리라 너희가 열매를 많이 맺으면 내 아버지께서 영광을 받으실 것이요 너희는 내 제자가 되리라 아버지께서 나를 사랑하신 것같이 나도 너희를 사랑하였으니 나의 사랑 안에 거하라 내가 아버지의 계명을 지켜 그의 사랑 안에 거하는 것 같이 너희도 내 계명을 지키면 내 사랑 안에 거하리라 내가 이것을 너희에게 이름은 내 기쁨이 너희 안에 있어 너희 기쁨을 충만하게 하려 함이라 내 계명은 곧 내가 너희를 사랑한 것 같이 너희도 서로 사랑하라 하는 이것이니라"(요 15:1-12)

이제부터 주님이 우리 안에 사시는 삶에 대해 말하고자 합니다. 그것은 요한복음 15장에 나오는 포도나무 비유를 통해 알 수 있습니다. 포도나무와 가지 사이의 결합보다 더 가깝고 친밀한 결합은 어느 곳에도 없습니다. 나무의 수액은 어떻게 해서 가지에서도 발견되는 걸까요? 포도나무의 종류는 정말 다양하지만, 나무에 흐르는 수액과 가지에 있는 수액이 일치하는 현상은 어떤 품종에서나 동일하게 나타납니다. 그러므로 주님 안에 거하는 생명과 동일한 생명과 성령이 우리 안에도 있어야 한다는 것이 이 장에서 배울 핵심 교훈입니다.

먼저 요한복음 15장 1절부터 12절까지 말씀을 읽어보면, 우리의 삶은 예수님과 완전히 일치된 삶이어야 함을 말씀하고 있습니다. 우리가 예수 안에서 소유한 놀라운 생명의 영광을 나타내 주시도록 하나님께 구하고, 하나님은 지금이라도 우리에게 확실한 축복을 줄 수 있는 분이라는 것을 믿으며 기도드립시다.

우리는 주님 안에서 소유하게 된 신자의 삶의 목표가 무엇인지 알기 원합니다. 문제는 예수님이 우리를 하나님께 나가도록 인도하기 위해 하시려는 일이 무엇인가 하는 것입니다. 과연 하나님은 어떤 방식을 통해 우리로 하여금 그분이 원하시는 삶을 살 수 있게 만드실까요? 우리는 예수님을 생각할 때, 우리의 소원을 들어주시고 도와주시는 외적인 모습을 떠올리는 경우가 많습니다.

거액의 선교 후원금을 드린 사람은 우리의 조력자가 될 수는 있지만, 그와 우리가 연합한 것은 아닙니다. 우리의 후원자가 될 수는 있지만 그와 우리가 근본적으로 하나가 된 것은 아니라는 말입니다. 어쩌면 그를 다시 못 볼 수도 있습니다. 많은 신자들이 주님을 자신과 분리된 채 따로 존재하시는 분으로 이해합니다. 이런 사람들은 주님의 구원의 기쁨을 온전히 누릴 수 없습니다.

주님은 하늘나라에 거하실 뿐 아니라 그분의 가지인 우리 안에도 지금 거하고 계심을 믿어야 합니다. 우리 영혼에 임하신 주님은 우리 안에 거하시며 우리의 내적 삶을 주관하심으로써 우리로 하여금 하나님의 자녀로서 살게 하는 분입니다. 어떤 사람들은 주님을 우리 마음 어디엔가 오셔서 살고 계시는 분으로 생각하기도 합니다. 주님은 우리와 근본적으로 다른 존재로서 따로 거하시며, 필요할 때에만 우리 안에서 일하시는 분이라는 것입니다. 그것은 매우 잘못된 생각입니다. 주님은 그런 방식으로 일하시지 않으십니다.

주님은 우리에게 오셔서 우리의 생명이 되십니다. 우리 마음과 존재의 중심에 거하시며, 우리의 의지, 사고, 감정, 삶 속에서 전능하신 하나님의 능력으로 사십니다. 이 사실을 이해할 때, 우리 영혼은 하나님을 경배하며 그분을 신뢰하게 됩니다. 우리는 살과 피를 지닌 육체에 의해 살지만, 우리의 참 생명은 우리 안에 거하시는 주님입니다. 여기서 우리가 잘 아는 갈라디아서 2장 20절 말씀을 살피고자 합니다.

"내가 그리스도와 함께 십자가에 못 박혔나니 그런즉 이제는 내가 사는 것이 아니요 오직 내 안에 그리스도께서 사시는 것이라 이제 내가 육체 가운데 사는 것은 나를 사랑하사 나를 위하여 자기 자신을 버리신 하나님의 아들을 믿는 믿음 안에서 사는 것이라" 여기서 분명히 말하고자 하는 점은 그리스도는 우리 안에 살지만, 우리도 모르는 가운데 주님의 능력으로 사시는 것은 아니라는 것입니다.

주님은 우리를 초청하셔서 그분의 삶이 무엇인지 알려 주십니다. 그러므로 진정으로 그분의 삶을 원한다면 우리의 삶을 버려야 합니다. 주님의 삶에 관한 오해들도 다 버려야 합니다. 주님이 우리 안에서 사시는 삶이 어떤 것인지 진정으로 알려고 힘쓰지 않으면, 능력 있는 그리스도인의 삶을 살 수가 없습니다. 지금 살아계신 주님으로 하여금 우리 안에서 사시게 합시다. 그러기 위해서는 주님이 우리에게 모범으로 제시한 삶을 알려고 힘써야 합니다.

우리 힘으로는 주님을 본받을 수 없습니다. 주님이 우리를 위해 자신의 삶을 사시며, 그 삶을 우리에게 나누어 주심으로써 그분을 본받을 수 있습니다. 세 살배기 어린아이가 '아빠가 할 수 있는 일은 뭐든 나도 할 수 있어.'라고 장담한다면 얼마나 어리석은 말일까요? 우리 힘으로 주님처럼 행하려 하는 것도 얼마나 어리석은 일입니까! 성경은 우리에게 주님을 본받아야 한다고 말합니다. 우리도 주님처럼 행할 수 있다고 말합니다. 그 이유는 "내 안에 그리스도께서 사시"(갈2:20)기 때문입니다. 살아계신 주님으로 하여금 우리의 뜻과 소원을 주관하시게 하면 우리도 주님과 동일한 삶을 살 수 있다는 것은 공허한 이론이 아닙니다.

이제 주님이 세상에서 아버지와 함께 사셨던 삶이 어떤 것이었는지 살펴봅시다. 그것은 우리 안에 사시는 주님의 삶과 동일할 수밖에 없습니다. 왜냐하면 그리스도는 오직 한 분이시기 때문입니다.

이 세상에 오셔서 사셨던 주님은 지금 우리 안에 거하시는 주님이십니다. 주님이 세상에서 사셨던 삶의 가장 중요한 특징은 깊은 겸손과 아버지께 의지함입니다. 예수님은 "내가 스스로 아무 것도 하지 아니하고"(요8:28)라고 말씀하셨습니다. 하나님에게서 얻은 생명으로 모든 일을 행하셨던 것입니다.

이제 주님의 삶 가운데에서 일어난 5가지 사건에 주목해 봅시다.

첫째는 탄생 사건입니다. 주님은 탄생을 통해 하나님으로부터 생명을 부여받았습니다.

둘째는 지상 생애와 행적입니다. 주님은 이 세상에 사시는 동안 늘 하나님의 인도를 구했습니다. 일생동안 하나님만 의지하며 살았습니다.

셋째는 십자가의 죽음입니다. 주님은 하나님께 생명을 바치되 십자가에서 죽기까지 헌신하셨습니다.

넷째는 부활 사건입니다. 주님은 부활을 통해 자신의 생명을 하나님으로부터 돌려받으셨습니다. 두 번째 생명을 받은 것입니다.

다섯째는 승천 사건입니다. 주님은 승천을 통해 하나님이 주신 영광을 얻기 위해 하늘로 올라 가셨습니다.

예수님의 삶은 처음부터 마지막 순간까지 하나님이 전부였음을 알 수 있지 않습니까? 우리 안에 거하는 예수님이 모든 일을 통해 하나님께 영광을 돌린 분이라는 사실을 깨닫는다면, 그분이 우리 안에서도 그와 동일한 삶을 사실 것임을 미리 알 수 있습니다. 예수님처럼 모든 일 속에서 하나님을 전부로 삼는 법을 배우고, '모든 것은 하나님을 위해, 하나님에게, 하나님으로 말미암아 존재한다.'

는 그분의 교훈을 우리의 것으로 삼을 때, 그것은 우리 삶의 아름다움과 축복과 능력이 될 것입니다. 이제부터 그 다섯 가지 사건을 더 자세히 살펴봅시다.

1

주님의 탄생

그것은 하나님께서 동정녀 마리아에게 성령의 능력을 베푸심으로써 이루어진 사건으로서, 예수님은 하나님의 전능하신 능력에 의해 베들레헴에서 아기로 탄생할 수 있었습니다. 예수님은 하나님의 권능으로 태어나셨습니다. 하나님은 성령을 보내어 예수님을 잉태케 하셨을 뿐 아니라, 탄생에 필요한 모든 일을 동정녀 마리아 안에서 이루셨습니다. 주님은 언제나 그 사실을 잊지 않으셨습니다. 그래서 사람들에게 가르칠 때마다, 아버지께서 자신을 보내셨다고 말씀하셨던 것입니다. 주님의 삶의 주인이 자신이 아니므로, 자신은 하나님에 의해 보내어 진 존재라는 사실을 인정하셨습니다. 자신은 하나님이 주신 생명을 소유하고 있음을 늘 인정하셨습니다.

아버지께서는 모든 것을 아들에게 주셨습니다. 그분 안에 있는 생명까지 아들에게 주셨습니다. 그것이 주님의 삶의 출발점 이었습니다. 우리의 생명은 하나님에게서 온 것입니다. 우리 자신도 하나님으로부터 왔습니다. 우리가 스스로 소유한 것은 아무 것도 없고,

모든 것이 하나님에게서 온 것입니다. 주님이 그런 믿음을 소유하셨다면 우리도 그 믿음을 소유함으로써 이렇게 고백할 수 있을 것입니다.

'저의 새 생명은 하나님이 주신 것입니다. 하나님이 제게 주신 생명입니다. 거듭남을 통해 성령의 도우심으로 하나님의 일을 제 마음에 품게 되었습니다.'

그러면 하나님이 주신 생명에 대해서는 어떻게 생각합니까? 그 생명을 유지하는 분은 누구일까요? 하나님만이 자신이 시작하신 일을 끊임없이 유지하고 또한 완성시킬 수 있습니다. 우리 생명은 하나님이 주신 것입니다. 예수님의 생명과 우리의 생명은 하나님으로부터 온 것이므로, 날마다 우리의 생명이 하나님께 속한 것이라는 사실을 깊이 인식해야 합니다. 하나님만이 그 생명을 바로 보호하시고 유지할 수 있습니다. 우리 힘으로 그 생명을 유지할 수 있다고 생각하는 것은 참으로 어리석은 일입니다.

여러분은 그 사실을 배운 적이 있습니까? 나는 살아계신 하나님, 내 안에 거하시는 주님으로부터 배웠으므로, 내 힘으로 새 생명을 살려고 시도하지 않고, 그저 하나님께 그것을 가지고 나아가 이렇게 고백하곤 합니다. '하나님, 제게 그 생명을 심어 주셨으므로, 당신 외에는 그 생명을 유지할 이가 없음을 믿습니다.'

앤드류 머레이의 **영적인 삶 바로세우기**

2

주님의 생애와 행적

하나님을 의지하는 삶이 어떤 것인지 알고 싶다면 그리스도께서 이 세상에 사는 동안에 얼마나 하나님의 뜻과 능력에 의지하며 살았는지 살피면 알 수 있습니다.

주님은 자신의 능력에 관해 "스스로 아무 것도 아니하고"라고 말씀하셨습니다. 과연 그것이 사실일까요? 그렇습니다. 주님이 "오직 아버지께서 가르치신 대로 이런 것을 말하는 줄도 알리라"(요8:28)라고 말씀하신 것도 그 때문입니다. 자신의 뜻에 관해서는 "내가 하늘에서 내려 온 것은 내 뜻을 행하려 함이 아니요"(요6:38)라고 말씀하셨습니다. 우리는 자신의 뜻을 믿을 수 없고, 자신이 해야 할 일도 모르므로, 영원하신 하나님이 옳은 것을 온전히 알려 주실 때까지 기다릴 수밖에 없습니다. 거룩하신 주님도 그렇게 말씀하셔야 했다면, 우리가 그처럼 고백해야 할 필요는 얼마나 많겠습니까? 그래서 주님이 우리에게 오셔서 그분의 성품을 나타내시길 원하는 것입니다.

신자의 삶 가운데서 최고의 덕목은 하나님이 그분의 방식으로 일하게 허용하는 것뿐입니다. 하나님이 우리 안에서 일할 기회를 드리고, 매일 매순간 온전히 의지할 수 있도록 우리에게 임하시게 하며, 이렇게 고백하는 것입니다.

'하나님, 저는 아무 것도 아닌 존재에 지나지 않아요. 저는 아는 것이 전혀 없을 뿐 아니라, 보잘 것 없는 존재에 지나지 않아요. 하

나님이 일러주시는 일만 할 수 있어요.'

그러면 주님은 어떤 방법으로 우리를 하나님께 가까이 나아가도록 인도하실 수 있을까요? 주님이 사용하신 방식 외에는 어떤 방법으로도 우리를 하나님께 인도할 수 없습니다. 그것은 가장 깊은 자기희생과 하나님께 대한 완전한 순복(順服)입니다.

예수님은 하나님이 일하시고, 그분의 능력을 베푸실 때까지 기다리기를 원하셨습니다. 하나님이 인도해 주시도록 구하셨습니다. 고통을 당하는 가운데서도 하나님께 부르짖어 인도해주시기를 구하셨습니다. 하나님은 예수님에게 전부였을 뿐 아니라, 지금도 모든 것이 되십니다. 주님은 아무 것도 아닌 존재가 되는데 만족하셨습니다. 여러분은 이런 주님을 기쁜 마음으로 여러분의 삶에 모시기 원합니까? 그것은 말로 다 설명할 수 없는 일입니다. 그리스도인의 삶이 더 이상 발전하지 않는 가장 큰 이유는 자신을 위해 너무나 많은 일을 행하려 하기 때문입니다. 우리는 지나치게 '자기 주도적, 자기 확신적'입니다. 여러분은 하나님 앞에서 우리가 있어야 할 유일한 자리가, 자신을 보잘 것 없는 존재로 여기며, 하나님이 우리 안에서 일하게 하시는 것이라는 기초적인 교훈조차 배운 적이 없을 것입니다.

하늘에 있는 천사들인 스랍을 보십시오. 그들이 하나님 보좌 앞에서 그처럼 빛나는 이유는 무엇입니까? 그들은 비록 보잘 것 없는 존재이지만, 그들 안에 하나님의 일을 방해할 만한 요소가 전혀 없으므로 하나님의 임재의 영광이 그들을 통해 불타오르기 때문입니

앤드류 머레이의 **영적인 삶 바로세우기**

다. 예수님이 그처럼 완전하고, 대적에게 승리를 거두심으로써 하나님을 기쁘시게 할 수 있었던 이유가 무엇입니까? 그것은 한 가지 이유 때문입니다. 예수님은 아침부터 저녁까지 하나님으로 하여금 그분 안에서 일하시게 했을 뿐 아니라, 한 걸음 내딛을 때마다 하나님을 온전히 의지했기 때문입니다.

주님은 이렇게 기도하셨습니다. '아버지 저를 인도하소서.' '아버지, 당신의 응답을 기다리나이다.' '아버지, 제 안에서 일하소서.' 예수님이 우리 안에 살러 오셔서, 가장 먼저 하시고자 하는 일은 우리 하나님을 온전히 의지하게 만드는 것입니다. 신자 여러분, 지금까지 그런 삶을 살아본 적이 없다거나, 한 번도 그럴 필요성을 느끼지 못했다고 고백할 필요는 없습니다. 그저 하나님으로 하여금 우리 안에서 친히 일하시게 허용하면 됩니다. 아무 것도 할 필요가 없습니다. 물론 이런 의문이 마음에 생길 수도 있습니다.

그러면 우리 일은 어떻게 하나요? 주님은 정말 아무 일도 하지 않으셨습니까? 사도들도 아무 일을 하지 않았습니까? 그렇지 않습니다. 주님은 쉬지 않고 일하심으로써 세상을 변화시키셨습니다. 단지 그분은 이렇게 말씀하셨습니다. '나는 아무 것도 아닌 존재란다.' 하나님이 일하시기를 기다린다고 해서 우리가 나태해도 되는 것은 아닙니다. 그로 인해 우리는 더 활발하게 일하게 됩니다.

우리 안에 거하시는 그리스도께서 온전히 하나님께 의지하는 삶을 우리에게 요구하신다는 사실을 가르쳐 주시도록 하나님께 구하십시오.

3

십자가의 죽음

주님의 죽음을 보십시오. 그것은 하나님이 주신 생명을 하나님께 온전히 바친 것을 의미합니다. 주님은 이렇게 말씀하셨습니다. '나는 내 생명이 내 것이라고 생각하지 않는다. 하나님이 내 생명을 원하신다면 그것이 아무리 고통스럽고 부끄러운 죽음이라도 기꺼이 내 생명을 하나님께 드린다.' 주님이 그런 마음을 갖는 것은 당연한 일입니다. 모든 것을 하나님에게서 받았으면, 그 모든 것을 하나님께 돌려드리는 것이 마땅하기 때문입니다. 주님은 일생동안 그런 삶을 사셨습니다. 주님의 죽음은 일생동안 그분을 이끌어온 믿음을 성취한 사건에 지나지 않기 때문입니다.

예수님은 12살 때 어머니 마리아에게 이렇게 말씀하셨습니다. "내가 내 아버지 집에 있어야 될 줄을 알지 못하셨나이까"(눅2:49) 그 후에 이런 말씀도 하셨습니다. "나의 양식은 나를 보내신 이의 뜻을 행하며 그의 일을 온전히 이루는 이것이니라"(요4:34) "내가 하늘에서 내려온 것은 내 뜻을 행하려 함이 아니요 나를 보내신 이의 뜻을 행하려 함이니라"(요6:38) 겟세마네 동산에서는 "내 원대로 마옵시고 아버지의 원대로 되기를 원하나이다"(눅22:42)라고 말씀하셨습니다. 이런 주님의 모범에도 불구하고 우리는 하나님의 권리를 결코 인정하지 않으려 듭니다. 우리가 소유한 모든 능력, 우리의 삶 전체는 하나님이 주신 것이므로, 우리 삶의 모든 순간들과 하나님이 주신 영적 삶을 통해 얻은 능력을 모두 하나님께 돌려드

앤드류 머레이의 **영적인 삶 바로세우기**

려야 한다는 사실을 부인하는 것입니다.

햇빛이 해로부터 나오듯이 우리가 지닌 모든 것을 하나님께 돌려
드리고, 모든 일을 하나님의 영광을 위해서 해야 합니다. 주님을 모
신 그리스도인이라면 자신을 온전히 하나님께 드리고, 진정으로 거
룩한 사람이어야 합니다. 신자에게는 너무나 쉬운 일이 아닙니까?
그러나 실제로는 그렇지 않습니다. 자신을 아무 것도 아닌 존재로
여기고, 하나님의 뜻을 행하게 된 것을 영예와 특권으로 여기는 대
신, 도저히 이룰 수 없는 불가능한 짐으로 인식하기 때문입니다. 우
리 자신을 버리고 하나님께 나아가면, 우리 안에 사시는 주님의 생
명 곧, 새 생명으로 살 수 있습니다. 그래서 바울은 이렇게 말합니
다. "너희로 하나님의 모든 뜻 가운데서 완전하고 확신 있게 서기를 구하나니"(골
4:12)

사랑하는 친구 여러분, 예수님은 하나님의 뜻만을 이루기 위해
사셨습니다. 그런 예수님이 여러분 마음 안에 사시기를 원하십니
까? 아니면 자신의 뜻을 추구하며 살기 원하십니까? 하나님을 나
타내기 위해 모든 것을 버리셨던 주님 곧, 살아계신 그리스도를 모
시고 살기 원하십니까? 그러면 지금 주님께 나오십시오! 그 질문에
대답할 권리를 지닌 분은 그리스도이십니다. 그분이 내 안에 사시
기를 원하십니다. 그분은 우리로 하여금 하나님을 의지하고, 순복
하며 살게 하는 분이십니다. 우리 안에서 특별한 일을 행하시는 하
나님께 우리의 삶, 시간, 뜻을 드릴 때, 우리에게 예수님을 주십니
다. 그것은 많은 사실들을 의미합니다.

주님의 삶은 아무 죄도 없고, 아름답고, 완전한 삶이었습니다. 그럼에도 그 삶을 버릴 필요가 있었을까요? 그렇습니다. 주님의 삶은 죄의 권세 아래 있던 우리와 연관되므로, 하나님은 영화로운 삶을 누리기 원하는 주님에게 죄인과 연합된 그분의 생명을 죽음에 내려놓으라고 명하셨습니다. 그래서 예수님은 이렇게 말씀하셨습니다. "아버지로 하여금 ⋯ 영광을 받으시게 하려 함이라"(요14:13) 또 요한복음 17장 1절에서는 "아버지여 ⋯ 아들을 영화롭게 하사"라고 기도드리셨던 것입니다.

우리가 두 가지 삶을 살 수 없다는 것을 주님은 알고 계셨습니다. 우리는 육에서 얻은 삶 곧, 육의 형상을 한 삶을 가지고는 하늘나라에 들어갈 수 없습니다. 그것은 불가능한 일입니다. 그래서 우리는 이런 질문에 직면하게 됩니다. '여러분은 죄의 저주 아래 놓인 아담에게서 유전된 죄의 삶을 버리겠습니까? 하나님이 영생을 주시면 그 삶을 포기하겠습니까?' 예수님은 그 질문에 '예'라고 답하셨습니다. 주님이 우리 안에 살기 원한다면 그분이 하신 일을 따라야 한다고 말씀하신 것입니다.

우리 자신의 삶을 십자가에 못 박아야 합니다. 우리 자신과 세상에 대해 죽음으로써 주님의 죽음에 실제로 참여하는 자가 되어야 합니다. 그래서 사도 바울은 "만일 우리가 그의 죽으심과 같은 모양으로 연합한 자가 되었으면 또한 그의 부활과 같은 모양으로 연합한 자도 되리라"(롬6:5)고 말합니다. 그러므로 하나님께 이렇게 기도드리십시오. '제 생명을 버리고, 자기에 대해 죽기 원하오니, 주님의 죽음과 함께 제 안에 오

셔서 그 죽음에 내려가도록 인도해 주소서.'

4 ||||||||||||||||||||||||||||||||||||||||||||||||||||||||||||||||||||||||||||||||||||||||||||||||||||||||||||||||||||

부활

그것은 무엇을 의미합니까? 부활이란 예수님의 생명을 무덤에 내려 놓으셨을 때, 하나님이 큰 영광중에 그 생명을 예수님에게 돌려주신 사건을 말합니다. 예수님의 시신이 무덤에 안치되어 죽음에 이르렀을 때, 하나님이 그분을 일으켜 새 생명을 주신 것입니다. 그 생명은 주님이 무덤에 내려놓은 생명과는 비교할 수 없을 정도로 높고, 소중한 생명이었습니다. 그 사실은 우리에게 이런 교훈을 줍니다. 우리의 악한 삶, 악한 뜻, 마음, 정, 세상의 모든 능력을 하나님께 바치고, 그것에 대해 죽고, 자신을 완전히 버린 후에 하나님을 신뢰하고 기다리면 하나님이 부활하신 그리스도의 새 생명을 지금 우리 마음에 주실 것이라는 믿음입니다. 죽음에서 부활하셔서 살아계신 주님이 우리 마음에 오셔서 사는 것입니다.

주님은 자신에 대해 이렇게 말씀하십니다. "내가 전에 죽었었노라 이제 세세토록 살아있어"^(계1:18) 예수님의 무덤은 무엇을 의미합니까? 하나님 앞에서 아무 것도 아닌 존재가 되어, 하나님이 일할 기회를 주실 때까지 기다리며, 예수님이 죽음 곧, 아무도 도와줄 수 없는 상태에 자신을 바치는 것을 뜻합니다. 무덤 곧, 암흑과 죽음 안에 거하는 동안, 하나님이 기뻐하시는 일을 하시도록 허용한 것입니다. 그동안 하나님은 무슨 일을 하셨습니까? 그분의 약속대로 갈보리에서 희생하신 삶보다 천 배나 더 영광스런 삶을 주님에게 주셨습니다. 여러분 모두 잘 들으시기 바랍니다.

정말 그리스도께서 우리 마음에 살기 원한다면, 그것은 죽음에 내려가셨던 주님을 모시기 원하는 일입니다. 그리스도는 하나님을 믿었으므로, 하나님에 의해 죽음에서 다시 살아나셨습니다. 부활생명을 소유하신 주님과 하나가 되기 원한다는 것은, 죽었다가 다시 사신 주님이 죽음의 능력을 가져다줌으로써 우리의 모든 것이 자기와 죄에 대해 죽게 될 뿐 아니라, 주님의 생명의 능력을 가져다줌으로써 우리 안에 있는 모든 것이 하나님과 우리 안에서 살기 원하시는 예수님이 주신 새 생명으로 살 수 있도록 허용하는 일입니다.

예수님의 임재에 관한 정교한 이론으로 자신을 속이지 말기를 바랍니다. 그분이 우리 안에 계신다는 사실만을 생각하고 그분을 신뢰하십시오. 그분의 임재가 실제적인 임재가 되게 하십시오. 우리 안에 계신 주님은 대체 어떤 분입니까? 그분은 하나님으로부터 생명을 받아 하나님을 온전히 의지하는 삶을 사신 분으로서 자신의 일생을 하나님과 그분의 뜻을 이루는데 바친 후에 전능하신 하나님의 권능으로 죽음에서 부활한 주님이십니다. 그 주님이 우리 안에 살고 계신 것입니다.

5

승천

  주님은 부활하신 후에 40일이 지나 하늘로 올라가셨습니다. 예수님으로 하여금 영광의 보좌에 앉아 하나님의 능력을 공유하고, 그분의 능력에 동참하게 함으로써 이 세상에 축복을 가져다 줄 성령을 보내시기 위함이었습니다. 우리 가운데에는 '내가 어떻게 다른 사람들에게 축복이 될 수 있겠어?'라고 의문을 제기하는 사람들이 있습니다. 예수님이 이 세상의 복의 근원이 되신 과정과 방법을 살펴보십시오.

  자신을 하나님께 바침으로써 자기와 육적 삶에 대해 온전히 죽은 후, 하나님이 죽음에서 일으켜 주시기를 기다리셨습니다. 그래서 하나님이 그분을 복된 하늘나라에 오르게 하신 것입니다. 하나님은 우리에게 주실 성령의 충만함을 예수님에게 주셨습니다. 우리는 주님을 원합니다. 그러나 주님은 하늘에 계시므로, 우리가 자신에 대해 죽고, 하나님을 의지하는 법을 배우고, 부활하시고 승천하신 주님을 믿음으로 구하는 법을 배우기 전에는 주님을 모실 수 없습니다. 우리의 일상생활을 통해 주님이 우리 안에 거하실 때, 우리는 하늘나라의 사랑을 공유하는 자가 됩니다. 주님은 우리에게 임하셔서 그분의 삶 전체를 살기 원하십니다. 하나님을 의지하는 삶, 하나님께 자신을 바치는 삶, 하나님에 의해 부활하는 삶, 하나님에 의해 하늘로 들려지는 삶을 우리 안에서 살기 원하신다는 말입니다.

그리스도께서 우리를 하나님에게 가까이 나아가도록 인도하시면 우리는 외적인 것으로 향하는 사람이 될 수 없습니다. 승천하신 주님이 우리 안에 거하며 사시기 때문입니다. 그분은 어떻게 우리를 하나님 앞에 나아가도록 인도하실까요? 주님이 우리 마음에 사시는 방법 밖에는 없습니다. 하나님을 향한 믿음에서 하나가 되고 조화를 이루며 우리 안에 사실 때, 그리스도는 우리를 하나님 앞으로 인도할 수 있습니다. 이것은 영적 신비입니다. 하나님은 영이라는 생각과 하늘나라가 존재한다는 생각만으로는 하나님께 나아갈 수 없습니다. 하나님 앞으로 가까이 인도한다는 말은 그리스도께서 우리에게 오셔서 그분의 삶을 사시고, 살아계신 하나님과의 교제로 인도하심을 뜻합니다. 이제 오늘날의 교회에 충격을 주는 것으로 이 책의 첫문장에서 제기한 질문을 생각해 보고자 합니다.

그것은 '왜 그리스도인들이 그처럼 나약한 모습으로 사느냐?'는 것입니다. 많은 사람들이 관심을 갖는 문제는 '하나님이 약속하신 대로 온전한 그리스도인의 삶을 누리기 위해서 우리는 무엇을 할 수 있느냐?'는 것입니다. 아버지께서 하나님의 영광에 대해 살아있는 포도나무의 가지로 변화시킬 수 있도록 우리는 하나님의 자녀로서 무엇을 할 수 있습니까? 사랑하는 성도 여러분, 이제부터 우리가 해야 할 일을 소개하려고 합니다. 첫째로, 주님 앞에서 자신에게 이렇게 물으십시오. '주님이 우리 안에 사실 수 있도록 정말 모든 것을 포기할 수 있는가?' 우리는 주님이 사도 바울 안에서 사신 모습을 성경을 통해 잘 알고 있습니다. 마치 그리스도께서 바울 안에 성육신하신 것처럼 보이는 이유는 무엇일까요? '바울이 지닌 하나님을 향한 열정, 영혼에 대한 사랑, 모든 것을 기꺼이 희생하고자 하는 마음이 주님과 닮은 이유는 어디에서 비롯되는 것인가?'하는 말입니다. 바울의 삶에서 발견할 수 있는 위대한 점은 다 그 안에 거하시는 주님의 완전한 삶에서 비롯된 것입니다. 주님이 내주하며 사시는 순간부터 그리스도인은 주님의 형상을 나타내게 됩니다.

이제 여러분은 기쁜 마음으로 주님을 모시고자 합니까? 우리 중에 누군가에게 하나님이 임하셔야 한다면, 하나님을 기쁜 마음으로 모시고자 하는 사람에게 임하실 것이라고 가정해 봅시다. 그렇다면 우리는 그리스도처럼 가난하고 핍박을 받는 삶을 살아야 하는데, 하나님이 이렇게 말씀하셨다고 가정해 봅시다. '자녀들아, 나는 너희에게 최고의 영광을 베풀고 있단다. 그리스도가 이 세상에 와서 너희 안에 거하며 고난의 삶을 살도록 허용하기 때문이란다.' 그때 우리 가운데서 몇 명이나 '예, 주님이 저를 주관하시도록 제가 소유한 것은 무엇이든 드리겠어요.'라고 말할 수 있을까요? 이 지역에서 얼마나 많은 사람들이 '저는 그런 고백을 할 수가 없어요. 그런 방식으로 주님을 모시려 면 너무나 많은 사업상의 손실을 각오해야 하기 때문이죠.'라고 고백할까요?

믿음 안의 친구 여러분, 하나님이 우리에게 오셔서 이렇게 물으실 수도 있습니다. '너희는 내 아들 예수를 기쁜 마음으로 너희 안에 모시려고 하느냐? 성경말씀에 나오듯이, 겸손한 마음으로 하나님을 의지하되 죽기까지 복종하고, 무덤에 누워 하나님이 부활시킬 때까지 기다려야 함에도 불구하고 그리스도를 기꺼이 너희 마음에 모시려 하느냐?' 어떤 사람들은 끊임없이 배우는 삶을 살기 원해도 결코 충분한 지혜를 얻지 못합니다. 그 이유는 지혜가 아니라 지식을 갈구하기 때문입니다.

지금 기쁜 마음으로 주님을 모시도록 자신의 마음을 변화시켜주시기를 하나님께 구할 사람은 없습니까? 지금이 바로 주님을 믿을 때입니다. '제 삶은 주님의 삶과 너무나 동떨어져 있지만, 주님이 저를 위해 피를 흘리셨음을 믿사오니 기쁜 마음으로 주님을 영접하고 주님의 삶을 살기 원하오니 하나님, 도와주소서.'라고 구할 사람은 여기에 없습니까? 혹시 두려워 떨고 있는 사람이 있습니까? 어떤 사람이 쓴 편지를 보니까 자신이 하나님이 요구하시는 믿음의 단계를 모두 밟지 않았으면 어떻게 할까 하는 걱정에 사로잡힌 사람이 있었습니다. 그는 고민 끝에 하나님이 원하시는 단계를 기쁜 마음으로 취하도록 자신을 기도해 달라고 저에게 요청했습니다. 여러분 가운데에도 이와 같이 느끼는 사람들이 적지 않다는 것을 잘 알고 있습니다. '그리스도께서 이 세상에 거하는 동안에 사신 삶을 남김없이 제 안에서 사시도록 허용하지 못할까봐 걱정돼요. 저는 하나님의 임재 안에서 매 순간 그분을 의지하며 살 준비가 안됐어요. 저의 모든 기쁨과 뜻을 기꺼이 버릴 각오도 안됐어요.'

여러분은 기꺼이 그렇게 기도할 준비가 되었습니까? 그것은 어려운 일처럼 보일 수도 있지만 기쁜 마음으로 주님께 나오겠습니까? 그렇게 말할 수 없다면 '기쁜 마음으로 주님께 나올 수 있도록 저를 변화시켜주세요.'라고 기도하는 것은 어떻습니까? 그렇게 구할 준비가 되었다면 자신에게 이렇게 말하십시오. '이제는 주님께 나갈 수 있어.' 여러분 모두 그런 마음을 소유할 수 있기를 바랍니다. 주님 앞에 나와서 비록 여러분의 마음에 확신이 부족할지라도 하나님 앞에 이렇게 말씀드리십시오.

'그리스도께서 제 안에서 온전한 삶을 사시며, 사람들을 위해 사신 주님과 닮은 모습으로 저를 변화시켜주세요.' 주님은 여러분을 변화시킬 만반의 준비를 갖추고 계십니다.

여러분은 구원의 복음, 성화의 복음, 거룩함과 순종의 복음이라는 말들을 자주 들어왔을 것입니다. 하지만 그 용어들이 모든 것을 주님이 주관하시고, 소유하시도록 허용함을 의미한다는 것을 알고 받아들여 왔습니까? 하나님께서 지금 여러분의 마음을 그처럼 변화시켜 주시도록 기쁜 마음으로 구하시기 바랍니다. 그러면 하나님이 여러분의 삶을 놀랍게 변화시켜 놓으실 것입니다.

그 다음에는 이런 의문이 생길 것입니다. 마음이 변화된 다음에는, 하나님과 그리스도의 생명이 온전히 주도케 함으로써 우리 안에서 큰일을 시작하실 하나님을 온전히 신뢰하겠습니까?

여러분은 기꺼이 다음과 같이 말할 준비가 되었냐는 말입니다. '하나님, 저를 당신의 뜻대로 변화시켜 주세요. 모든 일을 통해 하나님을 기쁘게 해드리고 싶어요. 그리스도께서 제 안에서 온 힘을 다하시도록 저 자신을 그리스도께 드리고, 주님이 제 모든 것을 소유하시길 원해요.' 여러분의 삶을 주관하시려고 만반의 준비를 갖추고 기다리고 계시는, 영원하신 그리스도를 지금 영접하지 않겠습니까? 그리스도를 우리 안에 거하시는 주님으로 인정하고 '하나님의 아들이시여, 당신을 위해 저를 온전히 취하소서. 삶이 어렵고,

암담하고, 불가능하게 보일 때도 늘 하나님의 어린 양이신 당신만 믿겠습니다. 주님과 온전히 하나가 되기를 원합니다.'라고 구하지 않겠습니까?

사랑하는 친구 여러분, 우리는 그리스도인입니다. 그러므로 '나는 구원받고 죄를 용서받은 신자야. 그러므로 내 마음의 절반만 주님께 드리고 나머지는 최선을 다 할 거야.'라고 말하는 반쪽짜리 신앙에 더 이상 만족하지 맙시다. 하나님이 우리에게 주신 온전한 삶으로 나아오십시오. 그리스도께서 우리 안에 임하셔서 우리를 온전히 소유하게 하십시오. 주님이 우리 안에 사실 때, 우리의 삶은 하나님을 의지하고, 겸손하고, 순종하고, 고난을 겪고, 죽으신 그리스도께서 주관하시는 삶이 됩니다.

그러므로 이렇게 구하십시오.
'오, 하나님! 기꺼이 하나님을 모시기 원합니다. 하나님도 제 안에 임하기를 기뻐하신다는 것을 압니다. 하나님을 믿사오니 제 안에 들어오소서.' 다른 영혼이 그리스도를 만나고, 그의 마음이 하나님께 향하도록 기도로 도우며, '십자가를 지신 주님께 나와 그들의 삶을 맡기며, 자신을 드리게 하소서.'라고 구하는 것은 하나님을 기쁘시게 합니다. 그것은 신성을 모독하는 일이 아닙니다. 자신을 주님께 드릴 때, 그분이 우리 안에 사시기 때문입니다. 하나님이 그 기도를 이루실 것입니다. 기도합시다.

앤드류 머레이의 **영적인 삶 바로세우기**

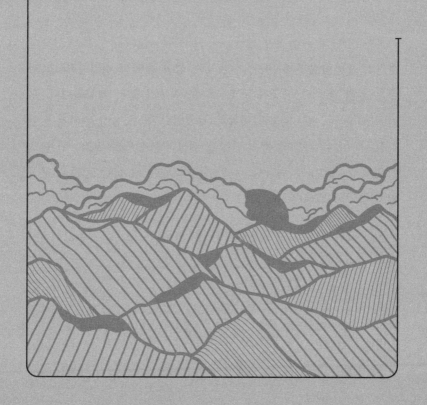

12장

질그릇에 담긴
하늘의 보배

12장
질그릇에 담긴 하늘의 보배

"우리가 이 보배를 질그릇에 가졌으니 이는 심히 큰 능력은 하나님께 있고 우리에게 있지 아니함을 알게 하려 함이라"(고후4:7)

이 말씀에 담긴 교훈을 살피기 전에 먼저 알아야 할 사실이 두 가지 있습니다.

첫째, 하나님을 섬기며 일하는데 요구되는 능력을 얻을 목적으로 성령의 충만함을 구하면, 실수할 가능성이 높다는 것입니다. 그 이유는 성령 충만의 영향력을 과장하는 경우가 많기 때문입니다. 그런 실수를 하는 근본적인 이유는 무엇입니까? 성령이 우리에게 임하시는 이유는 우리의 존재 전체를 주님의 형상으로 변화시키는 생명으로서 임재하기 위함인 것을 깨닫지 못한 채 성령 충만을 구하는 데서 비롯됩니다.

우리 마음을 사랑과 겸손이 넘치는 영적인 마음으로 변화시키기 위해 성령을 받으시기 바랍니다. 그것을 하찮은 일로 여기는 사람이 있다면 참으로 안타까운 일입니다. 하나님이 우리에게 행하고자 하시는 모든 일의 목적은, 우리로 하여금 많은 열매를 맺게 하는 것입니다. 그러므로 우리가 지금까지 논해온 것은 더욱 고상한 삶만을 추구하는 시도였다고 오해하지 마십시오. 그것은 이기적인 일에

앤드류 머레이의 **영적인 삶 바로세우기**

지나지 않으므로, 지금부터는 우리 모두가 해야 할 일에 관해 말하려고 합니다.

남아프리카공화국에 있는 동안에 책을 읽다가 깊은 인상을 주는 문장을 발견하여 기록해 놓은 적이 있었습니다. 그것은 '모든 설교자의 첫째 의무는 청중들에게 일어나기 원하는 모든 변화가 자신에게 먼저 온전히, 그리고 참되게 이루어지도록 하나님께 겸손히 구하는 것이다.'라는 글이었습니다.

이 글이 어떤 영향력을 발휘할는지에 대해서는 말할 수 없지만, 주님을 위해 일하거나 그분을 대신해서 말씀을 전하는 사역자와 설교자들의 첫째 의무는, 하나님께 겸손히 나아와 자신의 설교를 들을 청중들에게 일어나기 원하는 일들이 먼저 자신에게 온전히 그리고 철저하게 일어나기를 구하는 것입니다. 그것은 우리를 모든 참된 일의 근원으로 인도하기 때문입니다.

예를 들어 하나님의 사랑, 구속의 능력, 죄로부터의 구원, 성령 충만, 마음에서 우러나오는 하나님의 사랑을 주제로 설교하려면 하나님으로 하여금 우리 안에서 설교하시게 해야 합니다. 하나님이 우리를 대신하여 설교해주시기를 원하면 원할수록 성령의 감추어진 능력이 우리를 통해 더 분명히 나타나기 때문입니다. 하나님이 성령을 통해 설교하라고 우리에게 주신 내용을 전하게 됩니다. 그것은 지금부터 살피려고 하는 교훈과 깊이 연관되어 있습니다.

사도 바울은 고린도후서 4장 1절에서 5절까지 자신의 목회 사역에 대해 언급한 후, 6절에서 이렇게 말합니다. "어두운 데에 빛이 비치라 말씀하셨던 그 하나님께서 예수 그리스도의 얼굴에 있는 하나님의 영광을 아는 빛을 우리 마음에 비추셨느니라"

그러나 고린도교회 성도들과 세상 사람들이 자신이 고난과 수치를 당하는 것을 보고 부끄럽게 여길지도 모른다고 생각하여 7절에서는 이렇게 말합니다. "우리가 이 보배를 질그릇에 가졌으니 이는 심히 큰 능력은 하나님께 있고 우리에게 있지 아니함을 알게 하려 함이라"

하나님의 사역을 감당할 때 소유해야 할 정신을 배우려는 하나님의 일꾼들에게, 이 말씀은 바른 사역 태도를 가르치는 핵심교훈들 중의 하나라는 사실을 강조하고 싶습니다. 그 말씀은 우리에게 4가지 놀라운 점을 보여줍니다.

[…]	1. 하늘나라 보배의 위대함
4가지	2. 질그릇의 연약함
놀라운 점	3. 보배와 질그릇 사이의 영원한 차이점
	4. 보배와 질그릇의 산 연합

1

하늘나라 보배의 위대함

먼저 하늘나라의 보배가 무엇인지 알아봅시다. 사도 바울이 6절에서 말하려고 한 뜻은 하나님이 우리 마음에 빛을 비추셨다는 것입니다. 하늘의 해는 우리의 존재 전체를 비추어 줍니다. 눈만 아니라, 몸과 정신까지 비춤으로써 생명의 온화함을 느끼게 해줄 뿐 아니라, 열과 빛도 제공합니다. 사도 바울은 '영원하신 하나님이 지금도 그 빛을 우리 마음에 비추고 계신다.'라고 말하고 있습니다.

하나님이 우리에게 빛을 비추시는 목적은 무엇입니까? 영광의 빛을 주시기 위함입니다. 그리스도의 얼굴에 있는 하나님의 영광을 아는 빛을 주시기 위해서라는 말입니다. 그 빛은 우리로 하여금 하나님께 인도하시는 그리스도 안에 들어가도록 이끕니다. 그로 인해 그리스도의 얼굴 안에서 우리가 지닌 유일한 목표와 소원은 우리를 통해 하나님의 영광을 나타내고, 하늘나라의 천사처럼 하루 종일 하나님을 경배하며, 흠모하는 얼굴로 그분 앞에서 행하는 것이 됩니다.

하나님은 성령을 통해서 하나님의 영광을 아는 빛을 비추십니다. 하나님의 영광을 아는 것은 지적인 인식이 아니라 마음으로 이해하는 것을 말합니다. 설교자들 중에는 매력적인 사상을 소유했거나, 탁월한 언변을 구사하거나, 가르치기를 잘하는 분들이 있습니다. 그들은 성령의 능력보다는 지적 능력을 더 많이 소유한 사람들입니다. 그러나 기독교 신앙은 마음에서 우러나오는 신앙이어야 합니다.

하나님은 사랑이십니다. 하나님의 사랑은 마음에서 비롯된 사랑입니다. 하나님이 우리의 마음을 찾아 빛을 비추시면, 우리 마음에서 사랑의 씨앗이 자라면서 하나님의 사랑이 그분의 영광을 나타내는 것입니다. 그런 과정을 통해 예수 그리스도의 얼굴에 있는 하나님의 영광을 아는 빛이 우리 마음에 비추어지는 것입니다.

그러면 우리가 늘 소유하고 간직해야 할 하늘나라의 보배란 무엇입니까? 그것은 '하나님의 빛', '하나님에 대한 인식' 혹은 '하나님의 영광'이라고 할 수 있습니다. 또한 예수 그리스도 안에 있는 '하나님의 사랑'이라고도 할 수 있습니다. 그것은 하나님의 일꾼이라면 누구나 간직해야 할 보배입니다. 그 보배의 소중함을 깊이 깨달을수록 우리가 맡은 하나님의 일을 더 잘 할 수 있게 됩니다.

우리가 가난한 상태에서는 걸인이 구걸한다고 해도 넉넉히 줄 수가 없습니다. 어쩌면 하나밖에 남지 않은 동전까지 줘야 할는지도 모릅니다. 그러나 우리가 부자라면 절박한 상황에 처한 사람들에게 후히 줄 수 있습니다. 경우에 따라서는 거금을 기부할 수도 있습니다. 성도 여러분, 우리가 하늘나라의 보배를 가진 자라는 의식을 소유하는 것은 하나님의 보고를 여는 열쇠를 받은 것과 같습니다.

우리가 하늘의 축복을 받았다는 사실을 확인하는 데에, 이 기쁨, 확신, 능력보다 더 확실한 증거는 없습니다. 말로는 하늘의 축복을 구한다고 하면서도, 실제로는 다른 진리를 구할 때가 얼마나 많습니까? 그러나 우리 마음이 하나님의 신령한 삶에 대한 열망으로 불타오르는 것은 정말 복된 일입니다! 하나님의 생명이 우리의 내면 가장 깊은 곳에서 불타오르는 것은 참으로 복된 삶이기 때문입니다. 그리스도의 얼굴에 있는 하나님의 영광을 알게 하는 빛이 하루 종일 비추어지는 삶을 생각해 보십시오. 그것은 하늘나라의 보배를 간직한 삶을 말합니다. 그 빛은 우리를 통해 이웃에게 비추어지며,

우리를 통해 반사됩니다.

하나님의 일꾼 여러분, 여러분 안에 하나님의 영광을 아는 빛이 비치기 원합니다. 하늘나라의 보배란 인간의 지식, 사고, 체험이 아니라, 우리 영혼에 비추는 하나님의 영광을 아는 빛을 말합니다. 우리 영혼이 하늘나라의 보배를 소유하여 하나님의 영광을 아는 마음으로 넘치게 되면, 질그릇에 지나지 않는 신자라도 하늘나라의 보배를 간직함으로써 새로운 확신과 능력으로 일할 수 있게 됩니다.

그러나 신앙서적이나 성경을 통해 그 빛을 배우려 하지 않기를 바랍니다. 신앙도서나 성경의 가치를 경시해서 하는 말이 아니라, 하나님의 영광에 대한 인식은 성경이 줄 수 없는 것이기 때문입니다. 성경은 하나님의 임재에 들어가는 길을 가르쳐 주는 나침반에 지나지 않습니다. 그 빛은 하나님의 임재 가운데서만 발견됩니다. 그러므로 이렇게 구하십시오.
'하나님, 제 마음에 빛을 비추소서.'
하나님의 빛은 늘 새롭게 비추어져야 합니다. 우리는 날마다 그 기도를 새롭게 드려야 합니다. 그것은 어제의 햇빛에 의지해서 살 수 없는 것과 같습니다. 우리는 한 시간 전의 햇빛에 의지해서도 살 수가 없습니다. 매순간 새롭게 비추어지는 빛에 의지하여 살아야 합니다. 하나님의 비추심은 신령한 하나님 자신을 생생하고, 지속적으로 비추심이어야 합니다. 그러므로 하나님의 일꾼이 되어 늘 새로운 능력 가운데 그 보배를 간직하기 원하는 사람은, 매순간 온전한 하나님의 사랑과 임재의 빛 가운데 거하는 것을 유일한 소원으로 삼아야 합니다.

예비사역자 여러분, 여러분의 마음에 하나님의 비추심을 받은 만큼만 영원하고도 실제적인 능력을 소유할 수 있다는 사실을 결코 잊지 마십시오. 그리고 공부하는 일에 최선을 다하고, 시간을 지혜롭게 사용하며, 성경에서 하나님의 소중한 말씀을 얻기 위해 모든 기회를 이용하기 바랍니다. 결국 모든 것은 하나님의 임재와 사랑의 빛 가운데 살며, 마음에 하늘나라의 보배 곧, 예수 그리스도의 얼굴에 있는 하나님의 영광을 아는 빛을 비추시는 하나님을 소유할 때까지 기다리는 사람에게 달려 있습니다.

그러므로 이렇게 기도합시다.

'하나님 저희로 하여금 그리스도를 의지하는 온갖 믿음의 행위에 의해 하나님께 인도되어, 하나님을 더 온전히 드러내기 위해 영원하신 하나님을 기다리게 하옵소서.' 매순간 하나님을 의지하고, 교제하며 살기 원하셨던 예수님의 삶을 본받으며 하나님을 향한 거룩한 마음의 갈증과 주림이 끊이지 않게 하십시오.

하나님을 섬긴다는 것은 얼마나 복된 일입니까! 예수 그리스도의 구원을 선포한다는 것은 얼마나 복된 일입니까! 비록 주목할 만한 점이 없어 보이는 성경교사나 성경을 배우는 학생이라도 성경과 자신의 안과 밖에서 비추는 하나님의 빛을 가지고 다른 사람들에게 나아갈 수 있습니다. 등잔이 빛을 전하도록 만들어 졌듯이, 우리는 하나님의 영광을 아는 빛, 하나님의 영광과 예수 그리스도를 전하는 존재로 지음 받았습니다.

사랑하는 형제자매 여러분, 우리가 바랄 수 있는 가장 복된 일은 질그릇과 같은 우리의 마음을 소중한 하늘나라의 보배로 채우시는 하나님을 우리 안에 모시는 것입니다.

2

질그릇의 연약함

오늘날 수많은 신자들과 하나님의 일꾼들, 심지어 하나님의 말씀을 선포하는 설교자들까지도 하늘나라의 보배를 소유하는 영광을 누리지 못하는 이유는 무엇입니까? 하늘나라의 보배대신 이 세상의 보배를 바라보고 있기 때문입니다. 그들은 늘 이렇게 말합니다. '난 너무 믿음이 약하고, 사고력이 빈곤하고, 체험이 너무 적어서 그런지 몰라도 하나님이 하늘나라의 보배를 질그릇 안에 두시는 이유를 모르겠어.'

그들은 질그릇이라는 자신의 지위를 인정하지 않습니다. 우리가 보잘 것 없는 질그릇이라는 사실을 분명히 깨달으면 깨달을수록 하늘나라 보배의 영광을 더 많이 누릴 수 있다는 사실을 모릅니다. 세상 사람들은 보배는 멋진 보석함에 넣어야 제격이라고 생각합니다. 보배와 그것을 담은 그릇이 조화를 이루어야 한다는 것입니다.

한 부자가 값비싼 아름다운 다이아몬드와 보석들을 자기 부인에게 선물했다고 가정해 보십시오. 우리는 그 부인이 우아한 문양이

새겨져 있고, 고급 재료로 만들어졌을 뿐 아니라, 안팎이 모두 금으로 장식되어 그 자체만으로도 상당한 가격이 나가는 보석함 안에 담긴 값비싼 다이아몬드와 보석들을 보았을 것이라고 생각할 것입니다. 우리는 늘 보배와 그것이 담긴 함 사이에 균형을 추구하려 듭니다. 함의 아름다움이 그 속에 담긴 보배의 가치를 결정짓는다고 생각하기 때문입니다. 그러나 하나님은 그런 우리의 상식과는 반대로 일하십니다.

본문에서 사도 바울이 얼마나 많은 핍박과 고난을 당했는지 소개하는 이유도 그 때문입니다. 그는 자신이 하늘나라의 보배를 간직한 질그릇임을 잘 알고 있었습니다. 그는 질그릇의 보잘 것 없음을 깨달으면 깨달을수록 하늘나라의 보배 안에서 더욱 즐거워할 수 있었습니다.

나는 요하네스버그에 있는 금광을 방문한 적이 있습니다. 용광로가 있는 곳에 들어섰을 때 무엇인가를 철제 용기에 담아 운반하고 있는 일꾼을 만났습니다. 우리를 안내한 회사 임원이 그 용기의 뚜껑을 열어 보여주자 1킬로그램짜리 금괴가 찬란한 빛을 내며 그 모습을 드러냈습니다. 우리 생각과는 달리 값비싼 금괴가 불과 500원 정도면 살 수 있는 값싼 철제 용기에 담겨 운반되고 있었습니다. 뜻밖에도 고가의 귀금속이 값싼 용기에 들어있었던 것입니다. 하나님의 뜻과 기쁨도 하늘나라의 보배를 질그릇에 담는 것입니다. 그러므로 우리는 그 사실에 만족해야 합니다.

설교자들도 그런 일을 경험하고 낙담하는 경우가 많습니다. 따뜻한 위로와 믿음이 넘치는 설교를 하고 싶지만 의도대로 설교할 수

앤드류 머레이의 **영적인 삶 바로세우기**

없을 때, 질그릇 안만 들여다보다가 낙담하게 되는 것입니다. 우리의 생각을 하늘나라의 보배가 넘치게 하는데 집중해야 합니다. 우리 안에 하늘나라의 보화가 넘치면 하나님을 맘껏 찬양할 수 있을 뿐 아니라, 마음 전체가 그 보배에 집중됩니다. 하나님은 그런 태도를 기뻐하시므로, 우리의 시간과 능력이 하나님을 찬양하고, 신뢰하고, 기다리는 일에 사용되게 하십니다.

우리는 하늘나라의 보배를 질그릇 안에 담고 있는 사람들입니다. 하나님의 일꾼들은 자신의 직분을 소중히 여겨야 합니다. 하늘에 계시는 하나님이 그 보배를 가지고 계시기 때문입니다. 그 보배의 가치는 모든 사상을 능가합니다. 그 보배는 하나님의 아들이시기 때문입니다. 아들 안에 온갖 충만함이 거한다는 사실은 아버지 하나님을 기쁘시게 합니다. 그 아들 안에는 온갖 풍성한 지혜와 하나님에 대한 지식이 감추어져 있습니다.

그리스도는 하나님의 보배이자 기쁨일 뿐 아니라, 하나님이 지닌 온갖 부요함의 보고이십니다. 하나님은 하늘나라에 소중히 간직하던 그 보배를 이 세상에 보내시어 아기로 태어나게 하셨습니다. 세상에서 머리 둘 곳이 없었을 정도로 질그릇이 되신 예수님은 하늘나라에 소중히 간직되던 하나님의 보배이셨습니다. 무덤에 내려가신 예수님은 깨진 질그릇이었지만, 하나님에게는 여전히 보배이셨습니다. 예수님으로 하여금 영광에 들어가게 하신 후에 하나님은 그 하늘나라의 보배를 사람들의 마음에 간직할 수 있도록 돕기 위해 성령을 보내셨습니다.

하나님이 기뻐하시는 하늘나라의 보배를 지금 우리 마음에 간직하면, 그 안에서 기뻐할 수 있습니다. 그러므로 모든 사역자는 시간을 내어 이렇게 기도하는 법을 배워야 합니다. '하나님, 그 하늘나라의 보배를 간직하고 있다는 사실을 당신의 백성이 알게 하옵소서.' 하나님의 마음에 있던 보배가 우리 마음의 보배가 되었습니다. 하나님의 영광이 그 아들의 얼굴을 비추므로, 질그릇에 지나지 않는 우리의 기쁨, 확신, 능력이 실패하지 않는 것입니다. 우리는 하늘나라의 보배를 질그릇에 가진 존재입니다.

3

보배와 질그릇 사이의 차이점

이제 하늘나라의 보배와 질그릇 사이의 차이점에 대해 살펴봅시다. 어떤 사람들은 그리스도인의 삶을 시작하는 순간부터 자신이 하늘나라의 보배를 간직한 질그릇임을 분명히 알 수 있다고 생각합니다. 그러나 오랫동안 하나님과 교제하며 영적 삶을 살아 온 신자들도 자신이 질그릇에 지나지 않는다고 느낄까요? 겸손하고 주님을 닮은 성도가 되었을 때도 우리는 여전히 질그릇에 지나지 않습니까? 그렇습니다. 사도 바울을 보십시오. 그는 오랫동안 하나님의 은혜를 풍성히 체험했음에도 자신을 질그릇이라고 표현했습니다. 그는 삶이 다하는 순간까지 자신을 질그릇이라고 여겼습니다. 그 근

앤드류 머레이의 **영적인 삶 바로세우기**

거는 고린도후서 4장 7절에 나타납니다.

> "심히 큰 능력은 하나님께 있고"

본성상 교만과 자아로 가득 찬 우리는 가장 영적인 신자라 하더라도 늘 자기를 높일 위험을 가지고 있습니다. 그래서 고린도후서 12장 7절에서 바울은 이렇게 말합니다.

> "여러 계시를 받은 것이 지극히 크므로 너무 자만하지 않게 하시려고 내 육체에 가시 곧 사탄의 사자를 주셨으니 이는 나를 쳐서 너무 자만하지 않게 하려 하심이라"

또한 9절에서는

> "이는 내 능력이 약한 데서 온전하여 짐이라 … 이는 그리스도의 능력이 내게 머물게 하려 함이라"고 말합니다.

영적 은혜를 많이 받은 사람은 자신을 특별한 존재라고 여긴 나머지, 하나님이 하늘나라의 보배를 늘 우리 안에 두실 것이라고 오해하기 시작할 염려가 있습니다. 하나님이 우리를 통해 다른 사람들에게 하늘나라의 보배를 나누어주시고 우리를 다른 사람에 대한 복으로 삼으신다고 생각하기 시작할 때도 자신이 질그릇임을 잊을 염려가 있습니다. 그래서 하나님은 하늘나라의 보배를 질그릇 안에 둘 것이라고 말씀하십니다. 그 보배가 무엇인지 알고 기억해야 하는 이유는 그것이 하늘의 것이기 때문입니다. 이제 또 다른 면을 살펴봅시다.

아무리 그리스도께 가까이 나아가도 우리는 여전히 질그릇입니다. 우리는 아무 것도 아닌 존재에 지나지 않습니다. 그 사실을 깨닫기 시작하면 우리가 질그릇이란 사실을 받아들이는데 만족할 뿐 아니라, 그것을 즐거워할 수 있게 됩니다. 우리 마음이 질그릇이라는 사실에 즐거워하려면 3단계의 과정을 거쳐야 합니다.

1단계는 자신이 질그릇임을 거부하는 단계입니다.

이 단계에 속한 신자는 교양과 학식에 의해 질그릇을 더 아름답게 변화시키기 원합니다. 자신이 질그릇이 되려는 생각은 전혀 없고, 질그릇을 더 나은 상태로 발전시키기 위해서만 끊임없이 노력합니다.

2단계는 자신이 질그릇이라는 사실에 동의하기 시작하는 단계입니다.

자신은 질그릇 이외에 다른 것이 될 수 없다는 사실을 깨닫고, 그 사실을 겸허히 받아들이기 시작합니다. 비록 자신이 질그릇이란 사실을 받아들이기는 하지만, 기뻐하지는 않습니다.

3단계는 자신이 질그릇이라는 사실을 기뻐하는 단계입니다.

자신이 질그릇일 수밖에 없는 이유를 깨닫고, 그 사실을 받아들이며, 최고의 축복으로 여깁니다.

고린도후서 12장에 나오는 바울의 모습을 보면, 그가 3단계에 이르지 못한 상태였음을 알 수 있습니다. 주님이 그로 하여금 자만하지 않게 하시려고 사탄의 사자를 보냈을 때, '주여, 그것을 제게서 떠나게 하소서.'라고 세 번이나 간구했기 때문입니다. 그런 바울에게 주님은 '사탄의 사자를 네게 준 것이 큰 축복인 줄 모르느냐? 그것은 너에게 매순간 나를 온전히 의지하도록 가르쳐줄 것이다.'라고 말씀하셨습니다⁽⁹절 참조⁾.

바울은 그 이유를 깨닫고 나서야, **"질그릇의 연약함을 기뻐하며, 나의 약한 것들을 자랑하노라"**고 말합니다. 자신이 질그릇이라는 사실을 즐거워할 수 있다는 것은 그가 더 높은 신앙단계에 도달했음을 나타냅니다. 하나님이 더 성숙한 의식으로 우리 마음을 늘 채우신다 해도 우리가 질그릇이라는 사실만은 잊지 말아야 합니다. 그래서 바울은

"내가 아무 것도 아니나 지극히 크다는 사도들보다 조금도 부족하지 아니하니라"⁽고후12:11⁾라고 말합니다.

하나님은 본래 피조물을 그분의 거룩한 영광을 나타내는 그릇으로 지으셨습니다. 그러므로 하나님의 영광과 빛을 나타내는 그릇이 된다는 것은 우리가 지닌 최고의 영광입니다. 천사들이 하나님의 영광을 나타내는 그릇이 되기 위해 지음 받은 것도 그 때문입니다. 하나님의 자녀가 하나님의 보배이신 그리스도로 채워지기 위해 비워지고, 낮고, 상한 그릇이 되는데 만족해야 하는 이유도 거기에 있습니다.

4

보배와 질그릇의 산 연합

질그릇과 하늘나라의 보배 사이에는 지속적인 연합이 존재합니다. 비록 질그릇과 하늘나라의 보배가 존재하는 목적이 전혀 다르지만, 생명의 연합을 이루어 존재함을 잊지 말아야 합니다. 요하네스의 금광에서 본 금괴와 철제 용기 사이에는 생명의 연합이 존재하지 않습니다. 그들은 서로 분리되어 있습니다. 그러나 하늘나라의 보배는 우리 안에 들어옵니다. 우리가 질그릇으로 남아 있다 할지라도 하늘의 보화는 우리 삶에 들어와 우리 자신이 됨으로써 우리의 보화가 됩니다. 하나님의 생명 전체가 곧 성령, 사랑, 성자, 거룩한 영광이 무한하고 거룩한 실재로서 그리스도인 안에 들어와 그의 것이 되고, 그를 신자답게 만듭니다. 하나님은 그 사실을 통해 우리에게 두 가지 교훈을 가르쳐 주십니다.

첫째는, 그분과 우리 사이의 영원한 차이를 깨닫게 하십니다. 우리는 질그릇 외에 아무 것도 아니라는 것을 가르쳐 주십니다. 하나님의 영광이 얼마나 좋은 것인지 깨닫기 시작할 때 우리는 그 영광을 간직하는 그릇 외에는 다른 것이 되려는 생각을 품지 않을 것입니다. 오히려 하나님의 영광을 사모하며 하나님이 우리의 전부가 되시도록 자신을 더 낮추는 것을 최고의 소원으로 삼게 됩니다.

질그릇과 하늘나라 보배 사이의 본질적인 차이로 인해 하늘나라의 보배를 질그릇에 담는 일은 모순인 것 같아 보이지만, 그로 인해 우리의 복된 현실을 깨닫게 됩니다. 비록 보배가 아니라 보배를 담는 빈 그릇에 지나지 않지만, 우리 자신이 '산 보배'가 된다는 것을 발견하게 됩니다. 그 '산 보배'는 분리할 수 없을 정도로 우리와 연합하여 우리의 삶과 일을 위해 충만하게 됩니다. 하늘나라의 보배가 질그릇 안에 존재하게 된 것입니다.

그 목적은 무엇입니까?

> **"심히 큰 능력은 하나님께 있고 우리에게 있지 아니함을 알게 하려 함이라"**(고후 4:7)

그렇습니다. 하나님이 질그릇으로 하여금 하늘나라의 신령한 보배를 가지게 하신 이유는 능력이 하나님께만 있음을 주님의 종들로 하여금 깨닫게 하기 위함입니다. 우리의 유일한 목표는 아무 것도 아닌 존재가 되는 것이어야 합니다. 하나님이 왜 하늘의 신령한 보배를 완전히 빈 마음에 주시려 하는지 논할 자격이 있는 사람은 아무도 없습니다.

그러므로 하나님의 자녀들이 해야 할 일은 두 가지입니다. 하나는 겸손한 자세로 자신을 낮추는 것이고, 다른 하나는 신실함으로써 사람들에게 칭찬받는 존재가 되는 것입니다. 이제 그 이유를 자세히 살펴보려고 합니다. 한 마디로 말하자면 '겸손하라'는 것입니다. 나는 젊은이들을 위해 이렇게 기도합니다.

'그들이 지금 무엇을 배우고 있든지 주님처럼 자기를 낮추는 법을 배우게 하소서. 그들에게서 온갖 교만의 흔적이 사라지게 하소서. 그들 안에 은밀하게 자리 잡고 있는 온갖 악의 뿌리를 제거해 주소

서. 하나님 앞에서 그들 자신을 땅의 먼지처럼 낮추게 하소서.'

하나님 앞에서 자신을 낮추기 위해서 시간을 내어 기도하십시오. 하나님은 겸손한 자에게 은혜를 베푸십니다[4]. 하늘나라의 보배를 소유하려면 자신을 낮추십시오. 보배를 담은 그릇은 정결하고, 겸손하고, 빈 그릇이어야 합니다. 우리 모두 이렇게 기도합시다. '주님, 제가 아무 것도 아니라는 사실을 철저히 깨닫게 하시고, 거룩한 두려움과 떨림 가운데서 행하게 하소서.' 또한 하나님이 우리 안에 충만히 임재하시도록 하나님 앞에 자신을 낮추는 것을 유일한 소원으로 삼으십시오.

둘째는, 신뢰할 만하고 사람들에게 칭찬을 듣는 신자가 되십시오. 주님의 일꾼이 되려고 준비하는 분들에게 말씀드리고 싶은 교훈이 있습니다. 영혼을 사랑하는 마음과 하나님의 영광을 추구하려는 자세와 기도하며 일하는 것도 중요하지만, 더욱 강조하고픈 점은 주님을 위해 일할 사람들은 '신뢰할 만한 사람'이어야 한다는 것입니다.

하나님은 보배를 소유하고 계십니다. 그 보배는 하나님이 사랑하시는 자 곧 예수 그리스도이십니다. 하나님은 우리에게 그 보배를 맡기셨습니다. 우리는 그 보배를 마음에 간직하고 있습니다. 우리는 그 보배가 빛을 발하지 못하도록 감추거나 방해할 수도 있고, 그 보배가 우리 안에 충만하도록 자신의 존재 전체를 활짝 개방할 수도 있습니다.

---

4   "너희가 땅에서 사치하고 방종하여 살육의 날에 너희 마음을 살찌게 하였도다" 벧전5:5

앤드류 머레이의 영적인 삶 바로세우기

사랑하는 친구 여러분, 그 보배의 영광스러움과 그 보배 안에 담긴 능력과 그 보배가 주는 말로 표현할 수 없는 하늘의 풍성한 기쁨을 믿으시기 바랍니다. 하나님은 우리에게 그분의 빛과 사랑을 비추실 뿐 아니라, 우리 마음 안에서 성령과 그분의 사랑을 비추고 계십니다. 우리의 마음을 넓게 열어 매순간 그 보배가 우리 안에 들어오게 합시다. 매순간 하나님이 우리 마음에 그분의 아들의 영광을 비추시게 하고 우리를 사도 바울처럼 "우리가 이 보배를 … 가졌으니"(고후4:7)라고 고백할 수 있다는 것을 믿으십시오.

바로 지금 이렇게 고백합시다. '내가 이 신령한 보배를 가졌으니 하나님이 그 보배를 내게 나타내시도록 구할 거야. 떨며 그 생각 안에서 행하고 하늘의 보배를 나타내야지.' 우리에게 엄청난 고가의 다이아몬드가 있다면 그것을 얼마나 소중히 간직하겠습니까? 주님을 위해 일해야 한다는 생각에만 몰두하지 말고, 우리가 하늘나라의 보배를 소유하고 있다는 가장 중요한 사실을 잊지 말기 바랍니다. 하나님만이 우리에게 늘 빛을 비추실 수 있다는 것을 믿고 주의 깊이 행하십시오.

'주여, 이 글을 읽는 모든 분들이 그 사실을 분명히 깨닫게 하옵소서. 매일 매순간 예수 그리스도의 얼굴에 있는 하나님의 영광을 아는 빛을 우리 마음에 비추어 주옵소서.'

'우리는 매일 매순간 주님의 사랑 안에 머물고,

매일 매순간 하늘의 생명을 소유하고 있네.'

하나님은 빛을 비추시되 늘 변함없이 그 빛을 비추고 계십니다.

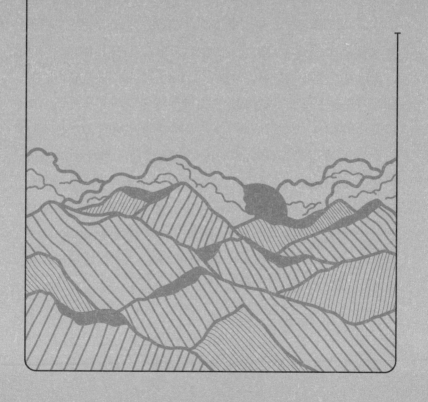

13장

의지와 행함

13장
의지와 행함

"원함은 내게 있으나 선을 행하는 것은 없노라"(롬7:18)
"항상 복종하여 두렵고 떨림으로 너희 구원을 이루라 너희 안에서 행
하시는 이는 하나님이시니 자기의 기쁘신 뜻을 위하여 너희에게 소원을
두고 행하게 하시나니"(빌2:12-13)

이 장에서 살피고자 하는 두 구절의 말씀은 서로 모순된 교훈처
럼 보입니다.

첫 번째 말씀에 나타나는 "원함을 내게 있으나"라고 하는 말씀은 바
울의 체험을 보여줍니다. 바울이 그 말을 통해 전하고자 했던 의미
는 '그의 의지는 정당하다'는 것이었습니다. 왜냐하면 그것은 하나
님의 뜻을 곧 선을 행하려는 의지였기 때문입니다. 바울은 그 말에
이어서 "선을 행하는 것은 없노라"고 탄식합니다. 자신의 의지를 실천할
능력이 그에게 없다는 것입니다. 자신이 발견한 뜻을 수행할 방법
을 모르겠다는 말입니다. 그의 의지와 실천 사이에 큰 간격이 존재
하고 있었던 것입니다. 그것은 대다수의 그리스도인들의 상태를 나
타내기도 합니다.

수많은 성도들이 선한 일을 행하려고 하지만, 그 일을 실천할 능
력이 그들에게 없다는 사실을 깨닫곤 합니다. 그들은 바울이 "원함
은 내게 있으나 선을 행하는 것은 없노라"고 탄식하던 상태에 머물고 있습

앤드류 머레이의 **영적인 삶 바로세우기**

니다.

두 번째 말씀에서는 정반대의 상태를 발견하게 됩니다. 거기서 바울은 "두렵고 떨림으로 너희 구원을 이루라 너희 안에서 행하시는 이는 하나님이시니 자기의 기쁘신 뜻을 위하여 너희에게 소원을 두고 행하게 하시나니"라고 권면합니다. 하나님은 신자로 하여금 의지를 가지게 하실 뿐 아니라, 그 의지를 실천하게 하신다고 말합니다. 두 말씀은 바로 그리스도인의 삶의 두 단계를 보여줍니다. 그것은 앞에서 신자의 삶의 방식에는 육적 삶과 영적 삶이 있다고 언급한 내용과 연관되어 있습니다.

"원함은 내게 있으나 선을 행하는 것은 없노라"는 탄식은 선해지려고 힘쓰지만, 결코 선에 이를 수 없는 육적 그리스도인의 삶을 보여주는 말씀입니다. 이 상태에 머무는 신자는 늘 실패하기 마련입니다. 용기를 내어 죄와 싸워 보기도 하지만 언제나 패배하고 맙니다. 그러나 영적인 신자는 죄와 싸워 승리합니다. "항상 복종하여 두렵고 떨림으로 너희 구원을 이루라"는 말씀은 바로 영적 신자에게 주는 교훈입니다.

그리스도인 가운데에도 늘 불평하는 사람들이 있습니다. 그들은 '하나님을 기쁘게 해드리고 싶어. 내 뜻은 하나님의 뜻을 행하는 것이지만, 도저히 그 뜻을 이룰 수가 없어서 너무 안타까워.'라는 푸념을 늘어놓곤 합니다. 그들에게는 하나님의 뜻을 행할 능력이 없습니다. 그러나 그들과는 전혀 다른 종류의 신자들이 있습니다. 그들은 빌립보서 말씀을 통해 바울이 권면한 그리스도인을 가리킵니다. 하나님은 그들로 하여금 하나님의 뜻을 행하려는 의지를 가지게 할 뿐 아니라, 그들 안에서 그 의지를 행하게 만듭니다.

이제 그 두 상태의 차이점이 무엇인지 살펴봅시다.

많은 신자들이 육적 상태에서 벗어나지 못하는 이유는 무엇입니까? 그들을 영적 상태에 이르게 하는 방법은 무엇입니까? 여러분은 그 두 상태 사이에 뚜렷한 차이가 있음을 알 수 있을 것입니다. 의지를 갖고 있지만, 그것을 실천에 옮기는데 늘 실패하는 사람과, 마음먹은 것은 반드시 실천하는 사람 가운데 누가 더 나은지 생각해 보면 금방 알 수 있기 때문입니다. 그러므로 어떻게 하면 뜻한 것을 실천할 수 있는 복된 상태에 이를 수 있는지, 그 방법을 가르쳐 주시도록 하나님께 기도드리십시오.

그리스도인의 삶의 첫째 단계를 살피기 전에 로마서 7장의 교훈이 로마서 전체에서 차지하는 위치에 대해 다시금 확인하기 원합니다. 로마서 6장에서 사도 바울은 모든 신자들을 향해 이렇게 말합니다. '너희는 그리스도 안에서 죽었다가, 그리스도 안에서 살았으므로 그 사실을 믿고 그 사실에 근거하여 하나님께 나아와 자신을 드려야한다.' 그러나 하나님께 자신을 드리는 일은 '성화'(聖化) 단계의 시작에 지나지 않습니다. 그래서 바울은 6장 끝부분에서 이렇게 말합니다. '성화의 삶을 시작했으므로 그것을 이루라. 의의 종으로써 모든 일에 하나님께 순종하고 의를 위해 살라.'

7장에서는 그보다 더 중요한 것이 있다고 말합니다. 바울은 하나님께 순종하고 하나님의 종으로서 의를 실천하는 삶을 살기 시작한 후에 뜻하지 않은 체험을 하게 됩니다. 그 속에서 거듭되는 실패를 발견한 것입니다. 그래서 그는 7장 앞부분에서 거룩해지려고 애쓰는 것보다 훨씬 더 높은 단계의 삶이 있음을 알려야겠다고 결심합니다. 그것은 '우리가 죄에 대해 죽었으므로, 율법에 대해서도 죽었다는 것을 깨닫는 삶'입니다.

어떤 사람들은 그 말에 깜짝 놀라며 '율법은 거룩하고 선한 것인데, 어떻게 율법에 대해 죽을 수 있다는 말인가?'하고 의문을 제기할 수도 있습니다. 바울은 그런 분들을 향해 이렇게 말합니다. '율법은 선하고 영적인 것이지만 우리의 본성이 악하여 율법을 지킬 수 없으므로, 율법은 우리를 죽이는 결과를 낳을 뿐입니다. 그러므로 율법은 이런 상태의 신자에게 도움이 안 됩니다.' 우리가 거듭난 후에 영적 삶을 사는데 실패하는 이유는, 중생한 후에도 여전히 율법을 지키려고 힘쓰기 때문입니다.

하나님이 시내산에서 율법을 주신 이유는 신자로 하여금 자신이 실패할 수밖에 없는 존재이자, 전적으로 무능한 존재임을 깨닫게 하기 위함입니다. 율법의 기능은 인간으로 하여금 자신의 악함을 깨닫게 하는 것입니다. 신자가 늘 실패할 수밖에 없는 이유는 '나는 거듭난 성도이므로 율법을 지켜야 해.'라고 생각하기 때문입니다. 율법은 신자로 하여금 '자기 노력'에 힘쓰도록 만드는데, '자기'가 분발하고 '자기'가 최선을 다하게 하는 한, 우리는 아무 것도 할 수가 없습니다.

7장에서 바울은 '너희는 6장에서 언급한대로 죄에 대해 죽었으므로, 실제로는 율법에 대해서도 죽었다.'라고 말합니다. 그리고 나서 그 사실에 대해 논의를 계속합니다. 여기서 우리가 주목해야 할 부분은 7장 후반부입니다. 로마서 1장 18절부터 5장 11절까지는 불법과 같은 복수 형태의 죄들(sins)과 악한 행위들에 관해 언급하고 있는데, 칭의는 바로 그 '죄들'과 '악한 행위들'과 연관되어 있습니다. 5장 12절부터는 복수 형태의 죄가 아니라 '죄'(Sin)에 관한 모든 것을 언급합니다. 그 이유가 무엇일까요?

로마서의 전반부에서 칭의를 논할 때는 악한 행위들에 관해 언급할 수밖에 없었지만, 12절부터는 우리 안에서 활동하는 죄의 능력과 그 죄를 극복하는 방법에 관해 논하려고 하기 때문입니다. 7장 후반부에서 죄에 관해 새로운 논의를 시작하는 이유도 그 때문입니다. 7장 후반부의 논의가 없었다면 우리는 로마서의 교훈을 통해 깊이 좌절하고 말았을 것입니다. 비록 7장 후반부의 교훈 때문에 어려움을 겪는 사람들도 있지만, 우리는 그 교훈을 주신 하나님께 크게 감사할 수밖에 없습니다. 만일 로마서 1장에서 이방인과 유대인의 죄를 포함해 죄에 관한 모든 것과 우리의 죄로 인해 죽으신 그리스도의 피로 죄를 용서받고 의롭다하심을 얻음에 관해 논하면서, 7장에서 우리의 삶 가운데에서 활동하는 죄의 능력을 다루지 않았다면 로마서의 교훈이 우리에게 무슨 소용이 있겠습니까?

바울이 거듭나지 않은 사람들의 죄에 관해서만 언급했다면, 로마서의 교훈이 우리에게 무슨 도움이 되겠느냐는 말입니다. 그리스도인은 거듭난 사람 안에서 죄가 활동하는 법을 알아야 합니다. 그러므로 7장 후반부 교훈은 하나님의 뜻을 바르게 이해하는데 반드시 필요합니다. 온전한 구원을 얻는데 필요한 자신의 무능함에 대해 가르쳐주기 때문입니다.

우리는 두 종류의 죄에 대한 깨달음을 얻어야 합니다. 하나는 불신자를 회개와 믿음으로 인도하는 죄에 대한 깨달음이고, 다른 하나는 신자로 하여금 완전한 구원에 이르게 하는 죄에 대한 깨달음입니다. 이 두 번째의 죄에 대한 깨달음이 바로 7장 후반부에서 바울이 가르치는 교훈입니다. 그 말씀을 주의 깊이 읽으면, 거듭난 신자가 하나님의 율법을 즐거워하며 선을 행하려고 힘씀에도 불구하고 그렇게 할 수 없는 이유를 바울이 밝히고 있음을 알 수 있습니다.

하나님의 자녀가 왜 자신이 원하는 일을 행할 수 없을까요? 그들 안에서 모든 일을 행하시는 성령께 자신을 맡기지 않기 때문입니다. 바울이 7장 7절부터 한 번도 언급하지 않던 그리스도의 이름을 "우리 주 예수 그리스도로 말미암아 하나님께 감사하리로다"(25절)라는 말씀 속에 처음으로 사용하고 있음에 주의하되, 아직도 성령을 언급하지 않은 채 율법에 관해서만 논하고 있다는 점에 주목하십시오.

그가 계속해서 율법에 관해서 말하고 있는 점도 눈여겨보십시오. 그는 7장에서 율법을 포함해 "법"이라는 말을 20회 이상 사용하면서, 늘 "나"와 "나를"이라는 단어와 연관시켜 말합니다. 그리고 거듭난 신자로서 율법을 준수하는데 최선을 다함에도 불구하고 철저히 실패하고 맙니다. 그것은 수많은 그리스도인들의 삶을 적나라하게 보여주고 있습니다. 그들은 하나님께 기도하는 일에 온 힘을 다하며, 때로는 '주님, 저를 도와주소서!'라고 부르짖어 구하기도 하지만, 문제를 해결하는 데에 전혀 도움이 안됩니다. 그런데 8장에서 그의 말에 놀라운 변화가 일어납니다.

그는 2절에서부터 예수 안에 있는 생명의 성령의 법이 그리스도인을 죄와 사망의 법에서 해방시킨다고 말하기 시작합니다. 그 안에 새로운 능력이 들어온 것입니다. 그 성령의 능력은 신자로 하여금 선을 행하려는 뜻을 품게 할 뿐 아니라, 그 뜻을 실천할 수 있게 만듭니다. 그것은 그리스도인의 삶이 1단계에서 2단계로 나아감을 가리키는 표징입니다.

두 번째 단계를 살펴봅시다. 언젠가 희망봉지역에서 일하는 젊은 선교사의 이야기를 듣고 큰 감동을 받은 적이 있습니다. 그것은 선교지로 떠날 준비를 하고 있던 시절에 들은 이야기로 그에게 큰 위로를 주었습니다. 그것은 미국 인디언을 대상으로 선교했던 데이비드 브레이너드[5]에 관한 일화입니다. 브레이너드가 선교지로 출발하려고 할 때 어떤 사람이 그에게 물었습니다.

"당신은 정말 기쁜 마음으로 선교지로 떠나는 것 같군요."

"그렇습니다."

"하지만 당신이 영혼을 구원하는 일에 성공할는지 어떻게 알 수 있나요?" 그때 그는 이렇게 대답했습니다.

"내게 선교할 뜻을 주신 하나님이 그 일을 행할 능력도 주실 것을 믿기 때문입니다. 그분은 우리로 하여금 뜻을 품게 하신 후에,

---

5   데이비드 브레이너드 David Brainerd, 1718-1747
     요나단 에드워즈의 예비사위였으며 인디언 선교에 힘쓴 인물.

반드시 그 뜻을 행하도록 인도하시는 분입니다."

그것은 우리가 그리스도인으로 살아가는 동안에 반드시 지녀야 할 확신입니다.

지금부터 드리고자하는 말씀도 우리에게 선한 일을 행할 뜻을 품게 하신 하나님이 필히 그 뜻을 행할 능력도 주신다는 교훈입니다. 그러므로 신자는 언제나 '선한 일을 하고픈데 어떻게 그 일을 해야 할지 모르겠어.'라고 불평하며 살 필요가 없습니다. 하나님은 성령의 인도를 통해 우리로 하여금 하나님의 뜻을 행하려는 마음을 품게 하시고, 우리로 하여금 그 뜻에 순종할 수 있도록 인도하시기 때문입니다. 그것은 바로 우리가 소망하는 삶입니다.

로마서 7장은 새로워진 의지를 다룹니다. 어떤 사람들은 그것이 거듭나지 않은 사람의 의지를 가리킨다고 보지만, 그것을 그릇된 주장이라고 일축할 수만은 없는 측면이 있습니다. 왜 바울은 전적으로 성화문제를 다루는 6장과 8장 사이에서 거듭나지 않은 사람의 상태를 논할 수밖에 없었던 것일까요? 그것은 논리적 순서에 어긋나는 일입니다. 성화에 대해 언급하다가 느닷없이 거듭나지 않은 사람에 대해 논하는 것은 자연스런 논리의 전개가 아니기 때문입니다.

그러나 다른 측면에서 그 이유를 설명할 수 있습니다. 바울이 거듭나지 않은 사람의 상태보다 더 중요한 사실을 소개하려 했거나, 거듭난 사람의 마음 안에서 일어나고 있는 일을 밝히려 했다면 7장에서 새로워진 의지가 직면한 난관에 대해 논하는 것은 지극히 당연합니다. 그러므로 "원함은 내게 있으나 선을 행하는 것은 없노라"는 말씀은 거듭난 신자에 관한 교훈인 것을 알 수 있습니다. 이제부터 그 말씀이 의미하는 몇 가지 교훈을 살펴봅시다.

1

거듭남의 능력을
가르쳐 주는 새 의지

새로워진 의지는 거듭남의 능력이 어떤 것인지를 가르쳐 줍니다. 하나님은 우리의 마음과 의지, 삶과 소원을 변화시키는 분이므로, 죄를 사랑하고 하나님의 뜻과 법을 미워하던 사람을 하나님의 뜻 안에서 기뻐하는 사람으로 변화시킵니다. 하지만 새 의지만으로는 변화된 그리스도인으로 살기에 부족할 뿐 아니라, 어떤 일도 제대로 할 수 없습니다. 그러므로 우리가 그 점을 본격적으로 다루기 전에, 하나님이 선물로 주신 새 의지를 더욱 굳게 하며, 이렇게 기도하시기 바랍니다.

'주님이 저에게 새로운 뜻을 주심을 감사드리오며 온 맘을 다해 그 뜻을 실천하기 원합니다.'

설령 그 뜻을 실천하지 못하더라도 그 뜻을 실천할 능력을 받지 못했다는 이유로 염려하는 대신 하나님께 이렇게 고백하기 바랍니다. '주님, 당신의 뜻 안에서 기뻐하며, 그 뜻을 행하기를 기뻐하며, 진정으로 그 뜻을 행하기를 원합니다.' 그러면 새로워진 의지가 여러분에게 거듭남의 능력이 어떤 것인지 가르쳐 줄 것입니다.

앤드류 머레이의 **영적인 삶 바로세우기**

많은 그리스도인들이 자기 힘으로 자신의 마음을 바꾸고, 뜻과 성향까지 바꾸어 보려고 애쓰다가 결국 자신의 힘으로는 그것이 불가능하다는 사실을 깨닫는 모습을 우리 주변에서 자주 볼 수 있습니다. 그러나 하나님은 그들의 마음을 능히 변화시킬 수 있습니다. 언젠가 주님을 영접했음에도 불구하고 날이 갈수록 자신의 구원에 의심이 생겨, 밤마다 구원받기 위해 기도하는 성도의 이야기를 들은 적이 있습니다. 그 여인은 여러 해 동안 기도했음에도 불구하고 자신이 구원받았다는 확신에 이르지 못했습니다. 그런 사람들을 교회 안에서 찾는 것은 결코 어려운 일이 아닙니다.

그들의 체험은 하나님의 역사가 그들 안에서 이루어지고 있음을 믿고, 자신에게 '아무 걱정 마. 어떤 해로움도 없을 거야.'라고 말하며 평안한 마음으로 기다리고 있지 않았다는 증거입니다. 그러나 그런 상태로는 안식을 누리지 못합니다. 비록 하나님의 뜻을 실천하는 데는 실패했지만, 그들의 의지는 하나님의 뜻을 행하고자 하는데 고정됩니다. 그러므로 하나님의 뜻을 실천하는 데 이르지 못했다 해도 하나님의 뜻을 행하려는 의지를 굳게 하며 '나는 하나님의 뜻을 행할 거야.'라고 선포하십시오. 고난 가운데 마음이 떨려 하나님의 뜻에 복종할 수 없을지라도, 원하는 일을 하거나 온전히 복종할 수 없다고 여겨지는 순간에도 이렇게 고백하십시오.

'주님이 원하시는 일을 제가 하겠습니다. 제 마음이 평안을 누리지 못할지라도 제 뜻을 버리고 주님의 뜻을 택하겠습니다.' 지금 우리를 괴롭히거나, 마음을 지배하고 있는 죄에 관해서도 이렇게 고백하십시오. '주님, 당신이 명하신 대로 하겠습니다.' 이처럼 새로워진 의지는 거듭남의 능력을 가르쳐줍니다.

2

거듭난 신자의 무능함과 무력함을 가르쳐 주는 새 의지

새로워진 의지는 거듭난 사람의 무능함과 무력함을 가르쳐줍니다. 거듭남은 신자에게 새로운 의지를 부여하지만, 거듭난 신자는 새 의지를 얻은 다음부터 무력한 존재가 됩니다. 오늘날의 교회와 신자들이 범하는 큰 실수는 이 사실을 전혀 알지 못한다는 데에 있습니다. 그들은 이렇게 생각합니다. '나는 거듭난 성도이므로, 하나님의 은혜를 소유하고 성령을 모시고 있어. 그러므로 하나님의 뜻을 행할 수 있어야 해.' 그리고 최선을 다하며 하나님의 뜻을 행하려 하다가 실패하고 맙니다. 여기서 우리는 중요한 교훈을 깨닫게 됩니다.

그것은 '제2의 축복' 혹은 영적인 삶에 관한 것으로, 하나님이 거듭난 성도에게 오셔서 이렇게 말씀하시는 것입니다. '내 아들아, 내가 네게 새 의지를 주었지만 그것만으로는 너를 도울 수가 없단다.' 수많은 성도들이 이렇게 생각합니다. '내가 굳은 의지와 확정된 의지를 갖기만 한다면 하나님께 순종할 수 있을 거야.' 그리고는 탄식하며 하나님께 굳은 의지를 주시도록 구합니다. 그는 하나님의 법 안에서 즐거워하면서도 자신이 원하는 일을 할 수 없습니다. 그것은 거듭난 성도가 무력한 자라는 것을 분명히 가르쳐 줍니다. 우리의 삶 속에서 날마다 그런 일을 보지 않습니까? 그 사실에 대해 증언할 수 있는 사람들을 우리 주변에서 쉽게 발견할 수 있습니다.

그리스도인이 실행할 수 없을지라도 포기해서는 안 되는 일들이 분명히 존재합니다. 거듭난 신자라도 날마다 내적 삶의 유혹을 만나면 무력한 사람이 될 수밖에 없습니다. 30년 혹은 40년이나 자신의 무력함과 싸워왔음에도 한 번도 승리하지 못하고 자신의 무능함을 인정하는 사람들이 있습니다. 30년 혹은 40년간이나 자기 의지와 무정한 마음과 싸워서 한 번도 성공하지 못한 사람들도 있습니다. 그 이유가 무엇입니까? 거듭남의 효력에 의해 하나님을 섬기려 하는 한 성도는 무능한 존재 일 수밖에 없기 때문입니다.

3

새로운 축복의 필요성

거듭난 신자가 실제로 하나님의 뜻을 행하기 위해서는 새로운 축복을 받아야 합니다. 그것이 로마서 8장이 우리에게 가르치는 교훈입니다. 7장에서 바울은 성령에 관해서는 한 마디도 하지 않고, 율법 아래 거하며 그 율법에 복종하려고 힘쓰는 거듭난 신자와 율법에 관해서만 언급합니다. 그러나 8장에서는 '율법이 아니라 생명의 성령의 능력이, 속박을 통해 진정으로 하고 싶은 일을 하지 못하도록 방해하던 율법에서 나를 해방시켰다.'고 고백하면서 '그리스도의 영이 나를 해방시켰다.'고 선언합니다.

7장에서는 자신을 '속박된 자'로 묘사하지만, 8장에서는 성령에 의해 '자유를 누리는 자'로 표현합니다. 그리스도의 영에 의해 성령을 따라 행하며, 몸의 행실을 죽일 수 있게 되었으므로, 자신이 원하지 않는 일을 거부할 수 있게 되었다고 말합니다. 신자의 삶에는 두 단계가 있습니다. 하지만 2 단계의 삶은 거듭난 후로부터 오랜 시간이 경과한 후에 필요한 것이 아닙니다.

거듭남과 동시에 2 단계의 삶이 시작된 경우에는, 성령이 임한 순간부터 하나님의 뜻을 행하기 원하며, 그 뜻을 실천하는 신자도 있습니다. 그러나 그런 삶을 체험하는 신자는 소수에 지나지 않으므로, 거듭난 후에 신자가 누려야할 다음 단계의 삶이 있다는 사실을 분명히 가르쳐야 합니다.

그러면 2단계의 삶이란 무엇입니까?

그것은 성령이 임하면, 하나님의 뜻을 행하려는 의지를 갖게 될 뿐 아니라, 그 뜻을 행할 수 있게 된다는 것을 믿는 삶입니다. 뜻을 품음과 실천 사이에는 분명한 차이가 있습니다. 10살짜리 어린아이를 예로 들어봅시다. 그 아이에게 어려운 수학문제를 내면, 그것을 풀기 위해 최선을 다 하고 문제를 풀려는 의지가 충분함에도 불구하고 결코 문제를 풀 수 없을 것입니다. 그와 같이 신자들도 하나님의 뜻을 행하려는 의지를 가지고 있지만, 능력이 부족하여 그 뜻을 행할 수 없을 때가 많습니다. 로마서 7장에서도 하나님의 뜻을 행할 능력을 받지 못한 신자에 대해 묘사하는 것을 볼 수 있습니다. 하지만 성령은 우리로 하여금 뜻한 일을 행할 수 있게 만드는 하나님의 능력이시므로, 하나님께 나아가 이렇게 구하십시오.

'저의 삶 전체를 성령께 드립니다. 지금까지 제 힘으로 하려고 했던 모든 일을 성령께 맡기기를 원합니다. 저의 삶 전체에 성령이 임하시길 기다리며, 그 안에서 기뻐하기 원합니다.'

그러면 하나님께서 그분의 뜻을 행하려는 의지와 함께 그 뜻을 행할 능력을 여러분에게 주실 것입니다. 그런 하나님께 영광을 돌리십시오. 바울은 "너희 안에서 행하시는 하나님이시니 자기의 기쁘신 뜻을 위하여 너희에게 소원을 두고 행하게 하시나니"라고 말합니다. 하나님은 그분의 뜻을 행하려는 의지와 그것을 실천할 능력을 우리에게 주시는 분이심을 믿고, 의지하고, 기뻐하십시오.

왜 하나님이 의지와 행함이라는 두 개의 단계를 따로 존재하게 만드셨을까요? 하나님의 뜻을 행하려는 의지를 우리에게 주실 때, 실천할 능력도 함께 주시면 더 낫지 않았을까요? 하나님이 로마서 7장에 나오는 바울에게 뜻한 바를 실천할 능력을 주시지 않은 이유는 무엇입니까? 거기에는 합당한 이유가 있습니다. 거듭나지 않은 사람이 그리스도께 나아올 때, 하나님은 그에게 '너는 내 뜻에 따라 살겠느냐?'고 물으십니다. 그는 하나님의 뜻이 무엇인지 알지 못하므로, 그 질문에 대답할 수가 없습니다. 그는 눈이 먼 상태입니다. 자신은 하나님의 뜻이 무엇인지 안다고 생각하지만, 거듭나지 않은 상태에서는 하나님의 뜻의 깊이, 정결함, 자기 영혼이 하나님의 뜻을 이해하게 되는 과정을 전혀 알 수가 없습니다. 거듭난 순간에도 그 질문에 온전히 대답할 수 없기는 마찬가지입니다. '주여, 당신이 하신 말씀을 다 행하겠습니다.'라고 말하면서도, 그 고백이 무엇을 의미하는지 알지 못합니다. 이스라엘 백성은 시내산에서 "**여호와께서 명령하신대로 우리가 다 행하리이다**"(출19:8)라고 말했음에도 불구하고 그들이 하고 있는 말이 무슨 뜻인지 이해하지 못하고 있었습니다. 그처럼 거듭난 그리스도인도 하나님의 뜻이 무엇인지 알지 못하는 경우가 다반사입니다.

많은 그리스도인들은 거듭난 후에 즉시 혹은 어느 정도의 시간이 지난 다음에 하나님의 뜻을 행하려고 애쓰기 시작합니다. 하지만 그 결과로 심각한 실패를 맛보게 됩니다. 그때 하나님이 그에게 오셔서 두 번째로 이렇게 말씀하십니다.

'얘, 너에게 내 뜻을 사랑하는 새로운 의지를 주었고 너는 그 뜻을 능히 행할 수 있다고 여겼지만 실패하고 말았다. 이제 너의 자아와 자기 확신을 온전히 제거하여, 네가 최선을 다했음에도 내 뜻대로 행하는데 실패한 과정을 깨닫게 하고자 한단다. 이제 두 번째로 내게 나와 새로운 축복을 받으라.'

"아버지, 그 축복은 어떤 것입니까? 이미 성령을 주셨는데, 새로운 축복이라니 무엇을 말씀하시는 겁니까?"

"그래, 너는 성령의 전이 되었으므로, 지금 네 안에 성령이 거하고 있지. 하지만 너의 존재 전체가 성령으로 충만하게 되는 것이 무엇인지 전혀 모르고 있지 않니? 하루 종일 성령께 전적으로 의뢰한

앤드류 머레이의 **영적인 삶 바로세우기**

다는 것도 모르고, 나를 영화롭게 하기 위해 너를 전적으로 원한다는 사실도 전혀 알지 못하고 있잖니. 내게 나오너라. 그러면 두 번째로 너를 변화시킬 것이다. 그러면 네 의지가 새로운 의미, 깊이, 강도로 변화되어 네 자신을 내게 드리며 이렇게 말하게 될 것이다."

"하나님 제가 무엇을 잘못했는지 그리고 왜 실패했는지 깨닫기 시작했사오니 주님 앞에 나아가 제 모든 것을 당신께 내어 놓겠어요. 제 자신뿐 아니라 지금까지 지녀온 저에 대한 확신과 능력을 모두 버리겠어요.'"

그때 하나님은 이렇게 응답하실 것입니다.

"내 아들아 네 자신을 죽이기 위해 기꺼이 예수 그리스도의 죽음으로 내려가면 너를 성령으로 충만케 할 것이다."

예수님의 삶은 두 단계를 통과하셔야 했습니다. 첫 번째는 베들레헴에서 태어나셨지만 죽음을 당하셔야 했습니다. 베들레헴에서 태어난 삶을 포기하자 두 번째로 무덤에서 나셨습니다.

무덤에서 나신 것은 다시 두 단계로 나뉘는데, 첫 번째는 무덤에서 새생명 곧 승리의 삶으로 나신 것입니다. 그것은 죄가 없는 순결한 삶임에도 불구하고 보좌에 앉으신 후의 삶과 비교하면 나약하고, 거의 능력도 없는 삶이라고 할 수 있습니다. 신자의 삶에도 두 단계가 있습니다. 첫째 단계는 우리 안에 '하고자 하는 마음'을 불러일으키는데, 그것은 우리를 하나님의 뜻을 행하고자 하는 자녀의 자리로 인도합니다. 자녀는 부모의 뜻을 행하려는 마음을 가질 수 있지만, 어린 시절에는 그 뜻을 이룰 수가 없습니다. 장성하면 자신의 힘으로 부모의 뜻을 행할 수 있습니다.

하나님은 그분의 뜻을 행할 수 있는 능력을 얻기 위해 장성할 때까지 기다리라고 요구하지 않습니다. 어떤 신자에게는 회심과 동시에 그런 능력을 주시기도 합니다. 하지만 교회가 연약한 상태에 머물 때는 그런 능력을 받지 못한 채 40년 혹은 50년을 신자로 살아온 사람들을 쉽사리 발견할 수 있습니다. 그러므로 자신에게 이렇게 말하십시오.

'하나님은 기꺼이 나를 낮은 단계에서 더 높은 단계로 인도하길 원하시는 분이야. 높은 단계에 이르면 나는 선한 일을 하고자 할 뿐 아니라, 그것을 행하는 능력을 소유할 수 있어.'

선한 일을 행하려는 의지와 그 뜻을 행하는 능력을 받는 것이 우리에게 반드시 필요합니다. 하나님은 우리를 점진적으로 훈련시키시되 우리의 연약함과 전적인 무능함을 철저히 깨닫기 원하십니다. 온전한 준비를 갖출 때 하나님은 우리 안에 성령이 거하시며 다스리시게 함으로써 우리를 참되고 온전한 신자로 변화시키십니다.

4

둘째 축복에 들어가는 비결

제 2의 축복에 들어가는 비결은 무엇입니까? 그것은 하나님을 전적으로 의지하는 것입니다. 빌립보서 2장 12절, 13절 말씀을 살펴봅시다.

앤드류 머레이의 **영적인 삶 바로세우기**

"너희 구원을 이루라 너희 안에서 행하시는 이는 하나님이시니 자기의
기쁘신 뜻을 위하여 너희에게 소원을 두고 행하게 하시느니라"

여기서 "너희 구원을 이루라 너희 안에서 행하시는 이는 하나님이시니"라는
말씀과 "우리에게 소원을 두고 행하게 하시느니라"는 말씀 중에 어느 것이
먼저 이뤄져야 할까요?

당연히 첫째 말씀이 먼저 이루어져야 합니다. 그러면 "이루라"와
"너희 안에서 행하시는 하나님이시니"라는 말씀 중에서는 어느 것이 먼저
성취되어야 할까요? 물론 하나님이 우리 안에서 행하심이 선행되어
야 합니다. 하나님이 행하시므로 우리도 행해야 하기 때문입니다.
문법적으로는 "이루라"는 말이 앞에 나오지만, 영적으로는 하나님이
우리 안에서 행하신 다음에 성취할 일입니다. 그래서 바울은 "하나
님이 행하시니 너희도 구원을 이루라"고 말한 것입니다. 그러나 우리가 하
나님의 뜻을 행하려고 해도 그 뜻을 이룰 수 없는 이유는 무엇입니
까? 그것은 하나님이 행하심을 믿지 않고, 우리 자신의 힘으로 행
하려 하기 때문입니다. 오직 "너희 구원을 이루라"는 명령만 붙잡기 때
문에 아무리 애를 써도 실패할 수밖에 없는 것입니다.

더 상세히 말하자면 "너희 안에서 행하시는 이는 하나님이시니"라는 약
속을 무시한 채 "하나님이 소원을 두고 행하게 하"심에 매달리기 때문이
라는 것입니다. 하나님이 우리에게 원하시는 것은 전적으로 하나님
이 일하시도록 허용하는 것입니다. 이것은 하나님이 우리 삶에서
더 중요한 역할을 감당하시고, 더 큰 비중을 차지하시게 해야 한다
는 말이 아닙니다. 우리가 하나님의 뜻을 행하려는 의지를 가지고

그 뜻을 실천하기 원하면, 지금까지 체험해 본 적이 없는 하나님을 의지하는 마음, 인내심과 자신의 능력으로는 아무 것도 할 수 없다는 분명한 자기 인식을 가지고 하나님께 나아와 그분의 인도를 기다리도록 성령이 가르치실 것이기 때문입니다. 우리는 일생 동안 날마다 성령의 도우심을 통해 하나님이 우리 안에서 친히 일하시도록 해야 합니다.

우리 안에서 행하시는 하나님으로 하여금 그분의 뜻을 행하고자 하는 의지를 우리에게 주시고, 그 뜻을 실천하실 수 있게 하십시오. 하고자 하는 의지만 넘치고 영적 삶이 없으면, 우리의 삶은 실패로 넘쳐 하나님이 계셔야 할 자리가 사라지게 됩니다. 그리스도께서 죄인의 마음 전체를 사로잡는 것은 잘못된 것이 아닙니다. 왜냐하면 주님이 그를 취하시고 그의 사랑을 얻으며 자녀로 삼기를 원하시기 때문입니다.

그러나 내 경우에는 회심하자마자 예수님처럼 모든 것을 하나님에게서 얻도록 성령에 의해 하나님께로 인도되었습니다. 주님의 삶은 처음부터 끝까지 하나님만 의지하는 것이었습니다. 베들레헴에서 태어나 갈보리 십자가에서 돌아가실 때까지 매일 매순간 하나님께 의지하는 삶이었습니다. 주님이 우리 안에 살게 하심으로써 주님처럼 능력 있고 열매를 맺고 실천하는 삶을 살기 원한다면, 하나님이 선한 뜻을 행하고자하시는 마음으로 기뻐하시는 일을 행하도록 해야 합니다.

앤드류 머레이의 **영적인 삶 바로세우기**

사랑하는 성도 여러분, 저는 스스로에게 이렇게 묻곤 합니다.

'오늘날 주님의 교회가 보여주는 온갖 연약함의 원인은 하나님을 알지 못하는 데서 비롯되는 것은 아닐까?'

다니엘서에서 배우는 교훈은 하나님을 아는 사람들이 담대하고 큰일을 행한다는 것입니다. 우리가 믿는 하나님이 어떤 분이신지 알아야 합니다. 하나님은 우주만물을 주관하는 분이십니다. 날마다 해가 비치게 할 뿐 아니라, 온갖 풀들이 때를 따라 무성케 하는 분이십니다. 백합에 아름다운 옷을 입히는 분이십니다. 어떻게 그런 일을 행하시는 것일까요? 백합이 자랄 때 그 안에 하나님의 생명을 주시기 때문입니다.

하나님은 어디에나 계실 뿐 아니라, 신자의 마음 안에 보다 분명하고 실제적으로 계시기 원하십니다. 그러나 우리는 그 사실을 알지 못하고, 그 사실에 관해 생각하지도 않습니다. 그 이유가 무엇입니까? 하나님의 말씀에 귀를 기울이지 않기 때문입니다. 하나님이 우리 안에서 일하고 계심에도 불구하고 성령으로 하여금 하나님이 우리를 위해 하실 일을 가르치도록 허용하지 않습니다. 그 결과로 우리는 이런 엄숙한 질문에 직면하게 됩니다.

거듭남에 의해 '새로와진 의지는 우리 모두를 하나님께 더욱 의지하는 삶으로 초청하지 않는가?' 우리가 살아계신 하나님을 기다리며 자신을 아무 것도 아닌 존재로 여기는 삶을 사는데 동의한다면, 하나님은 우리에게 그분의 선한 뜻을 행하고자 하는 의지를 주실 뿐 아니라, 그 뜻을 행할 수 있는 능력을 주실 것입니다.

끝으로, 어떻게 하면 그런 축복에 들어갈 수 있습니까? 앞에서 살핀 대로 새로워진 의지는 거듭남의 능력과 신자의 무능력, 그리고 무언가 새로운 것 곧, 제 2의 축복이 필요함을 나타냅니다. 그축복에 들어가려면 어떻게 해야 합니까? 우리에게는 진정한 복종에 대한 기대감이 있습니까? 로마서 7장에 나오는 성도에게는 진정한 복종이 없습니다. 그는 마음이 참되고, 정직한 사람이지만 그의 시도는 실패하고 맙니다. 그것은 바로 오순절 이전의 제자들의 상태를 나타냅니다.

그들은 진실한 마음을 지니고 있었습니다. 베드로가

> **"주여, 내가 주와 함께 옥에도, 죽는 데에도 가기를 각오하였나이다"**(눅 22:33)

라고 말한 것은 진심이었습니다. 그가 진심으로 주님을 사랑했으므로 주님은 그의 말을 거부하지 않으셨습니다. 하지만 그에게는 그 말을 실천할 능력이 없었고, 자기 확신으로 가득했으므로 그는 자신을 속인 셈이었습니다. 뜻은 있었지만 그것을 수행할 능력이 없었던 것입니다.

겟세마네동산 사건을 보십시오. 자신이 기도하고 있는 동안에 잠이 든 제자들을 보고 주님은 **"마음에 원이로되 육신이 약하도다"**(마26:41)라고 탄식하셨습니다. 그 말에는 가장 심오한 영적 의미가 담겨있습니다. 왜냐하면 '사랑하는 제자들아, 너희 안에 선을 행하고자 하는 의지가 있고, 나를 사랑하므로 함께 깨어 있고자 애쓰지만, 육신의 힘이 너무 강해 잠들 수밖에 없구나. 아직 마음의 능력이 육신

앤드류 머레이의 **영적인 삶 바로세우기**

의 능력을 능가하는 데에 이르지 못했기 때문이다.'라며 안타까워
하시는 말씀이기 때문입니다.

그러나 오순절에 임하신 성령의 능력으로 육의 힘을 극복한 제자
들은 주님을 위해 죽음까지도 감당할 수 있게 되었습니다. 어떻게
하면 우리가 그런 축복에 들어 갈 수 있습니까? 거기에는 한 가지
방법 밖에 없습니다. 그것은 우리의 삶을 하나님께 드리는 것입니
다. 지금이라도 우리의 삶을 하나님께 드릴 수 있습니까? 그렇습니
다. 마음이 준비된다면 이 순간에도 하나님께 우리의 삶을 드릴 수
있습니다.

잠시 자신을 돌이켜 보면서 '로마서 7장 말씀은 내가 살아온 모
습을 정확히 보여주지 않는가?'라고 물어봅시다. "원함은 내게 있으나
선을 行하는 것은 없노라"고 외치는 바울의 탄식이 우리 삶을 거의 그대
로 나타내고 있지 않느냐는 말입니다. 그것이 하나님 앞에서 살아
온 우리의 모습이라면, 솔직히 그 사실을 인정한 후에 이렇게 고백
하십시오. '아! 슬프게도 그것은 내가 살아온 삶과 너무 닮았어.'

여러분은 계속해서 그런 상태에 남아 있기를 원하십니까? 아니면
하나님이 우리 안에서 일하심으로써 선한 일을 행하려는 의지를 가
지고, 그 뜻을 실행할 수 있게 하시는 삶에 이르기를 원하십니까?
하나님은 우리 안에서 온갖 선한 일을 행하실 것입니다. 사랑하는
형제자매 여러분, 여러분은 하나님의 복된 뜻을 행하고 싶지 않습니
까? 주님은 "하나님의 말씀을 듣고 지키는 자가 복이 있느니라"(눅11:28)고 말씀
하셨습니다. 자신이 하나님의 뜻을 행하고 있다는 사실을 아는 것은

얼마나 복된 일입니까! 그런 복된 삶을 살고 싶지 않습니까?

이제 거듭난 사람의 무력함에 관해 살펴봅시다. 거듭난 신자가 되었으니 전보다 더욱 열심히 기도하고, 선한 삶을 살려고 힘써야 한다는 생각으로 스스로를 괴롭히지 말기 바랍니다. 아무 도움이 되지 않기 때문입니다. 그보다는 자신의 무능함에 대해 철저히 실망하는 것이 더 좋습니다.

'주님, 제가 여기 왔나이다. 하나님의 자녀로서 하나님의 뜻을 알고, 그 뜻을 행하기를 좋아하고, 힘써 그 뜻을 행하려 하지만, 실패만 거듭하는 제가 주님 앞에 나왔나이다. 저를 도와주세요?'

하나님께 감사드리십시오. 여기에 도움이 될 만한 일들이 있습니다.

그것은 "너희 안에서 행하시는 이는 하나님이시니 자기의 기쁘신 뜻을 위하여 너희에게 소원을 두고 행하게 하시"^(빌2:13)는 것과, 하나님이 우리 안에서 행하시므로 "두렵고 떨림으로 너희 구원을 이루"^(빌2:12)는 것입니다. 선한 뜻을 행하려는 의지가 있음에도 그것을 행할 능력이 없을 때, 곧 로마서 7장에서 말하는 실패상태에 처해 있을 때, 그 속에서 벗어나기 위해 지금 우리가 해야 할 일은

"오호라, 나는 곤고한 사람이로다 이 사망의 몸에서 누가 나를 건져내랴?"^(롬7:24)

라고 탄식하며, '예수님을 통해 구원하시니, 하나님! 감사합니다.' 라고 기쁨으로 고백하는 것입니다.

앤드류 머레이의 **영적인 삶 바로세우기**

"오호라 나는 곤고한 사람이로다 … 누가 나를 건져내랴"^(롬7:24)하고 절규하는 로마서 7장에 나타난 실패의 삶 가운데에서 우리가 지금 취해야 할 단계는 '예수 그리스도를 통해 구원을 주시는 하나님께 감사드립니다.'라고 말하는 것이 아닙니까? 그것은 그 단계가 아닙니까? 그때 하나님께 나아와 자신을 하나님께 드리게 됨을 '하나님, 감사해요.'라고 표현하면서 오늘 아침에 죽음에서 살아났듯이 이렇게 기도드리십시오.

'주 하나님, 죽음에서 살아난 제 자신을 당신께 매일 아침, 매 시간 드려야 하나님만이 주시는 능력을 얻을 수 있다는 것을 이제야 깨닫기 시작했어요. 하나님이 선한 뜻을 주셨으므로, 그 뜻 안에서 기뻐하는 것이 전부이며, 그 뜻을 지금 실천해야겠다고 결심했지만, 얼마나 많이 실패했는지 모릅니다. 이제 하나님께 나와 제 자신을 드립니다.'

우리는 앞에서 그 이유를 들었습니다. 완전히 하나님의 소유가 되기로 순복하고 감사하며, 무엇보다 거룩한 기대를 가지고 '이 복된 삶을 허락하신 분은 하나님이시므로, 매순간 하나님이 도와주셔야 이 삶을 유지할 수 있습니다.'라고 고백하는 방법도 들었습니다. 나무는 싹이 트는 순간부터 뿌리에 의지해야만 살 수 있습니다. 오늘 도토리에서 싹이 난 참나무는 앞으로 100년을 더 살 수 있지만, 늘 뿌리에 의지하지 않으면 살 수가 없습니다. 우리의 새 생명도 하나님에게서 시작되었으므로, 매일 하나님께 뿌리를 두어야 살 수 있습니다. 매순간 우리 안에서 행하시는 하나님으로 충만해지지 않으면, 우리의 삶은 연약해 질 수밖에 없습니다.

형제자매 여러분, 하나님이 거듭남을 통해 우리에게 새 마음과 새 의지를 주셨지만, 그것만으로는 충분하지 않다고 하나님께 나아와 고백합시다. 우리는 하나님 뜻을 행할 수 있는 능력을 하나님으로부터 받아야 합니다. 하나님은 모든 능력을 우리에게 주실 수 있는 분이십니다. 바로 지금 하나님께 나아와 자신을 드림으로써, 그분과 새 언약을 맺읍시다. 더 이상 망설이지 말고 주님 앞에 나오십시오. 그리고 우리의 죄를 용서해 달라고 구한 후, 자신을 온전히 주님께 드리고, 그분의 긍휼을 믿으십시오.

　지금 여러분 가운데 얼마나 많은 분들이 제 2의 축복을 받을 준비가 되었는지는 알 수가 없습니다. 여러분 모두가 준비되었을 수도 있고, 어쩌면 10명만 준비되었는지도 모르지만, 그 축복을 받을 준비가 된 분들은 이렇게 기도하십시오.

　'하나님, 이제 제 2의 축복이 존재한다는 사실을 알았습니다. 그것은 자유와 승리를 누리는 삶인 줄 믿습니다. 우리에게 소원을 주실 뿐 아니라, 그 소원을 이룰 능력도 부여하시는 삶도 존재한다는 것을 알게 되었습니다. 그것은 성령이 임하심으로써, 하나님의 뜻을 행할 수 있게 만드는 능력의 삶입니다. 주님, 지금부터 그런 삶을 살기 원하오니, 저를 받아주시고 지금 제 안에 당신의 말씀이 충만하게 하소서. 지금부터 주님이 제 안에서 뜻하시고 그것을 행하실 줄 믿습니다. 아멘'

　　　　　　　앤드류 머레이의 **영적인 삶 바로세우기**

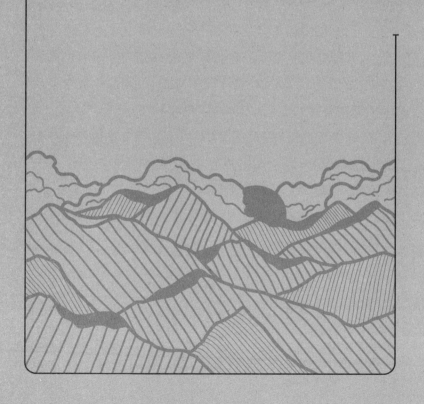

14장

자신을
하나님께
맡기라

14장
자신을 하나님께 맡기라

우리는 지금 많은 그리스도인들이 나약한 삶에서 벗어나지 못하고, 하나님의 뜻을 행하려는 의지를 가지고도 끊임없이 실패하는 이유를 발견하려 힘쓰고 있습니다. 나약한 삶을 사는 신자들은 어떤 대가를 치르더라도 영적으로 승리하며 겸손한 삶을 살 수 있게 하는 성경의 교훈이 없냐고 묻습니다. 하지만 그것은 우리 자신의 질문이기도 합니다. 우리 가운데도 '그리스도를 전능하신 구세주로 믿는다고 입술로 고백하긴 하지만, 실제로는 확신하지 못하고 있어요.'라고 말하는 사람들이 많기 때문입니다.

그들이 그 문제를 해결하지 못하는 이유는 무엇입니까? 성경에는 우리가 의지하며 살 수 있는 기본적인 진리 외에도, 강건한 신자로 성장하는데 필요한 교훈이 함께 들어 있음에도 그런 교훈들을 특별한 사역으로 부름을 받은 사람들에게만 적용되는 진리로 여겨왔기 때문입니다.

대다수의 신자들은 최소한의 희생으로 최대한의 행복과 신앙의 기쁨을 누리기 원합니다. 여기에 그들이 놓치고 있는 귀중한 사실이 하나 있습니다. 시험에서 1등을 하기 원하거나, 사업 분야에서 두각을 나타내기 원한다면 마음과 시간과 힘을 모두 쏟아 부어야

앤드류 머레이의 **영적인 삶 바로세우기**

하듯이, 신앙생활에서도 그리스도 안에서 하나님을 아는데 온 힘을 쏟아 부어야 한다는 사실을 간과하고 있는 것입니다.

우리의 첫 번째 과제는 하나님이 원하는 사람이 되는 것입니다. 그것은 후회할 필요가 없는 일입니다. 하나님의 사람이 되는데 많은 관심을 쏟으며, 그리스도를 닮은 모습으로 우리를 변화시켜 주시기를 기다리지 않고는 온전한 신자가 될 수 없습니다. 예수님은 모든 것을 포기한 후에 주님이 되셨고, 열 두 사도들도 모든 것을 버린 후에야 사도가 될 수 있었습니다.

친구 여러분, 하나님의 훈련에 자신을 전적으로 맡기지 않고서는 강한 신자가 될 수 없습니다.

오늘날의 교회 상태를 볼 때 하나님의 사랑과 뜻을 온전히 체험하려면, 모든 것에서 분리되어 자신을 완전히 버릴 때까지 반드시 하나님의 도우심을 기다려야 합니다. 하나님은 그런 사람들을 통해 다른 자녀들을 축복하십니다. 하나님은 그들에게 오셔서 이렇게 물으십니다. '너는 내가 줄 수 있는 가장 좋은 것을 소유하고, 그것으로 행하고, 그것이 되기 원하느냐?' 나는 이 질문에 '예'라고 대답한 사람들을 우리 모두가 아는 하나님의 말씀에 귀를 기울이도록 초청합니다.

먼저 로마서 6장 13절 말씀을 봅시다. 성경을 열심히 공부해온 사람이라면, 그 말씀이 로마서 전체를 넷으로 나눌 때 두 번째 부분에 속한 교훈임을 금방 알 것입니다.

첫째 부분은 로마서 1장 15절부터 5장 11절까지인데 '믿음에 의한 의'를 다루고,

둘째 부분은 5장 12절부터 8장까지로서 '믿음에 의한 삶'을 가르치고,

셋째 부분은 9장부터 11장까지로 '믿음의 신비'에 관해 소개하는데, 그것은 인간에 대한 하나님의 뜻과 계획의 신비함을 말하고 있습니다.

넷째 부분은 12장부터 16장까지로 '믿음의 실천'에 대해 논하고 있습니다.

그 가운데서도 지금 살피려고 하는 주제는 '믿음의 삶'에 해당합니다.

여러분은 바울이 1장 17절에서 인용한 "오직 의인은 믿음으로 말미암아 살리라"는 하박국 선지자의 말씀을 알 것입니다. 믿음은 우리에게 두 가지를 가져다줍니다. 그것은 '의'와 '삶'입니다.

첫째 부분에서는 이 두 가지 요소가 분리된 채 나타납니다. 바울은 '믿음의 의'에 대해 설명하면서 우리가 그 의를 얻게 된 과정을 소개합니다. 그러고 나서 믿음으로 의로움을 얻게 된 근거를 밝히는데, 그것은 그리스도와의 연합을 통해 얻은 결과입니다.

여기서 많은 사람들이 궁금히 여기는 부분은, '하나님이 그리스도께 우리의 죄를 전가하심으로써 죽은 그리스도로 말미암아 우리의 죄를 용서하는 것이 과연 정당한 일인가?' 하는 것입니다. 우리가 주님의 죽음에 동참하지 않는 한, 하나님은 우리를 주님의 의로 의롭게 하시지 않으십니다. 우리는 믿음에 의해 그리스도와 한 몸이 되어 그분 안에 거하게 됩니다. 주님이 우리와 연합하는 것입니다.

어떤 나무의 가지나 땅에 심은 씨에서 자라난 나무는 본래의 나

앤드류 머레이의 **영적인 삶 바로세우기**

무와 동일한 본성을 지닌다는 사실을 의심하는 사람은 아무도 없습니다. 우리 조상인 아담이 타락하여 죽었으므로, 우리는 그의 죄를 물려받을 수밖에 없습니다. 우리가 그리스도와 연합할 때, 하나님이 우리를 그리스도 안에서 의롭다 여기시는 것도 당연합니다. 그러나 신자는 자신이 의로워졌을 뿐 아니라, 그리스도 안에 있는 존재라는 사실을 알아야 합니다.

바울은 5장 12절에서 그리스도 안에서 의로움과, 생명을 얻는 과정을 보여주는 논증을 시작합니다. 우리는 아담으로 인해 죽었듯이, 그리스도로 말미암아 생명을 얻을 수 있습니다. 의로움을 선물로 받은 성도들은 생명 안에서 왕 노릇하며, 그리스도로부터 죄의 용서와, 받아들여짐과, 승리를 얻는다. 구원받은 존재가 될 뿐 아니라, 하나님에 의해 왕으로 세움을 받게 됩니다.

바울은 5장 12절 이후의 논증을 토대로 6장에서 더욱 심화된 논증을 함으로써, 죄를 극복하는 유일한 길은 그리스도와의 연합을 이해하는 것이라고 말합니다. 칭의 문제는 현재의 죄가 아니라, 과거의 죄에서 벗어나 하나님과 바른 관계를 맺는 법을 다룹니다. 따라서 '현재의 죄를 어떻게 극복해야 하는가'하는 문제는 과거의 죄에서 구원받는 것과 다른 문제입니다.

바울은 그 문제에 대해 이렇게 대답합니다.

> **"은혜를 더하게 하려고 죄에 거하겠느냐 그럴 수 없느니라 죄에 대하여 죽은 우리가 어찌 그 가운데 더 살리요"**(롬 6:1, 2)

이어서 바울은 이렇게 말합니다.

"무릇 그리스도 예수와 합하여 세례를 받은 우리는 그의 죽으심과 합하여 세례를 받은 줄을 알지 못하느냐"(롬6:3)

우리는 주님의 죽음에 참여한 자가 되었습니다. 그러므로 자신을 죄에 대해 죽은 자로 여기십시오. 죄에 대해 죽으신 그리스도와 하나가 되었으므로, 우리도 죄에 대해 죽은 자인 것입니다.

우리는 불신자를 보고 죄 안에서 죽은 자라고 말합니다. 그 말에는 하나님에 대해 죽은 자라는 뜻이 담겨있습니다. 그들이 어떻게 죽은 자가 되었습니까? 아담 안에서 죽었기 때문입니다. 우리는 누구나 아담 안에서 죽은 자인 것입니다. 아담에게서 얻은 생명이 하나님에 대해 죽은 것입니다. 그러므로 그리스도를 믿을 때, 우리는 죄에 대해 죽은 그리스도 안에서 생명을 얻습니다. 그것은 갈보리 십자가 위에서 죽은 그리스도의 생명으로서, 죄에 대해 죽었다가 하나님의 영광으로 부활한 생명을 소유하게 되는 것입니다.

그래서 바울은 우리 마음이 생명으로 충만하여 '하나님을 찬양하라. 나는 죄에 대해 죽었다.'고 외칠 때까지 살아계신 그리스도가 우리 안에 거하시므로, 예수 안에서 하나님께 대해 산 자가 되었다는 사실을 믿어야 한다고 말합니다. 그 다음에 자신을 죄에 대해 실제로 죽은 자로 여기라고 말합니다[6]. 그리스도 예수 안에서 죄에 대해 죽고 하나님에 대해 산 자가 되었기 때문입니다.

---

6   "이와 같이 너희도 너희 자신을 죄에 대하여는 죽은 자요 그리스도 예수 안에서 하나님께 대하여는 살아 있는 자로 여길지어다"(롬6:11) 참조

그 결과로 "죄가 너희 죽을 몸을 지배하지 못하게"하라고 말합니다[7]. 우리는 죄에 대해 죽은 자가 되었으므로, 죄와 관계가 끊어진 상태에 있습니다. 그러므로 죄가 우리의 죽을 몸을 지배하지 못하게 하십시오. 우리의 영은 죄에 대해 죽었지만 몸은 아직도 죄에 대해 죽지 않았으므로, 몸을 통해 죄가 우리를 유혹하고 지배할 수 있기 때문입니다. 그러므로 우리의 지체를 하나님께 드려 성령이 우리 몸의 행실을 죽이게 하십시오[8].

그러면 신자가 '죄로 하여금 자신의 … 죽을 몸을 지배하게' 하는 이유는 무엇입니까? 그들이

> "죄에 대하여는 죽은 자요 … 하나님께 대하여는 살아 있는 자로 여길 지어다 … 죄가 너희 죽은 몸을 지배하지 못하게 하여 … 너희 지체를 불의의 무기로 죄에 내주지 말고"(롬6:11-13)

라는 말씀을 깨닫고 받아들이지 못하기 때문입니다. 우리는 그리스도 안에서 생명의 능력을 얻었으므로 우리의 삶을 불의에 내어주거나 우리 지체를 불의의 무기로 죄에 내어주지 말고, "죽은 자 가운데서 다시 살아난 자같이 하나님께 드리며 너희 지체를 의의 무기로 하나님께" 드려야 합니다(롬6:13). 신자가 죄를 정복할 수 있는지 알기 위해 자신이 하나님 앞에서 있어야 할 자리가 어디인지 알기 원한다면 "오직

---

7   "그러므로 너희는 죄가 너희 죽을 몸을 지배하지 못하여 몸의 사욕에 순종하지 말고"(롬 6:12) 참조

8   "또한 너희 지체를 불의의 무기로 죄에게 내주지 말고 오직 너희 자신을 죽은 자 가운데서 다시 살아난 자 같이 하나님께 드리며 너희 지체를 의의 무기로 하나님께 드리라"(롬8:13) 참조

너희 자신을 죽은 자 가운데서 다시 살아난 자같이 하나님께 드리며 너희 지체를 의의 무기로 하나님께 드리라"는 말씀 안에서 그 답을 발견하게 될 것입니다.

7장에서는 죄에 대해 죽은 신자임에도 불구하고 율법이 요구하는 상태에 이르려는 유혹을 받을 수 있음을 보여줍니다. 자기 힘과 노력으로 율법을 충족시킬 수 있다는 것입니다. 그러나 그 결과는 참담한 실패로 끝날 수밖에 없습니다. 8장에서는 6장과 7장에 나타난 진리가 성령에 의해 우리에게 실현되고, 그리스도의 죽음과 생명도 이루어질 수 있음을 보여줍니다. 그러므로 우리에게 정말 필요한 것은 성령에 의해 죄와 사망의 율법에서 해방되어 몸의 행실을 죽이는데 이르는 것입니다.

그러나 성령 안에서 복된 삶을 사는 법을 분명히 알기 원한다면 "너희 자신을 … 하나님께 … 드리라"는 말이 무슨 의미인지 먼저 알아야 합니다. 바울은 로마서 6장 13절에서 "너희 자신을 죽은 자 가운데서 다시 살아난 자 같이 … 드리라"고 말합니다. 과연 누가, 어떻게, 왜, 자신을 하나님께 드려야 합니까?

1

자신을 맡겨야 할 사람

누가 자신을 죽은 자 가운데서 다시 살아난 자로서 하나님께 드려야 합니까? 자신이 죽은 자 가운데서 다시 살아난 자임을 아는 사람만이 진정으로 하나님께 자신을 드릴 수 있습니다. 자신을 그리스도인이라고 여기면서도, 본성이 죄악으로 가득 찬 가운데 생명의 불꽃을 겨우 유지하고 있는 사람은 하나님 앞에 자신을 드릴 수가 없습니다.

자신을 하나님께 드리는 비결과 능력은 "죽은 자 가운데서 다시 살아난 자"가 되는 것입니다. 많은 사람들이 헌신하기 어려워하는 이유는 "죄에 대하여는 죽은 자요 그리스도 예수 안에서 하나님께 대하여는 살아 있는 자"라는 말씀을 지적으로만 이해하기 때문입니다. 그 보다는 하나님이 그 말씀의 온전한 의미를 알고 계신다는 믿음으로 그 사실을 받아들이고, 본문의 명령에 따라 "자신을 죽은 자 가운데서 다시 살아난 자로서 하나님께" 드리십시오. 우리가 죽은 자 가운데서 다시 살아났다면, '주여, 주님에게서 이 생명을 받았사오니 제 힘으로는 이 생명을 유지할 수 없어 이 생명을 가지고 주님께 나아갑니다.'라고 고백하는 것이 지극히 당연한 일이라는 사실을 알 수 있습니다.

성도 여러분, 자신이 무지한 존재라고 여겨져도 하나님께 나아가 이렇게 말하십시오.

'주 하나님, 이것은 당신의 생명 전체입니다. 그 생명을 그리스도 안에서 제게 주셨으므로 그것은 당신의 생명입니다. 그 생명을 당신께 드립니다. 제 자신을 죽은 자 가운데서 다시 살아난 자 같이 당신께 드립니다.'

자신을 하나님께 드리십시오. 앞 장에서 말씀드린 대로 주님의 전체 사역목표는 우리를 하나님께로 인도하는 것입니다. 바울이 그리스도와 함께 죽었다가 다시 산 후에 첫 번째로 행하라고 우리에게 가르친 일은 새 생명을 가지고 하나님께 나아오는 것입니다. 그리스도께서 죽음을 당하신 목적은 우리로 하여금 하나님과 교제를 나누게 하기 위함입니다. 자신을 하나님께 드리십시오.

그러면 우리는 얼마나 자주 자신을 하나님께 드려야 할까요? 매 순간 자신을 드려야 합니다. 그것이 삶의 습관이 되고, 그 생각이 우리 마음에 자리를 잡을 때까지 매일 자신을 하나님께 드리고, 그분으로부터 거룩한 생명을 받아야 합니다. 우리는 그 거룩한 생명을 하나님께 드려야 합니다. 우리 자신의 소유로 삼으라고 주신 것이 아니라, 자신을 하나님께 드리며 교제함으로써 우리 안에서 활동하시는 하나님의 생명으로 소유하도록 주신 것이기 때문입니다.

죽은 자 가운데서 다시 살아난 자신을 하나님께 드리십시오. 우리 영혼이 자신의 진정한 지위에 대한 믿음으로 넘칠 때까지 매일 하나님께 자신을 드리십시오. 우리 안에서 삶을 시작하신 하나님은 앞으로도 매일 매순간 그분의 삶을 사실 것입니다. 지금까지 하나님과 교제하지 않는 상태에서 살아옴으로써 그분과의 관계를 깨뜨리는 죄를 얼마나 많이 지었습니까?

하루 종일 하나님의 임재 안에서 행하며, 죽은 자 가운데서 다시 살아난 자로서 우리 자신을 하나님께 드리는 법을 배우면, 그리스도의 부활 생명이 매순간 우리 안에서 은밀하고, 효과적으로 활동할 것입니다. 우리의 의로움과 생명이 그리스도 안에서 얻은 것임을 아는 신자는 자신을 하나님께 드려야 합니다. 그리고 모든 것을 하나님으로부터 받아야 합니다. 이제 하나님께 자신을 드려야 할 자가 누구인지 밝혀졌습니다. 그들은 바로 죽은 자 가운데서 다시 살아난 성도들입니다.

그러면 살아있는 신자의 표징은 무엇입니까? 하나님의 생명은 단순한 상상, 생각, 개념이 아니라 분명한 실체로서, 두 가지 특징을 지니고 있습니다. 과거에 죽었던 생명이지만, 지금은 죽은 자 가운데서 다시 살아난 생명이라는 것입니다. 그것은 바로 하늘에 계신 그리스도의 생명의 특징입니다. 요한계시록에서 주님은 이렇게 말씀하십니다.

> "곧 살아있는 자라 내가 전에 죽었었노라 ··· 이제 세세토록 살아있어"(계 1:18)

영광 중에 거하시는 그리스도의 생명은 언제나 죽음에서 다시 살아난 생명을 가리킵니다. 하늘나라의 천사들과 성도들은 어린양의 노래를 부르며 주님의 보혈을 찬양합니다. 천국에서 죽음과 생명이 깊이 연관되어 있다면, 이 세상에 사는 신자에게도 그 두 가지가 밀접하게 연관되어 있는 것이 분명합니다. 우리는 여기서 죽음의 표징과 생명의 표징이 존재함을 알아야 합니다.

그러면 죽음의 표징은 무엇입니까? 예수님의 죽음의 표징은 그분을 죽음에 이르게 한 경향을 가리키는 것으로 '겸손'을 의미합니다. 그분은 자신을 낮추셨을 뿐 아니라, 죽음에 내어주셨습니다. 그러므로 겸손은 신자의 죽음을 나타내는 첫째 표징입니다. 둘째 표징은 죄에 대한 죽음, 셋째 표징은 온갖 죄로부터의 분리입니다. 넷째 표징은 세상에 대한 죽음 곧, 세상에 대해 십자가에 못 박히는 것입니다. 다섯째 표징은 깊은 무력감입니다. 주님은 무덤에 머무는 동안 아무 것도 할 수 없었습니다. 그것은 완전한 안식이었습니다. 주님은 소망을 가지고 무덤에서 안식하셨습니다. 진정으로 그리스도 안에서 죽은 신자들 안에서는 그런 표징들이 발견됩니다. 이 표징들을 조금 더 살펴보려고 합니다.

첫째로, 참된 신자는 깊은 겸손을 나타냅니다. 그들은 죄를 용서받은 죄인이자, 하나님의 영광을 나타내는 피조물에 지나지 않습니다. 주님을 죽음으로 인도한 것은 겸손이었으므로, 그리스도 예수 안에서 죽은 자들에게서 발견되는 죽음의 표징도 겸손입니다.

둘째로, 참된 신자는 온갖 죄로부터 분리된 모습을 나타냅니다. 주님은 죄에 굴복당한 것이 아니라, 죄에 대해 죽으셨습니다. 온갖 죄로부터 해방되기 원하는 강한 소원과, 죄를 짓기 보다는 생명을 버리고자 하는 각오와, 주님의 죽음을 본받고자 하는 일 외의 모든 것을 손해로 여기는 태도는 그리스도의 죽음에 근거한 삶의 표징입니다.

셋째로, 참된 신자는 세상에서 분리된 모습을 나타냅니다. 그는 자신이 세상 사람들과 다른 영역에 속해 있다고 여깁니다. 영원 속에서 하나님과 함께 살고 있으므로, 자신이 세상에서 분리되어 있다고 여깁니다. 이 세상에 사는 한 세상에서 자기 일을 할 수밖에 없지만, 주님이 세상에 속한 분이 아니었듯이 자신도 세상에 속한 자가 아니라고 믿습니다.

넷째로, 참된 신자는 무력감, 곧 자기 힘으로는 아무 것도 할 수 없음을 발견합니다. 많은 신자들은 하나님이 그들 안에서 일하실 수 있도록 하나님 보좌 앞에 거하려고 힘쓰기보다는 자신의 힘으로 무언가 하려고 애쓰곤 합니다. 하지만 우리 안에 주님의 죽음의 정신이 깊이 자리를 잡을수록, 하나님이 우리의 전부가 되셔서 모든 일을 행하시도록 자신은 아무 것도 아닌 존재가 되기를 기뻐하게 됩니다.

다섯째로, 참된 신자에게서는 안식을 발견할 수 있습니다. 주님은 무덤 속에서 안식하셨습니다. 모든 것을 버리시고 무덤 안에서 안식하셨습니다. 신자의 죽음을 나타내는 표징은 깊은 안식입니다. 예수님은 하나님이 그분의 일을 이루실 줄 아셨습니다. 신자는 믿음이 성장함에 따라 하나님 안에서 온전히 안식하는 법을 배웁니다.

이제부터는 생명의 표징들을 살펴봅시다.

첫째는, 승리입니다. 주님이 죽음과 지옥을 이기셨으므로 우리는 그분을 통해 승리자 이상의 존재가 됩니다.

둘째는, 기쁨입니다. 주님이 십자가를 참으신 이유는 그분 앞에 놓여 있는 기쁨 때문이었습니다[9].

구원은 기쁨을 가져다줍니다. 우리가 부활의 기쁨 곧, 죄와 죽음

---

9   "믿음의 주요 또 온전하게 하시는 이인 예수를 바라보자 그는 그 앞에 있는 기쁨을 위하여 십자가를 참으사 부끄러움을 개의치 아니하시더니 하나님 보좌 우편에 앉으셨느니라"(히 12:2) 참조

과 싸워서 이긴 기쁨으로 넘친다면, 그것은 그리스도 안에서 소유한 것입니다. 우리는 죽은 자 가운데서 다시 산 자이므로, 그 기쁨은 우리의 것이 됩니다. 부활 생명은 우리 안에 있습니다. 살아계신 주님이 지금 우리 안에서 그분의 삶을 살고 계십니다. 우리 영혼에 넘치는 구속의 깊은 즐거움에 비하면 세상의 즐거움은 얼마나 작습니까!

셋째는 축복하는 능력입니다. 주 예수님은 죽음에서 다시 사신 후에 축복을 베풀기 시작하셨습니다. 부활하신 날 밤에 제자들에게 성령을 주셨습니다[10]. 주님이 부활하신 날에 큰 축복이 있었습니다. 성령을 부어 주심으로써 거룩하고 무한한 축복의 시대가 열린 것입니다. 우리가 주님 안에서 살고 있다면, 우리의 부활 생명은 다른 사람을 축복하는 삶으로 나타날 것입니다.

우리 자신 곧, 죽음에서 살아난 모든 것을 하나님께 드리십시오. 성령의 도움으로 자신을 드린 후, 죽음의 표징이 더욱 분명해지고, 생명의 표징이 더욱 아름다워지도록 구하면, 하나님에 의해 우리의 삶 전체가 그분 앞에서 죽은 자 가운데서 다시 산 자로서 사는 삶으로 변합니다.

그리고 이렇게 고백하십시오. '저는 죽었습니다. 주님과 함께 십자가에 못박힌 채 지내왔습니다. 그런 저를 하나님이 죽음에서 살려내셨습니다.' 그러므로 삶 속에서 자신을 하나님께 드릴수록 우리의 일상생활 속에서 그 사실이 더욱 강하게 나타날 것입니다. 죽

---

10 "이 말씀을 하시고 그들을 향하사 숨을 내쉬며 이르시되 성령을 받으라"(요20:22)

앤드류 머레이의 **영적인 삶 바로세우기**

음에서 살아난 삶, 승리의 삶, 그리스도 안에서 부활한 삶이 실제로 우리의 삶이 될 것입니다. 그 결과로 우리는 죽은 자 가운데서 다시 살아난 자로서 하나님 앞에서 행하게 될 것입니다. 주님과 함께 무덤에 내려가고, 자신을 버릴 때, 하나님은 그리스도 안에서 우리를 일으키셔서 죽음 가운데서 다시 살아난 자가 되게 하십니다.

성도 여러분, 주님을 닮기 위해 자신을 버리기 바랍니다. 우리는 죽은 자 가운데서 다시 살아난 존재입니다. 믿음으로 그 사실을 받아들이십시오. 자신을 버린 후, 하나님께 자신을 드리십시오.

2

자신을 맡기는 방법

어떻게 우리 자신을 하나님께 드려야 합니까? 바울이 그 질문에 대해 어떻게 대답하고 있는 주목하십시오. 그는 우리 자신과 지체를 구분하여, "'너희 자신'을 죽은 자 가운데서 다시 살아난 자같이 하나님께 드리며 '너희 지체'를 의의 무기로 하나님께 드리라"(롬 6:13)고 가르칩니다. 우리 자신과 지체 사이의 차이점은 무엇입니까?

로마서 6장, 7장, 8장에 보면 새 생명, 새로워진 자기, 몸과 지체 사이를 계속해서 구분하는 것을 알 수 있습니다. 죄는 신자가 죽은 자 가운데서 다시 살아난 후에도 그의 지체 안에서 여전히 힘을 발휘합니다. 그래서 바울은 "내 속 곧 내 육신에 선한 것이 거하지 아니하는 줄을 아노니 원함은 내게 있으나 선을 행하는 것은 없노라"(롬 7:18)하고 탄식합니다. 바울은 그의 삶의 중심을 '새로워진 나'라고 말합니다. 그것은 '거듭난 나'로서, 그리스도 안에서 다시 살아난 '나'입니다.

바울은 그 '나'에 대해 이렇게 말합니다. "나는 죄에 대해 죽었고, 하나님께 대해서는 살았으므로 만일 내가 원하지 아니하는 그것을 하면 이를 행하는 자는 내가 아니요 내 속에 거하는 죄니라"(롬7:20 참조). 그 새로운 '나'는 지체와 함께 몸에 거합니다. 죄는 우리 육신에 있으므로, 우리 지체 안에서 우리를 죄와 사망의 법에 속박되도록 이끄는 죄의 법을 발견하게 됩니다. "내 속사람으로는 하나님의 법을 즐거워하되"(롬7:22)라고 말하는 것은 구원받은 성도입니다.

그러므로 죄를 짓는 것은 우리가 아니라 죄로 가득 찬 '죽은 몸'인 것입니다. 왜냐하면 우리의 의지는 죄를 몹시 싫어하기 때문입니다. 7장에서 말하는 우리는 거듭났음에도 무기력하여 죄의 지배에서 벗어나지 못한 존재입니다. 바울은 그 이유를 자신의 힘으로 율법에 순종하려 하다가 실패하는데서 비롯된다고 말합니다. 그런 당혹스런 상태에서 우리는 로마서 8장의 교훈에 이르게 됩니다.

거기서 우리는 주님이 하신 일을 우리 안에 적용하여 우리 지체 안에 있는 죄와 사망의 법에서 우리를 해방시킬 뿐 아니라 몸의 행실을 죽일 수 있게 하는 성령을 통해 구원 얻는 법을 발견하게 됩니다. 바울은 이런 의미에서 "자신을 죽은 자 가운데서 다시 살아난 자 같이 하나님께 드리며 너의 지체를 의의 병기로 하나님께 드리라"고 권면한 것입니다. 그는 결코 우리 지체가 죽은 자 가운데서 다시 산 것이라고 말하지 않습니다. 우리는 산 자로서 하나님께 드려져야 합니다.

그러면 우리의 지체를 복종시켜 의의 병기로 하나님께 드리려면 어떻게 해야 합니까? 우리는 영적인 사람으로서 '주여, 제 자신, 마음과 생각을 당신께 바칩니다.'라고 기도하면서, 죄의 권세 아래 놓여있는 우리 지체, 육신, 몸을 가지고 '주여, 저의 지체들을 의의 병기로 당신께 바칩니다.'라고 기도해야 합니다.

바울은 7장의 아름다운 교훈에 이르기 전에 6장 후반부의 교훈을 분명히 깨닫기를 원합니다. 6장 16절부터 시작되는 가장 실제적이고도 중요한 교훈을 통해 그것을 상세히 설명합니다. 거기서 우리는 '의, 순종, 종'이라는 세 단어를 발견합니다. 그 단어들은 반복해서 사용되고 있습니다. 로마서 6장 전반부의 교훈을 받아들이고 나면, 7장과 8장에서 우리가 따라야할 수많은 영적 교훈을 발견하게 됩니다. 그 사이에 바울은 6장 16절부터 23절에 이르는 실제적인 교훈을 삽입하고 있습니다. 우리가 죽은 자 가운데서 다시 살아난 자로서 자신을 하나님께 드렸으면 그 세 단어를 취하여 자신에게 실제적으로 적용해야 한다고 가르치기 위한 것입니다.

첫째로 '의'에 대해 살펴봅시다. 우리는 실제적인 의 가운데 살 수 있도록 하나님에 의해 의롭다고 선언되었습니다. 우리가 죽은 자 가운데서 다신 살아난 자로서 살기 원하면 죄를 짓지 말아야 합니다. '내가 죄를 짓지 않고 얼마나 살 수 있을까?'라고 묻지 말고, 하나님이 '죄 짓지 말라'고 하신 말씀만을 굳게 붙잡으십시오. 그리고 '난 최고의 의를 위해 살 거야'라고 선언하십시오.

'의'란 하나님 보좌의 토대입니다. 그리스도인의 삶은 '의'를 토대로 삼아야 합니다. 그리스도 안에서 살아있음과 죽어있음에 대해 말할 때 아름다운 영적 사고나 체험을 추구하지 말고 하나님께 즉시 나아와 의의 병기 외에는 어떤 것도 되지 않도록 모든 지체를 하나님께 드리십시오.

둘째로 '종'과 '순종'에 대해 살펴봅시다. 우리는 의의 종이 되어야 합니다. 우리는 종의 자리에 머물러야 함에도 마치 자신이 주인인양 행동할 때가 많습니다. '나는 하나님의 종이자 그분의 의가 되도록 죄의 종노릇하는데서 구원받았어.'라는 깊은 깨달음이 필요합니다. 매일 우리 자신을 하나님께 드리되 한 가지 소망을 가지고 드려야 하는데, 그것은 '하나님 앞에서 종의 자리를 지키고 싶다.'는 것입니다. 우리 주님은 종의 형체를 취함으로써 하나님 아버지를 기쁘시게 했습니다. 바로 그처럼 종이 되고자 하는 정신을 소유해야 합니다.

언젠가 자신의 일을 열심히 감당하는 충직한 종을 본 적이 있었습니다. 하지만 그에게 나쁜 습관이 하나 있었는데, 그것은 주인의 뜻이 아니라 자기 생각으로 일을 하는 경우가 많은 것이었습니다. 우리는 종으로 살아야 할 뿐 아니라, 순종하며 살아야 할 자라는 사실을 잊지 말아야 합니다. 하나님의 뜻을 알기 위해 날마다 그분을 기다리며 의를 행하되 자신의 뜻이 아니라 하나님의 뜻에 따라 행해야 하는 존재라는 말입니다.

앤드류 머레이의 **영적인 삶 바로세우기**

우리가 그와 같이 행하면 '어떻게 우리 자신을 하나님께 드려야 할까?'라는 질문에 대한 답을 발견할 것입니다. 우리 자신을 하나님께 드려야 합니다. 그리스도 안에서 새로워지고, 죽은 자 가운데서 다시 살아난 자로서 우리의 가장 내적인 존재와 우리의 지체를 매번 드리되, 각 지체들과 우리의 모든 능력과 행위를 의의 병기로 하나님께 드려야 한다는 말입니다. 하나님과 함께 하는 우리의 내적 생명은 이웃들과 나누는 우리의 대화를 통해 나타날 것입니다.

3

자신을 맡기는 이유

왜 우리 자신을 하나님께 드리며 우리 지체를 의의 무기로 하나님께 드려야 합니까? 그 말은 하나님께 대한 감사의 표현으로 자신을 드리고 우리 지체를 의의 무기로 드리라는 것입니다. '나는 죽음에서 다시 살아난 자야!'라고 생각할 때마다 마음으로 깊이 감사하십시오. 우리 자신 곧 우리의 몸, 혼, 영을 산 제물로 하나님께 드리십시오. 그것은 말로 표현할 수 없는 우리의 특권과 영광입니다.

우리는 하나님과 함께 그분의 사랑의 빛 가운데서 행하며, 주님의 생명을 우리에게 주신 것을 깊이 감사하며 '제 자신을 바칩니다.' 라고 고백하는 즐거움 가운데 행할 수 있습니다. 우리는 죽은 자 가운데서 다시 살아난 산 자입니다. 사랑하는 성도 여러분, 마음에 하늘나라의 기쁨을 소유하고 있다면, 우리 안에 주님의 놀라운 부활의 신비를 베푸시는 주님을 찬양합시다. 우리는 주님과 함께 죽고 주님과 함께 부활한 존재이므로, 찬양하며 자신을 드립시다.

하나님께 순복하는 가운데 자신을 드리십시오. 우리는 우리 자신의 것이 아니라 주님의 피로 값 주고 사신 하나님의 소유입니다. 주님이 우리의 죄 값을 치루셨으므로, 하나님께 속한 존재로서 자신을 드리십시오. 우리를 하나님께로 인도하시기 위해 주님은 십자가의 고난을 당하셨습니다. 주님이 죽음을 당하실 때 우리도 그분과 함께 죽었지만, 하나님을 섬기며 살도록 우리를 죽음 가운데서 다시 살리셨습니다.

하나님께 온전히 순복하는 가운데 자신을 버리십시오. 하나님의 생명이 우리의 지체, 행위, 성품을 온전히 다스리게 하십시오. 날마다 성령의 도우심으로 그리스도 안에서의 죽음이 우리 안에서 온전히 나타나도록 모든 일을 하나님께 가지고 나아오십시오. 우리가 지닌 모든 것, 정신, 마음, 사고력, 사랑, 기쁨을 모두 가지고 나아와 하나님 앞에 두십시오.

여러분은 부활하신 후의 예수님 삶에 대해 생각해 본 적이 있습니까? 주님이 하늘에서 다시 오신 후 이 세상의 삶으로 돌아가셨다면 우리는 어떻게 됩니까? 그때에도 우리는 세상적인 삶, 악한 삶을 살 것입니까? 죽음에서 다시 살아난 후에도 죄짓는 삶을 살 것이냐는 말입니다. 만일 우리가 그런 삶을 산다면 자신이 기뻐하시는 일만 행하신 하나님께 우리 자신을 드린다고 말할 수 없을 것입니다.

앤드류 머레이의 **영적인 삶 바로세우기**

감사와 순복을 준비하며, 거룩하고 영적으로 기대할 수 있는 삶을 살기 바랍니다. 우리는 죽음에서 얻은 이 생명을 간직하고 유지하는 법을 모른다고 앞에서 말했습니다. 하지만 하나님이 그 생명을 우리에게 주셨으므로, 앞으로도 그 생명을 계속 유지케 하실 것이 확실합니다. 하나님이 우리에게 생명을 주시고 유지하신다면, 부활을 통해 우리에게 주신 그 생명을 하나님이 온전케 하실 것입니다.

하나님은 우리가 날마다 죽은 자 가운데서 다시 산 자로서 자신을 바치고 모든 지체를 의의 무기로 드리고, 하나님이 우리를 위해 하실 일에 대해 크게 기대하기를 바라십니다. 죽은 자 가운데서 다시 살아 하나님의 영광 가운데 거하게 된 나사로와 같은 삶을 이 세상에서 살 수 있게 하시며, 기꺼이 그런 삶으로 우리를 인도하실 하나님을 온 맘으로 믿으십시오.

하나님은 우리로 하여금 날마다 부활의 삶을 살 수 있게 하십니다. 그 사실을 굳게 확신하십시오. 우리 안에서 행하시고, 순복한다고 고백하는 기도에 응답하실 하나님을 믿음으로 기다리려면 우리 자신을 주 안에서 날마다 하나님께 드려야 함을 반드시 기억해야 합니다.

그것은 우리를 하나님께 인도하기 위해 예수님이 고난 받으신 사실로 돌아가게 만듭니다. 우리를 죽은 자 가운데서 다시 살아나, 자기에 대해 죽고 예수님과 함께 사는 자로 여기는 것을 삶의 목표로 삼으십시오. 하나님께 가까이 나아가는 것을 삶의 목표로 삼으십시오. 부활 생명이 우리 안에서 활동하게 되면 더 많은 시간을 내어 은밀한 기도를 드리고자 하는 마음이 생깁니다. 하나님이 우리 안에서 그분의 일을 온전히 이루시도록 하나님과 홀로 있는 시간을 더 많이 갖기 원하기 때문입니다. 자신을 하나님께 드리십시오.

하나님이 그리스도 안에서 시작된 삶을 완성시키기 위해 '하나님께 자신을 드린 성도' 혹은 '하나님께 헌신한 신자'라는 말을 마음에 각인시켜주시고 우리 삶에 인을 치게 하십시오. 우리 안에서 그분의 일을 온전히 행하시도록 하나님을 끊임없이 기다리며, 헌신한 성도로 사는 것은 승리의 삶이자 기쁨이 충만한 삶이자 복된 삶입니다. 이런 일이 우리 모두에게 필요하다는 사실을 믿으십시오. 하나님이 성령을 통해 그 모든 일을 이루실 것입니다.

하나님은 설교자의 말을 사용하십니다. 비록 그들은 연약한 존재일 수도 있지만 하나님은 그들의 생각을 통한 그분의 소중한 말씀이 우리 안에 실제로 이루어지게 하십니다. 성령을 통해 우리 지체 안에 있는 죄와 사망의 법에서 우리를 해방시키시는 하나님을 믿으십시오. 성령이 우리 몸의 행실을 죽일 수 있는 능력을 주심을 믿으십시오. 그 결과로 우리의 삶은 그리스도 안에서 행하는 삶이자, 성령 안에서 행하는 삶으로 변화됩니다. 그것은 죽은 자를 살리시며, 그분의 복된 아들을 닮아가게 만드시는 하나님의 권능의 표시입니다.

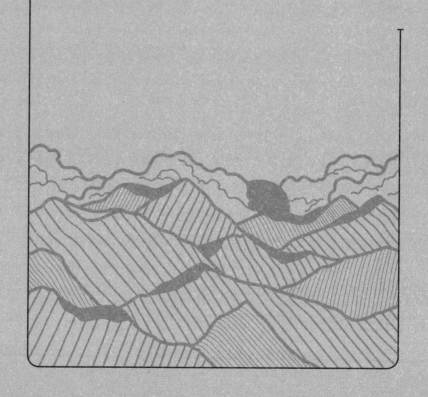

15장

우리를
능히 보호하시는
예수

15장
우리를 능히 보호하시는 예수

"내가 믿는 자를 내가 알고 또한 내가 의탁한 것을 그 날까지 그가 능히 지키실 줄을 확신함이라"(딤후1:12)

본문 말씀은 성령 충만한 삶에 들어가고 싶은 사람들에게 큰 도움을 줍니다. 왜냐하면 그 말씀이 그들을 헌신으로 인도하기 때문입니다. 오늘 아침에 목회 사역이나 하나님의 일에 헌신하고 있는 분들이 내가 그리스도인으로서 겪어온 체험을 들려달라고 요청했습니다. 나의 체험을 소개하기 전에 하나님이 나를 어떻게 인도해 오셨는지를 먼저 소개하고자 합니다.

하나님이 내게 하신 일은 전적으로 그분의 뜻에 의한 것이지만, 그것이 여러분에게 도움이 된다면 솔직히 말씀드리려고 합니다. 그러나 극적인 체험이나, 그리스도인으로서의 삶을 심화시키는데 도움이 될 만한 감동적인 간증을 원하는 사람들에게는 실망이 될지도 모릅니다. 나는 남아프리카 공화국의 외딴 지역에서 거의 홀로 싸우며, 때로는 넘어지기도 하는 삶을 살아왔습니다. 그것은 그리스도인의 신앙 여정(旅程) 전체에 대한 명확한 이정표를 소유하지 못한 채 살아온 데서 비롯된 현상이었습니다.

그리스도인으로서 내가 살아온 삶을 구분하자면 세 단계로 나눌 수 있습니다.

첫째 단계는, 어둠 속에서 빛을 찾고자 힘쓰던 15년간의 삶이고, 둘째 단계는, 빛 가운데서 사는 삶이고, 셋째 단계는 부요한 체험을 누리는 시기였습니다. 이제 각 단계의 삶을 보다 구체적으로 소개하려고 합니다.

첫째, 나는 젊은 목사이지만 많은 사람들에 의해 가장 신실한 복음 전도자 중의 한 사람으로 여겨질 만큼 넓은 담당 교구를 맡아 부지런히 돌보고 있었습니다. 내게 맡겨진 일을 정말 좋아했지만 영적 삶의 측면에서 볼 때는 불행한 시기를 보내고 있었습니다. 내 영적 삶이 오해와 편견의 속박에서 벗어나지 못하고 있었기 때문입니다. 그 당시 내가 지니고 있던 생각은 그리스도인이라 할지라도 매일의 삶 속에서 죄를 짓지 않을 수 없다는 것이었습니다. 그것은 참된 신자라도 피할 수 없는 것이라고 여겼습니다. 그 결과로 하나님이 죄로부터 나를 보호해 주신다는 생각은 꿈에도 해본 적이 없었습니다.

그로부터 몇 년이 지난 어느 날 내 신앙 여정을 돌이켜 보는 가운데, 그리스도인의 삶에서 순종이 차지하는 비중이 얼마나 큰지 깨닫기 시작했습니다. 기독교 신앙은 하나님께 온전히 순종하기 위해 자신을 드리는 일임을 내가 전혀 모르고 있었다는 사실을 깨달았던 것입니다. 게다가 성령이나 그리스도는 나를 보호하시고 거룩케 하시는 능력을 가지고 계시다는 사실을 전혀 믿지 못하고 있었다는 것도 알게 되었습니다. 성화문제에 대해 열심히 연구하며 기도하고 있었음에도 그 사실을 전혀 인식하지 못했던 것입니다.

그러나 이 시기는 하나님이 나를 긍휼히 여기시던 때이기도 했습니다. 죄에서 벗어나려는 소원을 가지고 하나님께 부르짖곤 하던 내 기도를 하나님이 듣고 계셨기 때문입니다.

그 때 내가 체험했던 것처럼 죄를 짓는데서 벗어나고자 하는 분들을 돕기 위해 그 당시 내게 큰 도움을 주었던 짧은 이야기 하나를 소개하려고 합니다.

그 당시에 개티 여사가(Alfred Gatty) 쓴 책 "자연의 비유"(parables from Nature)에 나오는 이야기 가운데 하나입니다.

어느 날 귀뚜라미들이 모여 대화하고 있었습니다. 그 모임에는 다양한 종류의 귀뚜라미가 참여하고 있었지만, 그들이 하는 이야기를 들어보면 그가 어떤 종류의 귀뚜라미인지 정확히 분별할 수가 있습니다.

'오랫동안 집을 찾다가 구멍이 있는 나무껍질에 도착했을 때 그곳이 바로 내가 찾던 장소인 것을 알 수 있었어. 그곳을 찾아서 얼마나 좋았는지 몰라.'라고 말하면 그것은 숲속에 사는 귀뚜라미의 고백입니다.

'한 곳에 이르러보니 다른 귀뚜라미가 자리 잡고 있어서 나는 다른 곳을 찾으러 나섰다가 풀밭이 펼쳐진 곳에 집을 지었는데, 바람이 불때마다 풀이 파도처럼 누었다가 일어나는 것을 보면 정말 좋았어. 그곳은 정말 내게 알맞은 곳이야.'라고 말한다면 그것은 풀밭 귀뚜라미의 고백입니다.

그때까지 자기에게 알맞은 거처를 찾지 못한 다른 귀뚜라미가 이렇게 말했습니다. '모든 곳을 돌아다녀봤지만 아쉽게도 내가 살만한 곳을 찾을 수가 없었어. 가는 곳마다 마음에 들지 않는 점이 눈에 띄었거든. 내가 원하는 곳은 어디에도 없더라고.'

그 말을 듣고 있던 나이 많고 지혜로운 어미 귀뚜라미가 이렇게 말했습니다.

'얘야, 그런 말은 하지 말려무나. 너는 지금 하나님을 원망하고 있는 거야. 하나님이 너를 지으셨다면 네가 거할 만한 곳도 남겨 두셨다는 사실을 믿어야 해. 넌 꼭 그곳을 찾아내게 될 거란다.'

그래서 귀뚜라미들은 각자의 집을 찾아 길을 떠났습니다. 그 후에 그들이 다시 만나 자신들이 겪은 일에 대해 이야기를 나눌 때, 자기가 거할 곳을 찾지 못해 불평했던 귀뚜라미가 이렇게 말했습니다.

'드디어 내가 살 집을 찾았어. 사람들이 이 섬에 들어와 집을 짓길래 그 집에 들어가 살기 시작한 거야. 난로에 불을 피우니까 정말 아늑하고 좋더라고. 정말 내가 찾던 그 곳이야.' 그것은 난로 구석에 사는 귀뚜라미의 이야기였습니다.

이 비유처럼 우리에게 소원을 주시는 하나님은 반드시 그 소원을 이루게 하시는 분입니다. 그리스도인 가운데 어둠 속에서 홀로 자신의 죄와 싸우고, 그 죄에서 벗어날 수 없는 현실에 대해 한탄하면서 그 점을 이해할 수 없다고 말하는 사람들이 있습니다. 그런 사람들에게 내가 들려주고픈 말은, 믿는 마음을 가지고 하나님께 향하라는 것입니다. 우리 마음을 지으시고, 그리스도 안에서 자녀로 삼으신 하나님을 신뢰하면, 우리를 거룩하게 하는 데 필요한 것들을 공급하시기 때문입니다.

온갖 가르침에서 벗어나 하나님을 바라보십시오. 우리 힘으로 따를 수 있는 교훈은 지침으로 사용하되, 그럴 수 없을 때는 그 가르침에서 벗어나 살아계신 하나님께로 향하라는 말입니다. 하나님은 우리를 지으신 창조주이시자, 우리를 거룩하게 만들 수 있는 분이기 때문입니다.

회심한 후로 15년간 그런 상태 속에서 지내온 나는 영국으로 건너가 지내는 동안 "보다 거룩한 삶"(the higher life, 케직사경회의 주제)에 처음으로 관심을 가지게 되었습니다. 나는 그 삶을 주제로 다룬 책들을 통해 큰 감동을 받고 나서, '맞아, 더 나은 삶이 존재하는 것이 확실해.'라는 고백을 하지 않을 수 없게 되었습니다. 그 무렵에 남아공의 우스터지역에 있던 교구에서 부흥을 체험한 나는 화란어로 "주 안에 거하라"(Abide in Christ)는 책을 썼는데, 그 일은 나의 신앙 여정에서 중요한 의미를 지닙니다. 지금과 같은 수준은 아니지만 내가 영적 삶에 첫 걸음을 내딛기 시작한 사건이었기 때문입니다.

이때부터 보다 거룩한 삶을 추구하며, 하나님을 더 잘 알고 신뢰하게 되었지만 여전히 실족하는 삶을 반복하고 있었습니다. 그 이유는 하나님께 순종하되, 즉시 순종해야 한다는 교훈을 한 번도 배워 본 적이 없기 때문입니다. "주 안에 거하라"를 읽은 한 독자가 '주 안에 거함을 의무보다는 특권이라는 측면에서 논하고 있다.'고 평했는데, 그것은 정확한 평가입니다. 그 책을 쓸 때만 해도 나는 하나님께 온전히 순종하라는 초청이 신자의 삶에서 아주 중요하다는 사실을 충분히 깨닫지 못하고 있었기 때문입니다.

하지만 시간이 지남에 따라 나는 하나님을 더욱 기뻐하고, 안식과 평강을 누리며, 승리를 얻고, 하나님을 더 많이 신뢰하게 되었습니다. 하나님은 나를 한꺼번에 인도하시지 않고, 한 번에 한 걸음씩 인도하셨습니다. 지금은 하나님이 인생의 위기를 통해서 극적으로 인도하시고, 그것이 축복이라는 사실도 알지만, 그 당시에는 그런 믿음을 소유하지 못했습니다. 내 주변에는 내게 도움을 줄만한 체험을 한 그리스도인이 한 사람도 없었으므로, 바른 가르침을 한 번도 받지 못했기 때문입니다.

하나님에 의해 한 걸음씩 인도를 받을 때는 다른 사람의 도움이 없이는 적은 순종과 믿음으로 인해 인도를 받는 데 실패함으로써 영적 삶이 퇴보하기 마련입니다. 그러나 나는 실패를 맛보기도 했지만, 때론 하나님의 은혜로 평강도 누렸으므로, 실제로 얼마나 오랫동안 내게 변화가 일어나지 않았는지 분명히 말하기는 어렵습니다. 다만 주님을 영접한 후 첫 15년 동안의 삶과 만년의 15년간의 내 삶을 비교하면 확연히 차이가 나므로 하나님을 찬양할 수 있게 되었습니다.

하나님을 찬양하는 이유는 믿음의 안식을 누릴 수 있게 하셨기 때문입니다. 결코 충만한 믿음에 이르지는 못했지만, 하나님이 내 안에서 일하고 계시며, 그분이 놀라운 사랑으로 나를 사랑하시고, 그분께 온전히 내 자신을 드릴 때, 내 안에서 온전히 일하신다는 믿음에 지속적으로 머물기만 해도 그분 안에서 쉬고, 신뢰하고, 믿을 수 있는 법을 내게 가르쳐 주셨습니다. 여러분 가운데 하나님 안에서 쉬고, 그분을 신뢰하는 법에 이르지 못한 사람이 있습니까? 하나님과 함께 누리는 안식에 이르기 위해서는 모든 것을 하나님께 맡겨야 합니다. 하나님이 내게 베푸신 은혜는 거기서 끝나지 않았습니다.

하나님을 더욱 신뢰하며 지속적으로 순종하도록 도와주셨습니다. 비록 온전한 모습은 아니지만 하나님의 은혜로 그분의 뜻을 행하는 법을 알고 그것을 하나님이 하시는 일로서 이해하게 되자, 하나님의 뜻을 행하는 데서 비롯되는 평강과 축복을 누리게 되었습니다. 마지막으로 국내에 있거나 외국에 사는 하나님의 자녀들을 돕기 위해 힘쓸 때, 하나님이 기뻐하신다는 사실을 깨닫게 하셨습니다. 또한 하나님은 깨지고, 속이 빈 질그릇 같은 내게 그분의 생명과 사랑을 부어주심으로써 다른 사람들에게 생명수를 나누어 줄수 있도록 사용하시는 은혜를 베풀어 주셨습니다. 내가 그리스도인으로서 살아온 삶의 여정을 돌이켜 보면, 삼분의 일은 어둠 속에서 벗어나지 못한 기간이었고, 삼분의 일은 하나님과 빛을 찾으려 힘썼지만 충분한 상태에는 이르지 못한 시기였고, 마지막 삼분의 일만이 하나님의 생명과 사랑을 깊이 누리며 그분의 거룩한 이름을 찬양한 기간이라고 할 수 있습니다.

나의 부끄러운 영적 여정을 여러분 앞에 적나라하게 드러낸 이유는 바울의 개인적인 간증을 본문에서 발견했기 때문입니다. 바울의 증언을 요약하면 '모든 것을 하나님께 맡겼다.'는 것입니다. 나도 하나님의 말씀의 능력에 의지하여 그와 같은 체험을 하고, 그 말의 의미를 이해할 수 있는 일들을 겪은 적이 있습니다. 바울은 그리스도

앤드류 머레이의 **영적인 삶 바로세우기**

께 헌신하고 나서 눈을 들어 능히 그를 보호할 수 있는 능력을 지니신 하나님을 바라보며 '전능하신 그리스도를 우리에게 보내신 하나님을 찬양하라.'고 말했습니다. 그리고 하나님을 신뢰하되, 자신을 받아들이시고, 보호하실 수 있는 하나님으로 신뢰했습니다. 그러므로 "내게 믿는 자를 내가 알고 또한 내가 의탁한 것을 그날까지 그가 능히 지키실 줄을 확신하노라"(딤후1:12)고 말할 수 있었습니다.

나는 하나님의 자녀들에게 거룩한 삶에 관한 교훈을 전하는 일을 하면서도 그들이 실제로 그런 삶을 살 수 있도록 돕지 못했던 점에 대해 깊이 회개합니다. 하나님의 백성들이 낮은 단계의 영적 삶에 머무는데 만족하는 죄를 지적하기에는 너무나 부족했던 내 자신의 모습을 돌이켜 봅니다. 지금도 많은 신자들이 겪고 있는 의가 결여된 삶, 불신앙, 영적 삶과 육적 삶이 혼합된 생활이 무엇인지 규명하여 가르치기에 너무나 부족했던 내 능력의 한계를 절감합니다. 나는 영적 삶에 대해 알지 못한 채 잠들어 있는 그들을 깨워 그들 스스로 '이처럼 낮은 육적인 삶에는 잠시도 머물 수 없으므로, 그리스도를 위해 육적인 삶을 완전히 청산해야겠어.'라고 깨닫게 하는 복음의 나팔소리가 되기에는 너무나 부족했습니다. 내가 분명한 나팔소리를 내어 그들을 일깨웠더라면 얼마나 좋았겠습니까.

이제부터 예수 그리스도에 관해 전하려는 내용을 말하기에도 내가 얼마나 부족한 존재인지 잘 알고 있습니다. 하지만 사랑과 능력이 풍성하신 하나님은 그분의 강력한 보호 아래 거하기 원하는 모든 하나님의 자녀들을 붙잡아 주실 수 있으므로, 하나님이 우리 가운데서 그분의 복되신 아들 예수 그리스도를 높여 주시기 원하십니다.

이제부터 3 가지 점에 대해 말하고자 합니다.

첫째는, 그리스도께 자신을 의탁한다는 것은 무슨 의미입니까?

둘째는, 우리를 능히 지키시는 분으로 하나님을 이해한다는 것은 무엇입니까?

셋째는, 하나님이 우리를 지키시리라고 확신한다는 것은 무슨 뜻입니까?

이 세 가지 문제를 본격적으로 살피기 전에 성령이 우리를 인도해 주시도록 하나님께 기도드립시다.

사도 바울은 "내가 믿는 자를 내가 알고 또한 내가 의탁한 것을 그 날까지 그가 능히 지키실 줄을 확신함이라"(딤후 1:12)라고 고백합니다. 이 말 속에서 그는 세 가지를 말하고 있습니다. 첫째로는 모든 것을 그리스도께 의탁하고, 둘째로는 그리스도를 능히 우리를 지키시는 분으로 이해하고, 셋째로는 '그리스도께서 나를 지키신다'는 확신을 말하고 있습니다.

앤드류 머레이의 **영적인 삶 바로세우기**

1

모든 일을
그리스도께 맡기라

    첫째로 '의탁'(the commital)입니다. 이 말은 무엇을 의미합니까? 많은 사람들이 바울이 무엇을 그리스도께 의탁했느냐고 묻곤 합니다. 어떤 이들은 수많은 핍박과 위험 속에서 그의 생명을 의탁한 것이라고 말합니다. 다른 이들은 그가 사도로서 감당해야 할 일, 곧 그의 사역을 의탁한 것이라고 말합니다. 그의 영적 삶과 의의 면류관에 대한 소망을 가지고 그의 영혼을 주님께 의탁한 것이라고 말합니다. 하지만 그 세 가지는 분리시킬 수 없는 것이므로, 바울이 그 세 가지를 모두 의탁했다고 보는 것이 타당합니다. 왜냐하면 그는 자신 전체를 그리스도께 드렸기 때문입니다.

    그러면 '의탁'이란 말은 무슨 뜻입니까? 헬라어에서 '의탁'이란 단어는 상거래에서 돈을 넘겨주거나 은행에 예금을 맡길 때 사용하는 용어입니다. 은행에 예금한다는 것은 남는 돈으로 무엇을 해야 할지 모르거나, 보관하자니 도둑맞을까 염려되거나, 쓸데없는 일에 낭비하도록 유혹 받기 쉽거나, 이자도 없이 놔두는 것이 싫을 때 은행에 가지고 가서 '내 대신 이 돈을 맡아 주세요.'라고 말하며 돈을 맡기는 것입니다. 은행은 그 돈을 받고 예금 통장을 발행합니다. 그래서 바울은 '나 자신을 예수님께 맡겼다.'라고 말한 것입니다.

    은행에 예금된 돈은 우리 것이지만, 은행이 우리 대신 보관하며,

필요한 사람에게 투자한 후 그 대가로 많은 이자를 우리에게 지불합니다. 돈을 예금할 때 은행원은 우리에게 '얼마 동안 예금하시겠습니까?'라고 묻습니다. 6개월 동안 예금한다면 정기 이자가 붙습니다.

그와 같이 바울은 '내게는 소중한 것들이 있지만 내 능력으로는 그것들을 보호할 수 없어. 하나님이 지으신 마음, 생명, 놀라운 영혼을 소유하고 있지만 내 힘으로는 그것을 보호할 수 없어. 죄와 세상과 육과 사탄이 나를 유혹하여 그것을 뺏으려 하기 때문이야. 그러므로 나를 대신해서 보호해 주시도록 그것들을 주님께 맡겨야겠어.'라고 말한 것입니다. 그리고 자신을 완전히 하나님께 의탁했습니다. 그의 지성, 정신, 마음, 의지, 능력, 사랑, 몸, 의, 재산, 신앙과 모든 것을 그리스도께 바치며, '주여, 이 모든 것을 보시기에 선한 대로 사용하시고 저를 대신하여 그것들을 지켜 주소서.'라고 말했습니다. 그것은 더 거룩한 삶에 들어가기 원하는 신자들이 해야 할 일을 보여줍니다.

그리스도인이 범하는 잘못의 주원인은 예수님께 자신의 영혼을 의탁하되, '주여, 제 영혼을 보호해 주셔서 결코 망하지 않게 하소서.'라고 말하는 데 있습니다. 많은 신자들이 드리는 이런 기도는 경건한 듯이 보이지만, 실제로 그들이 구하는 것은 '주여, 제 뜻과 마음을 지켜주셔서 제가 원하는 것을 이루게 하시고, 제 성품과 재산도 지켜주소서.'입니다. 그들은 너무나 많은 것들을 보호해 주시도록 구하므로, 결코 평강과 안식을 누리지 못합니다. 주 예수님은 우리의 모든 것 곧, 전부를 원한다고 말씀하셨습니다. 그것은 우리 모두가 자신에게 던져야 할 엄숙한 질문이기도 합니다.

사랑하는 성도 여러분, 주님의 보호 아래 거하기 위해 여러분이 소유한 모든 것을 버렸습니까? 기도를 드리되 자신이 좋아하는 것들만을 구하지는 않습니까? 다른 사람들을 위해 기도한다고 말하면서도 실제로는 자신의 뜻대로 어리석은 일들을 구하는 경우가 많습니다. 우리의 혀까지 주님께 드리지 못한 결과입니다. 여러분의 생각은 어떠합니까? 생각하는 시간의 대부분을 자신의 뜻대로 여러분 자신과 세상에 대해 생각하는데 할애하고 있습니까? 그렇다면 아직 주님께 '제 마음과 모든 능력은 저를 피로 값 주고 사신 주님께 속해 있어요.'라고 고백하지 못한 상태에 머물고 있는 것입니다.

여러분 가운데 그런 분이 있다면 지금 주님 앞에 나아와 '주님, 저의 모든 마음을 주님께 바칩니다.'라고 고백하기 바랍니다. 한 걸음 더 나아가 묻고 싶은 것이 있습니다. 여러분 가운데 '주님께 모든 것을 드립니다.'라고 고백한 적이 한 번도 없는 사람이 있습니까? 세상을 너무나 사랑하기 때문에 그런 고백을 드리지 못하는 것입니다. 여러분은 지금 '세상을 버리고 성령이 베푸신 사랑으로 주님만 사랑하기 위해 제 마음과 생명을 드리겠어요.'라고 주님께 고백하지 않겠습니까?

신자라면 누구나 더욱 거룩한 삶, 믿음의 삶, 주님이 기뻐하시는 삶을 살기 원하지만, 그런 삶을 살기 위해서는 상응하는 대가를 치러야 합니다. 자신이 소유한 것을 모두 버리고, 그리스도가 우리를 소유하시도록 해야 하기 때문입니다. 그래서 나는 이렇게 기도

합니다.

'하나님, 그리스도인들에게 자신의 모습을 살펴보라고 요구하는 동안에 성령께서 그들의 마음에 있는 죄를 깨닫게 하소서.'

여러분은 '제 삶 가운데서 아직도 예수 그리스도의 손에 아직 맡기지 않음으로써 주님이 저를 위해 소유하고 계시지 않은 것이 무엇인지 전혀 알지 못합니다.'라고 고백할 수 있습니까? 그렇지 않으면 하나님께 그 장애물이 무엇인지 알려 주시도록 구할 수 있습니까? 두 가지 이상의 장애물을 가진 경우도 있지만, 그 장애물에서 벗어나지 못한 가장 큰 원인은 그것을 온전히 버리려 하지 않는데 있습니다.

안타깝게도 우리는 거룩하신 하나님이 그리스도 안에서 우리를 완전히 소유하기를 얼마나 원하시는지 모르고 있습니다. 그릇을 온전히 비우지 않으면 채울 수 없듯이, 우리가 모든 것을 버리고 자신을 완전히 하나님의 손에 맡기지 않으면, 그분과 그분의 거룩한 삶으로 우리를 채우실 수가 없습니다. 지금 주님 앞에 나아와 자신을 하나님께 맡기지 않겠습니까? 하지만 무언가를 숨긴 채 자신을 완전히 맡길 수는 없다는 사실을 잊지 말아야 합니다.

어떤 부유한 여성이 다이아몬드와 각종 보석 반지를 비롯해 진주로 가득한 보석함을 갖고 있었습니다. 그 여인이 유럽여행을 떠나기 전에 한 친구를 찾아가서 '이건 내가 너무나 아끼는 소중한 보석함이야. 오랫동안 해외여행을 하는 동안 도둑맞을까봐 부탁하는

앤드류 머레이의 **영적인 삶 바로세우기**

데, 내 대신 이 보석함을 맡아줄 수 없겠어?'라고 물었습니다. 그 친구는 '좋아.'라고 흔쾌히 승낙했습니다. 그러자 보석함의 주인은 친구가 보는 앞에서 그 안에 들어있던 30, 40종류의 보석 중에서 다섯 가지 보석을 꺼내어 사용하라고 건네주었습니다. 그리고는 보석함을 잠가서 친구에게 맡겼습니다. 그리고는 수개월간 여행한 후에 돌아와 친구를 찾아가 맡긴 보석함을 돌려달라고 했습니다. 그러자 친구가 미안해하면서 '도둑이 들어와 그걸 훔쳐갔어.'라고 말했습니다. 그 여인은 친구에게 맡기면 무엇이든지 안전하리라고 생각했지만 친구는 그가 맡긴 보석함을 송두리째 잃어버리고 말았습니다.

그런 일은 우리에게도 일어납니다. 우리 몸 안에 두고 우리 뜻대로 사용하려던 모든 것을 잃어버리는 경우가 얼마나 많습니까? 혀를 자기 뜻대로 사용하려 해보십시오. 자신의 의지와는 달리 사용할 뿐 아니라, 심지어 혀로 죄를 짓는 경우가 얼마나 많습니까? 우리의 성품을 우리 뜻대로 사용하려 해보십시오. 우리의 뜻대로 사용하기는커녕 죄를 짓게 될 뿐입니다. 우리가 스스로 책임지려 하면 모든 것을 잃어버리기 마련이지만 주님께 나아와 그분의 손에 모든 것을 맡기면 결코 후회하지 않게 될 것입니다. 지금 주님께 나와 이렇게 기도합시다.

'주님, 모든 사람이 알 수 있도록 제 자신을 온전히 주님께 맡기기 원합니다. 제 자신을 위해 살지 않고 깊은 겸손과 신뢰를 통해 하나님께 영광을 돌리는 성도가 되고자 합니다. 하나님의 아들과 하나님의 사랑을 위해 모든 것을 희생하고자 합니다. 저를 통해 하나님이 원하는 일을 다 하실 수 있도록 제 자신을 온전히 드리고자

합니다.'

　이런 마음을 가진 사람이 있다면 자신이 아무리 연약하고 쓸모없는 사람으로 느껴지더라도 주님 앞에 나오길 바랍니다. 주님은 지금 여러분을 기다리고 계십니다. 우리가 지금 살고 있는 방식으로는 하나님을 영화롭게 할 수 없으므로, 주님께 나아와 우리를 보호해 주시는 그분의 손길에 자신을 맡깁시다. 주님은 그분의 신실함을 나타내시며, 반드시 영광스럽고 놀라운 방법으로 우리를 보호하며 축복하실 것입니다.

2

능히 우리를 지키시는
그리스도

　그리스도를 능히 우리를 지키시는 분으로 이해하십시오. 전능하신 우리의 보호자를 보십시오. 바울은 "그가 능히 지키실 줄을 확신"한다고 고백했습니다. 우리를 능히 보호하시는 주님을 찬양합시다. '하나님, 저희의 눈을 열어 그 사실을 깨닫게 하옵소서.' 내가 목사가 된지 얼마 안 되었을 때 일어난 일 가운데 지금도 뚜렷이 기억에 남아 있는 일을 한 가지 소개하려고 합니다. 하나님의 전능하심에 대한 책을 읽은 후에, '그것은 나와 관계가 없는 하나님의 속성이야.'라고 생각했습니다. 조직신학에서는 하나님의 '자연적 속성'(natural Attributes)과 '도덕적인 속성'(moral Attributes)을 구분합니다.

도덕적 속성이란 거룩함, 선, 의, 진리, 신실함과 같이 하나님의 인격과 연관된 특성으로서 신자와 연관된 속성이지만, 자연적 속성이란 창조, 지혜, 전능하심 속에서 알 수 있는 하나님의 속성을 가리키는 것으로서 전자보다 덜 중요한 것이라고 여겨왔습니다. 그러나 세월이 지남에 따라 내 생각이 잘못된 것임을 깨닫게 되었습니다. 성경을 읽는 가운데 모든 신앙의 토대에 하나님의 전능하심, 곧 하나님의 강한 권능이 자리 잡고 있다는 사실을 발견했기 때문입니다.

하나님이 아브라함을 만나 "나는 전능한 하나님이라"(창 17:1)고 밝힌 말씀을 읽고, 그 말씀이 아브라함이 서 있는 신앙의 토대라는 사실을 알게 되었습니다. 그 외에도 하나님이 이스라엘 백성에게 나타나, 그분의 약속을 통해 자신의 전능하심을 소개한 경우는 많습니다. 신약에서도 "사람으로서는 할 수 없으나 하나님으로서는 다 하실 수 있느니라"(마19:26)는 주님의 말씀을 보고나서, 나의 영적 삶에서 가장 필요한 하나님의 속성은 '하나님의 전능하심'이고, 그 진리를 믿는 것 외에는 어떤 것도 필요하지 않다는 사실을 분명히 깨달았습니다. 시간이 지날수록 더욱 분명히 이해하게 되는 것은 우리 안에서 하나님이 하시는 일들, 곧 보호하고, 거룩하게 하고, 가르치는 일이 모두 하나님의 전능하심에 의해 이루어진다는 사실입니다. 그것은 예수님의 경우에도 마찬가지입니다.

나는 주님의 기적을 주제로 설교하기를 좋아했는데, 그럴 때마다 주님의 강한 권능에 대해 전하곤 했습니다. 그러던 중 주님의 전능하신 능력이 사용되어야 할 곳은 우리 죄를 용서하시고 하나님의 자녀로 삼으실 때만 아니라, 일상생활의 모든 순간이라는 사실을 깨닫게 되었습니다. 우리는 매순간 하나님의 전능하심에 의지하여 살 수밖에 없습니다. 전능하신 하나님이 돌보지 않아도 되는 순간은 없습니다.

어떤 성도는 복음서에 나오는 주님의 기적이야기를 읽을 때마다 '주님에게 그처럼 많은 능력을 주신 하나님을 찬양합니다.'라고 외칩니다. 우리는 주님이 병든 자를 치유하거나, 주린 자를 먹이거나, 죽은 자를 살리거나, 바람을 꾸짖은 사건을 대할 때마다 '바로 그분이 우리 영혼을 보호하는 주님이야.'라고 말할 수 있습니다.

사랑하는 성도 여러분, 우리에게는 우리를 보호하고 바른 길로 인도하는 전능하신 보호자가 필요합니다. 우리의 성품, 혀, 방황하는 마음을 지키는 방법과 인내심을 유지하는 법에 관해 자주 얘기하면서도 예수님께 그 모든 것을 맡기지 못하는 까닭은 무엇입니까? 그 이유 중의 하나는 우리의 불신입니다. 하나님을 믿지 않으므로 그분 앞에 나아가 이렇게 고백하지 않기 때문입니다.

'전능하신 하나님, 하나님을 잊게 하고, 하나님 믿는 일을 부끄럽게 여기도록 유혹하는 이 삶의 현장에서 저를 보호하기 위해 전능하신 하나님의 능력이 그리스도 안에서 하루 종일 저와 함께 하심을 믿습니다.'

우리의 일상생활을 위해서 하나님의 전능하심을 신뢰할 필요가

앤드류 머레이의 **영적인 삶 바로세우기**

있습니다. 중요한 일이나 특별한 경우만 아니라, 삶의 모든 순간마다 전능하신 하나님이 보호하심을 믿어야 합니다. 지금 주님 앞에 나아와 바울이 "내가 의탁한 것을 그날까지 능히 지키실 줄을 확신"한다고 고백한 그분을 경배하지 않겠습니까?

3

그리스도의 보호를 확신함

'그리스도께서 언제나 우리를 지키신다'는 확신을 가지십시오. 이것은 전능하신 보호자에 대한 믿음을 가리킵니다.

그것은 참으로 복된 신앙입니다. 바울은 디모데후서 1장 12절에서 "내가 믿는 자를 내가 알고 또한 내가 의탁한 것을 그날까지 능히 지키시되, 장래는 물론이고 지금도 지키고 계심을 확신함이라"고 고백했습니다. 우리가 '어떻게 그분을 알 수 있죠?'라고 바울에게 묻는다면, 그는 이렇게 대답할 것입니다. '나를 위해 자신을 내어 주신 주님의 사랑을 보면 알 수 있죠. 주님을 대적하던 나를 찾아오셔서 축복하시고, 그분의 성령과 생명을 부어주심으로써 사랑을 보여주셨기 때문에 자기 피로 값을 치르시고 나를 사신 하나님의 어린양, 곧 나를 위해 십자가에 못 박혀 죽으신 주님을 알고 다시는 의심하지 않게 된 것이죠.'

바울이 그 말씀이 기록된 디모데 후서를 쓴 시기는 인생의 만년^(晩年)이었으므로, 이런 말도 했을 것입니다. '주님을 안지 20년이 지났지만, 시험, 고난, 핍박, 깊은 고난의 순간 속에서 해가 지날수록 깨닫게 된 사실은, 주님이 나를 도와주시는 신실한 친구이자 사랑의 주님일 뿐 아니라, 복된 동행자이자 전능하신 하나님이라는 것입니다. 나는 내가 믿는 그분을 압니다.'

　나는 간증집회에 참석하는 것을 좋아합니다. 마음에 큰 유익을 주기 때문입니다. 만일 간증집회 강사로 초청된 바울에게 '오늘 이 집회에 참석한 분들이 그리스도께 모든 것을 드리도록 격려해 주시기 바랍니다. 어떤 말씀을 해 주시겠습니까?'라고 묻는다면 그는 이렇게 대답할 것입니다. '주님은 우리의 모든 것을 버리고 따를만한 가치가 있는 분입니다. 우리를 위해 죽임을 당한 어린양이시기 때문입니다. 성도 여러분, 뒤로 물러가지 말고 주님 앞에 나아와 모든 것을 드리십시오.'

　그 말을 듣고 두려워진 사람이 이렇게 반문할 수도 있습니다. '저는 믿음이 연약하고 쓸모도 없고 신실하지도 못한데 주님께 모든 것을 바치라고 말하는 이유가 무엇입니까' 그는 이렇게 대답할 것입니다. '내가 믿는 분을 잘 알기 때문입니다. 그분은 사랑의 주님이십니다. 제가 "죄인 중에 괴수"(딤전1:5)였을 때, 자신의 영광을 나타내시기 위해 풍성한 은혜를 제게 베풀어 주신 것을 보더라도 그 사실을 알 수 있습니다. 그분은 측량할 수 없는 사랑과 무한한 권능을 소유한 분입니다. 지금 주님을 영접하십시오.'

　바울은 '내가 믿는 자를 내가 알고.'라고 말했습니다. 그것은 믿

앤드류 머레이의 **영적인 삶 바로세우기**

음의 문제였다는 사실을 기억하십시오. 비록 말로 표현할 수 없는 시험, 고난, 수치, 어둠을 겪었지만, 어떤 것도 그가 주님 믿는 것을 방해하지 못했습니다. 그는 언젠가 이렇게 말한 적이 있습니다. '자신을 신뢰하지 않고 죽은 자를 부활시키시는 살아계신 하나님, 전능하신 하나님을 신뢰하는 법을 배우기 위해 내 자신에게 사형을 선고했습니다.'

또한 그리스도에 관해서는 이렇게 고백했습니다. "내가 또 이 고난을 받되 부끄러워하지 아니함은 내가 믿는 자를 내가 알고 또한 내가 의탁한 것을 그 날까지 그가 능히 지키실 줄을 확신함이라"(딤후1:12) 바울은 자신을 위해 의의 면류관이 예비된 것을 알고, "내가 의탁한 것을 그날까지 그가 능히 지키실 줄을" 확신한다고 말했습니다.

우리도 바울과 같은 확신에 이르기 위해서는 세 단계가 필요합니다.
1단계는 주님과 그분의 전능하신 보호에 우리 자신을 완전히 의탁해야 합니다. 지금 여기에서 자신을 주님께 맡기라. 여러분을 위해 나는 끊임없이 이렇게 기도합니다.
'오, 주님! 지금 여기에 임하소서. 여기 있는 모든 사람들이 주님의 임재를 느끼고 용기를 내어 자신을 주님의 손에 맡길 수 있게 하소서!'
여러분의 온갖 연약함, 죄, 약점, 실족, 지금 여러분의 영혼 안에 존재할 수 있는 모든 어두운 면과 지금 여러분이 직면하고 있는 온갖 어려움을 가지고 주님께 나아오십시오. 아마 여러분은 이렇게 말할지도 모릅니다. '만일 당신이 내가 처해있는 환경을 안다면, 복된 삶을 살기가 쉽다고 생각하지 못할 겁니다.' 여러분이 아무리 어려운 환경 속에서 살고 있더라도 예수 그리스도는 전능자이심을 알아야 합니다. 이 주님을 의지하고 지금 자신을 의탁하지 않겠습니까?

2단계는 주님이 '의탁한 목적대로 우리를 받아들이심'을 믿는 것입니다. 전에는 회심을 위해 자신을 의탁하므로 우리를 받아들이셨지만, 지금은 보호받기 위해 자신을 의탁하므로 우리를 받아들일 줄 믿는 것입니다. 어떤 사람은 이렇게 말할 수도 있습니다. '저는 주님께 재의탁함으로써 새로운 축복을 얻었지만 얼마 지나지 않아 그 축복을 잃고 말았습니다. 그래서 오늘 밤에는 매일 매시간 성령의 능력 안에서 보호받기 위해 영원한 보호자이신 하나님께 자신을 다시 의탁하고자 합니다.' 하나님은 정직한 영혼에게 복을 베풀기를 기뻐하시므로, 오늘 밤 보호받기 위해 자신을 의탁하는 분들을 하나님이 받아들여, 그분의 보호 아래 두실 것을 확신합니다. 지금 주님께 나아가 믿음을 가지고 '예수님, 여기에 임재하셔서 제 마음을 주장하심을 믿어요.'라고 고백하지 않겠습니까?

3단계는 '그 날까지 그가 능히 지키실 줄을 확신합니다.'라고 고백하는 것입니다. 아침에 집을 나서기 전에 오늘, 내일, 모레 처리해야 할 문제들과 마음에 간직한 문제들을 바라보면서 이렇게 말할 수 있습니다. '예수님, 금주부터 올해 말까지, 혹시 제가 살아있다면 내년 말까지 저를 항상 보호해 주실 수 있습니까?' 과연 예수님이 우리를 날마다 보호하실 수 있을까요? 바울은 주님이 능히 우리를 보호하실 수 있다고 말합니다. 게다가 성경 전체에서도 하나님은 우리를 보호하실 수 있는 분이라고 가르치고 있습니다. 그리스도인들 중에도 주님이 성도를 보호하실 수 있는 분이심을 증명한 사람들이 얼마든지 있습니다.

여러분은 지금 이렇게 고백하지 않겠습니까? '주님은 나를 보호하실 수 있는 분이야. 그렇고말고.' 주님은 자신에게 의탁하는 자를 모두 보호할 수 있는 분이십니다. 앞으로 20년, 30년, 40년 동안 선배사역자들보다 더 나은 모습으로 영원을 위해 헌신하는 삶을 시작할 선지자 후보생 여러분, 지금 주님 앞에 나아와 이렇게 고백하시기 바랍니다.

'숨을 쉬고 맥박이 뛰는 순간마다 예수님을 위해 살겠습니다.'

인생의 후반부에 들어선 사람들이나, 사업에 여념이 없는 분이나 일상생활의 염려로 가득한 분들 모두 지금 그리스도를 통해 하나님께 나아와 자신의 삶을 보십시오. 그러고 나서 주님과 그분의 보호하심을 지속적으로 기대하며 주님이 반드시 그 일을 행하실 것을 믿으십시오. 아무리 연세가 많아도 거듭나지 않은 분이 계시다면 누구나 주님 앞에 나아와 이렇게 고백할 수 있습니다.

'주님, 저를 거룩하게 하시고 날마다 저를 보호하실 수 있으시면 제 영혼을 창조주의 손에 의탁하겠습니다.'

전쟁을 겪어본 사람들은 자신이 사는 마을이 공격받을 위험에 처하면 사람들이 귀중품을 은행에 가져와 맡기려 한다는 것을 잘 알고 계실 것입니다. 은행원들은 그들에게 이렇게 말합니다. '금은 붙이만 아니라 가정에서 보호하기 어려운 귀중품들을 가진 분들은 누구나 은행에 맡기시기 바랍니다.' 사람들은 집과 거리가 불타고

파괴될지라도 은행 문이 열려있는 동안에 자신의 재산을 가져와 안전하게 맡길 수 있습니다.

친구들이여, 천국 은행과 천국 피난처의 주인이시자 하나님의 보좌를 지키는 책임자이신 주님이 하늘 문을 활짝 여시고 팔을 벌리시고 마음을 여신 채 그분의 보호에 자신을 맡긴 사람들을 지켜보고 계십니다. 누가 주님이 원하시는 것을 드리겠습니까? 누가 지금 주님께 나아와 자신의 삶에서 소중한 모든 것을 전능하신 주님께 맡기겠습니까? 누가 주님이 우리의 삶을 안전하게 지켜주실 것을 확신하며 자신의 삶 전체를 드리겠습니까? 지금 주님께 나와 자신을 의탁합시다. 머리를 숙여 주님께 기도드립시다.

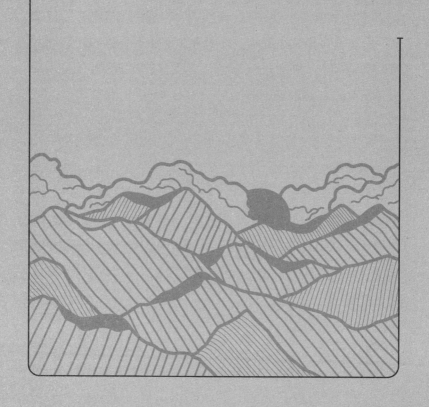

16장

안식을
누리는 삶

16장

안식을 누리는 삶

"아무 것도 염려하지 말고 다만 모든 일에 기도와 간구로 너희 구할 것
을 감사함으로 하나님께 구하라"(빌4:6)

우리가 영적 삶을 실천해야 할 영역은 일상생활입니다. 이 장에서
는 일상생활 속에서 안식하는 삶에 대해 살피려고 합니다. 그리스
도인은 분주한 일상의 삶 속에서 하나님의 임재와 권능을 체험해야
하지만, 우리가 실패하는 곳도 바로 일상생활의 영역인 것을 누구
나 경험적으로 알고 있습니다.

우리가 주님을 변호하고 있을 때는 골방기도와 예배를 드리거나,
사역 가운데서 하나님의 임재를 경험하게 되지만, 주님을 변호하는
일을 늦추거나 중단하고 이 세상의 의무에 몰두할 때는 하나님의
임재를 체험하는데 실패하게 됩니다. 여기서 우리 마음에 중요한
의문이 생깁니다. 그것은 '예배드릴 때만 아니라 일상생활 속에서
도 하나님의 임재를 온전히 체험하려면 어떻게 살아야 하는 걸까?'
하는 것입니다.

사랑하는 성도 여러분, 하나님에 대한 계시를 원한다면 더 많은
시간을 내어 기도하고 하나님과 날마다 교제해야 합니다. 조용히

하나님을 알고 경배하기 위해서는 은밀한 기도시간을 더욱 늘려야한다는 말입니다. 그러나 가장 완전한 하나님에 대한 계시는 일상생활 속에서 실천될 때까지는 만족될 수 없습니다. 매일 하나님과 만나고 성령의 능력에 접하고 그리스도를 보호자로 체험하는 일의 가치는 일상생활 속에서 증명되어야 합니다. 그러면 많은 사람들이 우리를 보고 이렇게 묻기 시작할 것입니다.

'내가 받은 축복을 계속 누릴 수 있을까? 그리고 그 축복에 대해 신실한 태도를 유지할 수 있을까? 그 축복을 내 삶 속에서 실천할 수 있을까?' 이런 의문을 가진 분들은 본문의 말씀에 귀를 기울여보십시오. 그것은 믿음의 삶을 가장 잘 나타낸 말씀이기 때문입니다. **"아무 것도 염려하지 말고 다만 모든 일에 기도와 간구로 너희 구할 것을 감사함으로 하나님께 구하라"**(빌4:6) 이 말씀을 통해 우리는 안식하는 삶을 누릴 수 있습니다. 그러면 안식의 삶이란 무엇입니까? 그것은 지속적으로 신뢰하는 삶, 기도하는 삶, 찬양하는 삶, 평강한 삶, 안전한 삶을 가리킵니다. 지금부터 "안식하는 삶"의 5가지 특징들을 하나씩 살펴봅시다.

1

지속적으로 신뢰하는 삶

안식을 누리는 삶은 지속적으로 신뢰하는 삶에서 시작됩니다. 빌립보서 4장 6절과 7절 말씀에는 '하나님'이라는 말이 두 번 나타납니다. 6절에서는 우리의 필요와 요구를 "하나님께 아뢰라"고 말합니다. 하나님을 우리가 신뢰할 유일한 대상으로 삼으라는 권면입니다. 7절에서는 "하나님의 평강이 … 지키시리라"고 말하는데, 그것은 하나님이 축복의 토대가 되실 것이라는 약속입니다. 그러니까 우리가 하나님을 사랑할 때, 하나님의 사랑과 축복이 우리를 향할 것이라는 말입니다.

우리는 바울이 말한 "아무 것도 염려하지 말고"라는 명령에 순종하기가 얼마나 어려운지 잘 알고 있습니다. 우리가 '보다 높은 삶'에 대해 이야기하면 어떤 사람들은 이렇게 얘기합니다. '당신이 제가 처해있는 환경을 안다면 그런 삶이 불가능하다는 걸 알게 될 겁니다.' 어느 사경회에 참석한 성도가 내게 이런 말을 들려주었습니다. '사경회에 참석하는 동안 많은 은혜를 받았는데, 사업에 어려운 문제가 발생한 순간부터 온전한 평강을 누릴 수 없게 되었습니다.'

사랑하는 하나님의 자녀 여러분, 이런 경우에도 여러분 자신을 의탁한 하나님의 말씀에 귀를 기울여보십시오. "아무 것도 염려하지 말고" 사도 바울이 그처럼 담대히 권면하는 이유가 무엇입니까? 우리를 돌보시는 하나님이 우리 안에 계시기 때문입니다. 지금부터

앤드류 머레이의 **영적인 삶 바로세우기**

이 말씀을 통해 내가 깨달은 교훈을 나누려고 합니다. 하나님은 우리를 둘러싼 자연환경 속에서는 완전하게 행하시면서, 유독 우리 삶에서만 실패하실 리가 있을까요? 그럴 수는 없습니다.

하늘에 떠 있는 해를 보십시오. 저 해는 얼마나 오랜 세월동안 완전하게 빛을 비추어 이 땅에 채소와 과일들이 지속적으로 열매를 맺게 해 왔습니까? 그처럼 놀라운 해의 역할은 저절로 이뤄진 것이 아니라 하나님에 의해서 가능하게 된 것입니다. 땅에 있는 나무들과 꽃과 푸른 풀들을 보십시오. 공중을 나는 새와, 땅의 동물과 물 속의 물고기들은 각자 하나님의 지혜와 능력과 영광을 나타내고 있습니다. 그렇다면 자연만물 가운데서 그처럼 완전히 행하시는 하나님이 자녀들의 마음속에서는 완전하게 일하지 못하심으로써 우리 마음을 유일한 실패의 장소로 만드실까요? 그런 주장은 도저히 믿을 수 없을 뿐 아니라 납득할 수도 없습니다.

왜냐하면 우주 만물 속에서 영화롭게 일하시는 하나님은 우리 마음속에서 더욱 완전히 일하심으로써 그분의 완전한 영광을 나타내기 때문입니다. 거기서 한 걸음 더 나아가 그분의 사랑과 권능으로 행할 수 있는 일을 모두 나타내는 무대로 삼으실 것이기 때문입니다. 그렇다면 하나님이 그런 일들을 우리 안에서 행하지 못하게 만드는 이유는 무엇입니까? 그것은 하나님이 온전히 일하시도록 우리가 허용하지 않기 때문입니다. 하나님을 온전히 신뢰함으로써 그분이 우리 안에서 일하실 환경을 준비하지 않기 때문이라는 것입니다. 다시 말하면 우리를 둘러 싼 환경이 하나님보다 더 강하다고 믿기 때문입니다. 하나님의 능력만으로는 환경의 영향력에서 우리를 벗어나게 할 수 없다고 여기는 것입니다. 이런 태도는 우리가 하나님의 약속과 사랑의 능력 아래 온전히 거하지 못하고 있음을 보여줍니다.

이럴 때야 말로 우리는 "아무 것도 염려하지 말고"라는 말씀을 의지해야 합니다. 하나님이 우리의 모든 일에 대해 책임을 지실 것입니다. 그 말씀을 외적인 일에도 적용합시다. 역경에 처하거나, 대적들에 의해 둘러싸이거나, 자신이 한 약속을 지키지 못할 경우에도 "아무 것도 염려하지 말고"라는 약속을 붙잡아야 합니다. 가족 중에 믿지 않는 사람이 있어 우리 마음이 깊이 침체될 때도 "아무 것도 염려하지 말고"라는 말씀을 의지합시다. 하지만 어떻게 그런 상황 속에서 초연한 태도를 취할 수 있을까요?

하나님의 말씀을 의지해야 살아계신 하나님께 모든 염려, 고난, 환경을 맡기고, 우리의 문제를 온전히 책임지시는 하나님을 찾을 때까지 그분을 앙망할 수 있기 때문입니다. 근심이 사라진 것을 알고 하나님을 온전히 신뢰하며 안식할 때, 비로소 하나님은 우리를 돌보시고 바르게 인도하십니다. 그 교훈을 영적인 삶에 적용해보십시오. 우리들 가운데도 영적 생활에 큰 어려움을 겪고 있는 사람이 있을 것입니다. 자신을 주님께 새롭게 의탁하기는 했지만, 전에도 의탁했다가 실패한 적이 있는 사람이라면 '과연 이 의탁의 효력이 지속될까?'라는 염려가 마음에 생길 수 있습니다. 이 문제를 해결하기 위해서 예수님이 하신 일을 기억할 필요가 있습니다.

앤드류 머레이의 **영적인 삶 바로세우기**

예수님은 우리를 하나님 앞으로 인도하려고 이 세상에 오셨습니다. 여러분을 하나님께로 인도할 수만 있다면 내 소임도 완료될 것입니다. 하나님은 무엇을 위해 존재하는 분이십니까? 하나님은 모든 자연과 존재에 빛과 생명이 되시기 위해 존재하십니다. 우리에게는 우주 전체를 주관하시는 유일한 주권자 하나님이 필요합니다. 하나님이 지은 피조물을 책임지시고, 그들의 생명에 축복이 넘치게 해야 하시기 때문입니다.

여러분의 하나님을 보십시오. 이 세상의 어떤 어머니도 하나님이 우리의 영적 삶과 외적 삶을 책임지듯이 아침부터 저녁까지 주의 깊은 사랑으로 자녀를 돌볼 수는 없을 것입니다. 여러분은 이런 하나님을 알고 있습니까? '나는 하나님을 믿습니다. 하나님이 문제를 해결해 주시므로 어떤 염려도 하지 않아요. 우리 하나님은 전능하시고, 그분의 약속은 신실하고, 그분의 성품은 사랑이 넘치므로 나의 하나님을 믿어요.'라고 말하는 법을 배웠습니까? 오늘 아침에 이렇게 말한 사람이 있습니까? '하나님이 저를 도와주시므로 걱정하는 일이 전혀 없어요. 저는 하나님을 신뢰할 거예요.' 하나님은 그분의 일을 가장 아름답고, 복되고, 영화롭게 행하시는 분이라는 사실을 믿으시기 바랍니다.

하나님의 자녀 여러분 "아무 것도 염려하지 말고"라는 말씀을 굳게 붙잡으십시오. 여러분은 마태복음 6장 28절에서 30절에 걸쳐 나오는 백합화를 통한 주님의 소중한 교훈들을 잘 알고 있을 것입니다. 그 교훈들은 입을 옷도 없는 가난한 사람들을 위해 주신 교훈이 아니라, 우리 모두를 위해 주신 말씀입니다. 하나님이 들의 백합화조차 아름다움으로 입히신다면 우리에게는 얼마나 아름다운 옷을 입히시겠습니까?

하나님이 백합화를 아름다움으로 입히신 과정을 생각해 보십시오. 아무 것도 없는 상태에서 입히신 것이 아닙니다. 하나님은 백합화 안에서 자라나는 생명과 가장 아름다운 신선함으로 입히셨습니다. 백합화에는 그 속에서 활동하는 하나님의 생명이 거하고 있습니다. 백합화를 아름다움으로 입히신 하나님은 더 많은 거룩함과 겸손함의 아름다움으로 우리에게 옷 입히실 것입니다. 그리스도인들이여, "아무 것도 염려하지 말고"라는 말씀을 꼭 붙잡아보십시오. 안식의 삶은 지속적인 신뢰의 삶입니다.

2

계속 기도하는 삶

안식의 삶은 "모든 일에 기도와 간구로 … 하나님께 아뢰"는 계속적인 기도의 삶입니다. 우리는 기도를 통해서 신뢰의 비결을 배울 수 있습니다. 기도하는 시간이 적으면 신뢰하는 능력도 적을 수밖에 없습니다. 사람이 다른 사람을 신뢰하는 것은 당연한 일이지만, 하나님을 신뢰하는 것은 당연한 일이 아닙니다. 다른 사람이 내게 어떤 일을 얘기하면 즉시 그 이야기를 믿는 것이 보통입니다. 인간은 같은 본성에 기반을 두고 있기 때문입니다. 그러나 하나님은 인간과 다

앤드류 머레이의 **영적인 삶 바로세우기**

른 존재 기반을 가지고 계십니다. 그분은 보이지 않는 거룩한 영이시므로 우리 안에 임하시는 성령에 의해서만 믿을 수 있습니다.

성령의 인도에 따라 사는 사람은 마음이 담대해지고, 신뢰하는 능력이 늘어나고, 눈이 열려 하나님의 영광과 무한한 약속과 은혜를 발견하게 됩니다. 그는 자신을 축복하기 위해 작용하는 하나님의 마음과 전능하신 사랑을 깨달아 하나님을 기뻐하는 법을 배우게 됩니다. 우리는 기도를 통해 하나님을 신뢰하는 법을 배웁니다.

"모든 일에"라는 말씀을 기억하십시오. 이 세상의 일이나 영적인 일이나 중요한 일이나 사소한 일들 가운데 "아무 것도 염려하지 말라"는 것입니다. 중요한 일이나 큰 고난에 대해서는 기도해도 작은 일에는 기도하지 않는 사람들이 있습니다. 그것은 믿음의 삶에 합당한 태도가 아닙니다.

"아무 것도 염려하지 말고"라는 말씀은 자신이 할 수 있는 일은 자기 힘으로 해결하고, 자신이 할 수 없는 일에만 하나님의 도움을 받으라는 의미라고 여기는 사람들이 있습니다. 하지만 그것은 옳은 태도가 아닙니다. 하나님은 그분에게 의탁한 사람들의 문제조차 기꺼이 소유하기를 원하기 때문입니다. 어떤 사람은 '어려운 일을 만났을 때 어떻게 하면 하나님의 뜻을 알 수 있나요?'라고 묻습니다. 난관에 부딪혔을 때도 당황하지 말고, 아주 작은 일에서부터 하나님의 뜻을 따라 나갑시다. 그리고 사소한 일상에서부터 하나님의 뜻을 보여 주시기를 성령께 구하면서, 그 난관에 대한 하나님의 뜻도 나타내주시도록 구하십시오.

일상생활에서나 어려운 환경 속에서나 "모든 염려를 하나님께 맡기라"는 말씀은 우리에게 얼마나 큰 특권을 베푸신 약속입니까? 하나님께 이렇게 기도드립시다. '하나님, 이 모든 문제를 당신께 맡깁니다.' 우리는 기도와 간구를 통해 온갖 문제를 무제한으로 아버지 품에 맡길 수 있습니다. 성령께서 그 모든 문제가 하나님의 손 안에 있다는 확신을 주실 때까지, 아버지께 맡기고 안식할 수 있습니다.

또한 더 많은 기도를 드림으로써 영적인 일에 대한 신뢰의 비결도 배울 수가 있습니다. 우리는 영적인 문제가 생기면 신앙서적에 의지하는 경우가 얼마나 많습니까? 신앙도서가 지닌 긍정적 가치를 부인하는 것이 아니라, 하나님께 나아가 기도해야 할 순간에, 하나님과 우리 사이에 다른 요소들을 개입시키는 습관은 잘못된 것이라는 점을 지적하는 말입니다. 그리고 하나님께 구해야 할 때에 사람에게 의지하는 경우가 얼마나 많습니까? 목사님이나 선생님을 찾아가거나 '그 문제에 대해 선생님께 물어볼 수 있으면 좋을 텐데. 그 문제에 대해 선생님의 견해를 들으면 얼마나 좋을까?'라고 생각할 때가 얼마나 많으냐는 말입니다.

이런 태도를 지닌 사람들은 모든 문제를 하나님께 가지고 나아가 그분의 뜻을 알려고 구하지 않습니다. 기도를 드리자마자 응답이 임하기를 바라는 것이 아닙니다. 기도를 통해 아버지의 품에 그 문제를 내려놓음으로써 우리에게 깨달음을 주시고 바른 길로 인도하시는 성령에 의해 답을 발견하기 원하는 것입니다. 그러므로 우리의 삶을 기도로 채웁시다. 날마다 하나님과 교제해야 할 필요성에 대해서는 이미 소개한 바 있습니다.

지금부터는 **하나님과의 교제를 심화시키는 방법**들에 대해 소개하고자 합니다. 그것은 하나님 앞에 나아가 그분의 임재하심을 깨닫고, 깊은 겸손 가운데 그리스도 안에 거하며 성령의 역사에 의지하는 방법들을 말합니다. 하나님의 말씀과 함께 이 방법들을 따르면 하나님께 나아가 경배하며 우리의 소원을 아뢰는 법을 더 잘 알게 될 것입니다. 그러나 어떤 사람은 이렇게 말합니다. '하나님이 내 기도를 들으신다는 확신이 들지 않는 이유는 실제로 하나님이 내 기도를 듣지 않고 있기 때문일 거야.' 그러나 이것은 잘못된 생각입니다.

"기도와 간구로 너희 구할 것을 하나님께 아뢰라"는 말씀을 굳게 붙잡으십시오. 우리의 기도가 하나님께 상달되었다는 사실을 믿으십시오. 그러면 평안한 마음 가운데서 '네 기도를 들었으니 그 문제를 내게 맡겨라.'라는 하나님의 말씀을 깨닫게 될 것입니다. 그때 축복의 샘이 열려 새로운 기쁨이 넘치게 됩니다. 그래서 저는 이런 기도를 자주 드리곤 합니다. '하나님 저희 모두를 기도의 사람이 되게 하옵소서.' 사도 바울이 "모든 일에" 라고 한 당부를 잊지 맙시다. 그 말 속에는 우리의 필요 뿐 아니라, 기도를 통해 받은 축복, 곧 중보기도자이신 예수님으로부터 하나님의 능력을 받는 것까지도 포함되어 있습니다.

예수님의 주요 사역은 우리를 위해 늘 중보기도를 드리는 일입니다. 중보기도보다 더 거룩한 일은 없습니다. 하지만 오늘날 얼마나 많은 사람들이 중보기도를 망각하거나 무시하는지 모릅니다. 우리를 염려하게 만드는 모든 것들을 기도와 간구를 통해 하나님께 맡기는 법을 배웁시다. 여기에 목회를 하고 있는 목사님이 한 분 있다고 생각해 봅시다. 그를 근심하게 만드는 일들이 얼마나 많겠습니까? 자신의 연약함, 영성생활, 걱정스러운 교인들의 상태, 세속적 사고방식을 버리지 못한 성도, 예배에는 열심히 참석하지만 거듭나지 못한 사람과 같이 그를 염려하게 만드는 일들은 너무나 많습니다. 그 모든 문제를 하나님의 품안에 맡김으로써 온갖 염려가 사라지게 만들 뿐 아니라, 그 모든 걱정을 하나님께 아뢰었다고 고백할 수 있게 만드는 중보기도야말로 정말 큰 특권입니다!

염려를 제거하기 위해서는 그것으로 충분합니다. 우리를 염려하게 만드는 세상적인 일들은 교회 안에 얼마든지 있습니다. 어떤 신자들은 형식적인 신앙과 사변적인 지식으로 자신을 속이는가 하면 어떤 이들은 예수님을 사랑하는 믿음이 결여되어 있어 가는 곳마다 다툼을 불러일으킵니다. 그러나 이제부터는 자신의 짐을 홀로 지면서 고민하는 대신 하나님께 그 짐을 맡김으로써 안식하는 법, 곧 안식의 신앙을 배워봅시다. 우리 마음에 일어나는 모든 염려를 하나님의 마음에 쏟아 붓는 계속적인 기도의 삶은 정말 복된 삶입니다.

앤드류 머레이의 **영적인 삶 바로세우기**

3

끊임없이 찬양하는 삶

안식의 삶은 끊임없이 찬양을 드리는 삶입니다. 바울은 "모든 일에 기도와 간구로 너희 구할 것을 감사함으로"구하라고 권면합니다. 모든 일에 기도와 간구로 하나님께 아뢰되 감사함으로 아뢰라는 것입니다. 그러니까 기도에는 반드시 감사가 포함되어야 한다는 말입니다. 그 이유는 여러 가지입니다.

첫째 이유는 감사하지 않으면 기도로 인해 우리 마음이 침체될 수 있기 때문입니다. 자기에게 필요한 모든 것을 기도로 구하다 보면 과도한 염려에 사로잡히는 경우가 많습니다. 그 치유책은 바울이 말한 것처럼 모든 일에 감사함으로 기도하는 것입니다. 여러분의 기도를 경배와 감사로 시작해야하는 이유가 여기에 있습니다.

둘째 이유는 감사함으로 드리는 기도가 하나님을 기쁘게 하기 때문입니다. 그것은 하나님으로 하여금 여러분을 가까이 하시게 만듭니다. 찬양으로 여러분의 기도를 시작하십시오. 그러면 여러분의 마음이 밝아집니다. 찬양은 하나님을 기뻐하시게 만들고, 그 기쁨 덕분에 우리는 다시 기도할 힘을 얻게 됩니다. 그 결과로 우리의 믿음은 날개를 달게 됩니다. 하나님이 하신 일과 그분의 약속을 생각함으로써 하나님을 찬양합시다. 그러면 하나님이 날마다 더 많은 축복을 주실 것입니다.

찬양을 소홀히 하는 것은 하나님에게서 영광을 빼앗는 행위이자 우리에게서 소중한 특권을 빼앗는 일입니다. 사람들이 회심했다는 이야기를 듣거나 선교 사역에 많은 열매를 맺게 하신 하나님의 축복을 담은 선교사의 편지를 읽을 때도, 하나님이 성취하시고 있는 일들에 대해 하나님을 찬양합시다. 다른 성도의 선행에 대해 들었을 때도 하나님께 감사합시다. 모든 일을 하나님을 찬양하는 기회로 삼으십시다. 그로 인해 우리 삶은 더욱 성장하고, 하나님의 선하심을 알고 그분을 기뻐하고 신뢰함으로써 믿음의 안식을 누리게 됩니다.

4

평강을 누리는 삶

안식의 삶은 평강을 누리는 삶입니다. 바울은 그리스도인의 삶에 관해 이렇게 말합니다. "모든 지각에 뛰어난 하나님의 평강이 … 지키시리라"(빌4:7) 여러분 가운데 하나님의 평강 곧, 모든 지각에 뛰어난 하나님의 평강을 누리고 싶은 사람이 있습니까? 그러면 평강이란 무엇인지 살펴봅시다. 평강이란 하나님이 주시는 평안을 가리킬 뿐 아니라, 하나님 자신의 평안을 말합니다. 히브리서는 우리에게 하나님의 안식에 들어가야 한다고 가르칩니다. "우리가 저 안식에 들어가기를 힘쓸지니"(히4:11). 왜 그런 말씀을 한 걸까요? 시편 95편에서 하나님은 불순종한 이스라엘 백성에게 "내 안식에 들어오지 못하리라"(시95:11)고 말씀하셨고, 히브리서 4장 1절에서는 "안식에 들어갈 약속이 남아 있을지라도 너희 중에는 혹 이르지 못할 자가 있을까 함이라"는 말씀을 통해 복음을 받은 사람들 중에도 참 안식에 들어가지 못한 채 살아온 자들이 있음을 보여주기 때문입니다. 그리고 "이미 믿는 우리들은 저 안식에 들어가는도다"(히4:3)라는 말씀에서 "저 안식"이란 하나님이 할 일을 다 마치셨음을 아는 안식을 가리킵니다.

하나님은 만물을 돌보십니다. 우리는 하나님의 자녀이므로 하나님의 돌보심 속에서 안식할 수 있습니다. 하나님의 평강 곧, 하나님이 누리시는 완전한 평강이 우리 마음에 임할 수 있습니다. 하나님은 임재를 통해 그분이 동행하신다는 의식과 사랑과 평강을 우리에게 주십니다. 하나님의 평강을 하나님과 분리시키지 말아야 합니다. 하나님은 우리가 주머니에서 돈을 꺼내어 주듯이 그분의 평강을 나눠 주시지 않으십니다. 해를 소유하면 햇빛도 받을 수 있듯이, 하나님을 소유하면 그분의 평강도 우리 마음에 넘칩니다. 누가 하나님의 평강을 누리기 원하십니까? 하나님은 모든 지각을 초월하는 분으로 무한한 고요함, 안식, 평강의 하나님이십니다. 이 하나님께 모든 염려를 맡기는 사람은 누구나 온전한 안식, 평강 중에 계신 하나님을 모시게 됩니다.

사랑하는 성도 여러분, 우리는 매순간 하나님의 임재를 누릴 수 있는데, 하나님이 임재하신 곳에는 그분의 평강도 넘칩니다. 우리는 하루 종일 하나님의 평강을 누릴 수 있습니다. 어떻게 하면 하나님의 평강을 지속적으로 누릴 수 있습니까? "아무 것도 염려하지 말고"

라는 바울의 권면대로 하나님을 신뢰하면 됩니다. 하나님을 만나 우리의 뜻을 다 그분의 가슴에 내려놓으십시오. 그리고 감사함으로 하나님을 찬양하고 경배합시다. 그러면 하나님의 평강이 우리 마음에 임하여 삶 속에 넘치게 됩니다.

5

완전한 안전

안식을 누리는 삶의 다섯째 특징은 '완전한 안전'입니다. 그래서 바울은 "하나님의 평강이 그리스도 예수 안에서 너희 마음과 생각을 지키시리라"고 약속합니다. 하나님이 우리 마음과 생각을 지켜주신다는 것은 얼마나 큰 축복입니까! 우리 힘으로는 마음과 생각을 지킬 수가 없습니다. 우리 마음은 늘 두려움과 혼란으로 인해 실망하거나 방황하기 쉽습니다. 그러나 하나님의 평강이 임하면, 우리의 마음과 생각은 예수 그리스도를 통해 보호를 받아 안전하게 됩니다. 하나님의 긍휼하심을 힘입어 권하건대 여러분 모두 이 완전한 안식의 삶을 누리시기 바랍니다.

앞에서 소개했듯이 예수님이 하시는 일은 우리를 하나님께 인도하는 것입니다. 빌립보서 4장 6절과 7절의 말씀은 우리 자신을 하나님께 의탁한 후에 모든 염려와 소망을 살아계신 하나님에게 가져와 그분의 품에 내려놓으라고 가르칩니다. 그리고 우리 기도가 하나님께 상달되었다고 확신하십시오. 그러면 하나님이 그리스도 예수 안에서 우리 마음과 생각을 지키시기 위해 하늘나라의 평강을 베풀어 주십니다. 사랑하는 형제자매 여러분, 우리 모두 그 말씀에 의지하여 살지 않겠습니까?

다른 사람들에게 복음을 전파해야 할 사역자들이 반드시 기억해야 할 교훈이 있습니다. '목사의 첫째 의무는 성도들이 행하기 원하는 일들을 자신이 먼저 행할 수 있도록 겸손히 하나님께 구하는 것이다.' 주 안에서 동역하는 목회자 여러분, 주일부터 토요일 저녁까지의 삶 속에서 여러 분이 강단, 서재, 가정, 사회, 거리의 어느 곳에 있든지 하나님의 평강을 누리고 있습니까? 우리 마음과 생각을 지키는 하나님의 평강을 예수 그리스도 안에서 누리지 못한다면 어떻게 하나님의 말씀을 전파할 수 있겠습니까? 하나님은 목회 사역에 헌신하는 종들이 성령의 능력으로 하나님의 말씀을 담대히 증거할 수 있도록 그들의 마음을 다스리시는 하나님의 평강을 직접 체험하기 원하십니다. 하나님의 평강을 우리에게 주시도록 지금 하나님께 구합시다.

사역자 여러분, 그리스도의 피에 의해서 이루어진 평강에 대해 증거하는 것은 쉬운 일입니다. 하지만 우리에겐 주님의 보혈에 의해 이루어진 평강보다 더 중요한 것이 있습니다. 그것은 하나님과의 평화를 늘 유지하는 삶입니다. 그래서 이사야 선지자는 이렇게 말합니다. "주께서 심지가 견고한 자를 평강하고 평강하도록 지키시리니"(사26:3) 하나님을 위해 헌신하는 사역자 여러분 기도하십시오. 기도는 서두르거나, 염려하거나, 연구하거나, 분주히 활동하거나, 영생을 위해 유익한 일이나 말을 많이 하는 것이 아니라 하나님의 위대한 능력을 체험하는 일입니다.

하나님의 능력은 지진을 통해 세상에 나타나기보다는 세미한 음성으로 나타나는 경우가 대부분입니다. 주의 종들과 신학생 여러분은 마음으로 하나님의 평강을 온전히 누릴 수 있도록 겸손히 구하기 바랍니다. 하나님의 평강을 한 번도 누린 적이 없다는 생각이 들거나, 과거엔 받았지만 지금은 그것을 잃어버렸다는 생각이 든다면 하나님 앞에 나아가 기도를 드립시다. 특히 "아무 것도 염려하지 말고"라는 바울의 권면에 귀를 기울입시다. 우리의 온갖 염려를 가지고 하나님께 나아가되, 찬양과 기도와 감사함으로 나아갑시다. 하나님이 하실 일로 인해 찬양하되 아무 것도 염려하지 말고, 오히려 예상되는 온갖 염려로 인해 하나님 앞에 나아갑시다. 지금 하나님의 평강이 여러분의 마음에 임하게 하십시오. 하나님이 평강을 부어주신 자답게 사람들의 모범이 되도록 행하며, 하나님의 어린양이신 예수 그리스도의 겸손과 온유함이 우리의 삶의 특징이 되게 하십시오. 하나님은 반드시 우리를 도우십니다. 아멘!

앤드류 머레이의 **영적인 삶 바로세우기**

앤드류 머레이의
영적인 삶 바로세우기

초판발행일 | 2021년 6월 15일

지 은 이 | 앤드류 머레이
옮 긴 이 | 장광수
펴 낸 이 | 배수현
디 자 인 | 박수정
제　 　작 | 송재호
홍　 　보 | 배예영

펴 낸 곳 | 가나북스 www.gnbooks.co.kr
출 판 등 록 | 제393-2009-000012호
전　 　화 | 031) 408-8811(代)
팩　 　스 | 031) 501-8811

ISBN 979-11-6446-035-9(03230)

※ 가격은 뒤표지에 있습니다.
※ 잘못된 책은 구입하신 곳에서 교환해 드립니다.